高等职业教育汽车运用与维修技术专业教材

汽车发动机构造与维修

邵石红　罗宗剑　主　编
贺利涛　夏建武　徐　坤　副主编

内 容 提 要

本书为高等职业教育汽车运用与维修技术专业教材之一,主要内容包括发动机基本结构原理认知、发动机拆装工具认知、发动机检修量具认知、曲柄连杆机构的基本结构原理认知、汽缸体的结构原理认知、汽缸体的检修、汽缸盖的结构原理认知、汽缸盖的检修、活塞连杆组的结构原理认知、活塞连杆组的检修、曲轴飞轮组的结构原理认知等 24 个项目。

本书可作为高等职业院校汽车运用与维修技术专业教材,也可供汽车维修从业人员及相关技术人员参考使用。

图书在版编目(CIP)数据

汽车发动机构造与维修 / 邵石红,罗宗剑主编. —北京:人民交通出版社股份有限公司,2020.1
ISBN 978-7-114-16239-8

Ⅰ.①汽… Ⅱ.①邵… ②罗… Ⅲ.①汽车—发动机—构造—职业教育—教材②汽车—发动机—车辆修理—职业教育—教材 Ⅳ.①U472.43

中国版本图书馆 CIP 数据核字(2020)第 009800 号

书　　　名:	汽车发动机构造与维修
著 作 者:	邵石红　罗宗剑
责任编辑:	郭　跃
责任校对:	孙国靖　扈　婕
责任印制:	张　凯
出版发行:	人民交通出版社股份有限公司
地　　址:	(100011)北京市朝阳区安定门外外馆斜街 3 号
网　　址:	http://www.ccpress.com.cn
销售电话:	(010)59757973
总 经 销:	人民交通出版社股份有限公司发行部
经　　销:	各地新华书店
印　　刷:	北京市密东印刷有限公司
开　　本:	787×1092　1/16
印　　张:	16.75
字　　数:	383 千
版　　次:	2020 年 1 月　第 1 版
印　　次:	2020 年 1 月　第 1 次印刷
书　　号:	ISBN 978-7-114-16239-8
定　　价:	42.00 元

(有印刷、装订质量问题的图书由本公司负责调换)

前言
FOREWORD

　　高等职业教育是现代国民教育体系的重要组成部分,在实施科教兴国战略和人才强国战略中具有特殊的重要地位。党中央、国务院高度重视发展高等职业教育。改革开放以来特别是近几年来,汽车行业迅猛发展,产销量大幅增长,各职业院校根据市场需求相继开设了汽车运用与维修技术专业,选择适用的课程教材对于院校专业建设至关重要,本书是在院校各级领导的通力合作下,各位教师、技术专家的大力协助下编写而成。

　　本书的内容以项目化方式呈现,学习项目的设计,体现职业岗位的技术需求,与职业岗位对接,源于生产情景。在教材的理论体系、结构组织、内容描述上与传统教材有了明显的区别。本书主要内容包括:发动机基本结构原理认知、发动机拆装工具认知、发动机检修量具认知、曲柄连杆机构的基本结构原理认知、汽缸体的结构原理认知、汽缸体的检修、汽缸盖的结构原理认知、汽缸盖的检修、活塞连杆组的结构原理认知、活塞连杆组的检修、曲轴飞轮组的结构原理认知等24个项目。

　　本书由云南交通运输职业学院(云南交通技师学院)邵石红、贺利涛负责完成,夏建武、徐坤、杨勇、陈晓东、高庆华、叶荣飞、陈鹏也参与了本书的编写。

　　本书可作为高等职业院校汽车运用与维修技术专业学生对车辆日常使用的教科书,也可以供初学者对车辆整体认识参考使用。

　　最后对所有支持编写的人致谢,对所引用的书籍表示感谢。

　　由于编者水平和经验有限,难免存在缺点和疏漏,恳请广大读者批评指正,交流探讨,以便修改补充。

编　者

2019年7月

目录 CONTENTS

项目一	发动机基本结构原理认知	1
项目二	发动机拆装常用工具的种类及其使用	17
项目三	发动机机械零部件检测常用量具的种类及其使用	35
项目四	曲柄连杆机构的基本结构原理认知	47
项目五	汽缸体的结构原理认知	55
项目六	汽缸体的检修	63
项目七	汽缸盖的结构原理认知	72
项目八	汽缸盖的检修	81
项目九	活塞连杆组的结构原理认知	89
项目十	活塞连杆组的检修	102
项目十一	曲轴飞轮组的结构原理认知	112
项目十二	曲轴飞轮组的检修	127
项目十三	配气机构的基本结构原理认知	136
项目十四	气门组的结构原理认知	147
项目十五	气门组的检修	157
项目十六	气门传动组的结构原理认知	166
项目十七	气门传动组的检修	178
项目十八	配气正时机构的结构原理认知	188
项目十九	配气正时机构的检修	203
项目二十	冷却系统的结构原理认知	210
项目二十一	冷却系统的检修	221
项目二十二	润滑系统的结构原理认知	229
项目二十三	润滑系统的检修	240
项目二十四	燃料供给系统、起动系统和点火系统的认知	249
参考文献		259

项目一　发动机基本结构原理认知

学习目标

完成本项目学习后,你应能:
1. 说出发动机的作用、类型;
2. 说出发动机的各组成部件及其作用;
3. 说出发动机的术语,演示发动机的上、下止点位置;
4. 描述四冲程汽油机工作原理;
5. 说出发动机的基本参数。

建议学时
4 学时。

汽车的动力大多来源于汽车发动机,目前大多数汽车发动机是往复活塞式内燃机。发动机是汽车的心脏,其性能直接影响汽车的动力性、经济性和安全性。

一、发动机的作用与类型

(一) 发动机的作用

发动机(图 1-1)是将某种形式的能量转换为机械能的机器,其作用是将液体或气体的化学能通过燃烧转化为热能,再把热能通过膨胀转化为机械能并对外输出动力。

(二) 发动机的类型

发动机按照不同的特点有很多种分类方法。

1. 按使用燃料分类

发动机按使用燃料可分为柴油机、汽油机和气体燃料发动机等,如图 1-2 所示。

图 1-1　发动机

2. 按工作循环所需活塞行程数分类

发动机按工作循环所需活塞行程数可分为四冲程和二冲程发动机,如图 1-3 所示。

四冲程发动机:活塞移动四个行程或曲轴转两圈汽缸内完成一个工作循环。

二冲程发动机:活塞移动两个行程或曲轴转一圈汽缸内完成一个工作循环。

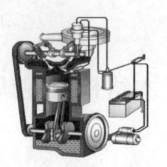

a)汽油机　　　　　　　　　b)柴油机

图1-2　汽油机与柴油机

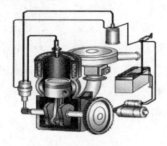

a)四冲程发动机　　　　　　　　b)二冲程发动机

图1-3　四冲程发动机与二冲程发动机

3. 按冷却方式分类

发动机按冷却方式可分为水冷式和风冷式发动机，如图1-4所示。水冷式发动机以水作为冷却介质；风冷式发动机以空气作为冷却介质。

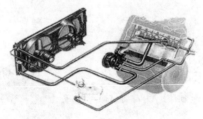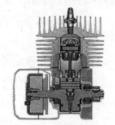

a)水冷式发动机　　　　　　　　b)风冷式发动机

图1-4　水冷式发动机与风冷式发动机

4. 按点火方式分类

发动机按点火方式可分为压燃式和点燃式发动机。

压燃式发动机：利用汽缸内混合气被压缩后产生的高温，使混合气自燃，如柴油机。

点燃式发动机：利用火花塞产生的电火花点燃混合气，如汽油机、煤气机。

5. 按可燃混合气形成的位置分类

发动机按可燃混合气形成的位置可分为外部形成混合气和内部形成混合气的发动机。

外部形成混合气的发动机：燃料和空气在汽缸外先混合再进入汽缸。

内部形成混合气的发动机：燃料在临近压缩终了时才喷入汽缸，在汽缸内与空气混合，如柴油机、缸内直喷的汽油机。

6. 按进气方式分类

发动机按进气方式可分为自然吸气式和增压式发动机。

自然吸气式发动机:空气靠活塞的抽吸作用进入汽缸内。

增压式发动机:为增大功率,在发动机上装有增压器,使进入汽缸的气体预先经过压气机压缩后再进入汽缸。

7. 按汽缸数目分类

发动机按汽缸数目可分为单缸和多缸发动机,如图 1-5 所示。

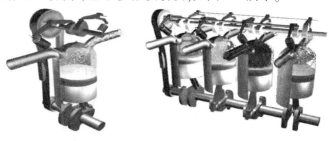

a)单缸发动机　　　　b)多缸发动机

图 1-5　单缸发动机与多缸发动机

8. 按汽缸的排列形式分类

多缸发动机按汽缸的排列形式主要分为直列式发动机、V 形发动机、对置式发动机,如图 1-6、图 1-7 所示。

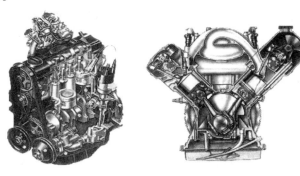

a)直列式发动机　　　　b)V形发动机

图 1-6　直列式发动机与 V 形发动机

图 1-7　对置式发动机

直列式发动机:各个汽缸排成一列,一般是垂直布置。

V形发动机：汽缸中心线分别在两个平面内，且两平面相交呈 V 形。

对置式发动机：V 形夹角为 180°时又称为对置式。

其他还有 H 形、X 形、星形等，但在车辆上应用很少。

二、发动机的基本组成

汽油机由外部件、两大机构和五大系统组成。汽油机的两大机构和五大系统包括配气机构、曲柄连杆机构、燃料供给系统、润滑系统、冷却系统、点火系统和起动系统。柴油机由两大机构和四大系统组成。柴油机的两大机构和四大系统包括曲柄连杆机构、配气机构、燃料供给系统、润滑系统、冷却系统和起动系统，柴油机是压燃的，不需要点火系统。

（一）发动机外部件（以桑塔纳 2000AJR 发动机结构为例）

发动机外部件主要由发电机、空调压缩机、起动机、助力泵、水泵、机油滤清器、进排气歧管等组成，如图 1-8～图 1-13 所示。

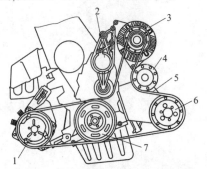

图 1-8　AJR 发动机总成图

1-空调压缩机；2-张紧装置；3-交流发电机；4-导向轮；5-锯齿形皮带；6-动力转向盘；7-曲轴皮带轮

图 1-9　发电机

图 1-10　水泵

图 1-11　机油滤清器

图 1-12　进气歧管

图 1-13　排气歧管

(二)配气机构

1. 组成

配气机构由气门、气门弹簧、凸轮轴、液压挺柱、气门油封、凸轮轴传动机构等组件组成，如图 1-14 所示。

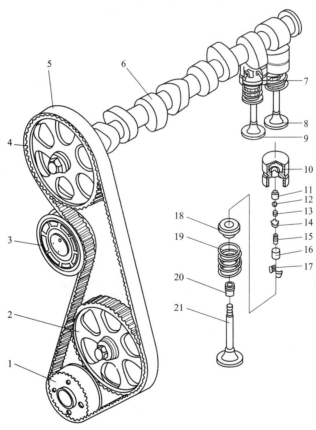

图 1-14　配气机构组成示意图

1-曲轴正时齿形带轮;2-中间轴正时齿形带轮;3-张紧轮;4-凸轮轴正时齿形带轮;5-正时齿形带;6-凸轮轴;7-液压挺杆组件;8-排气门;9-进气门;10-挺柱体;11-柱塞;12-止回阀钢球;13-小弹簧;14-托架;15-复位弹簧;16-油缸;17-气门锁片;18-上弹簧座;19-气门弹簧;20-气门油封;21-气门

2. 功能

配气机构的功用是根据发动机的工作顺序和工作过程,定时开启和关闭进气门和排气门,使可燃混合气或空气进入汽缸,并使废气从汽缸内排出,实现换气过程。

(三)曲柄连杆机构

1. 作用

曲柄连杆机构是发动机实现工作循环,完成能量转换的主要机构。活塞承受燃气压力在汽缸内做直线运动,通过连杆转换成曲轴的旋转运动,并对外输出机械能。

2. 组成

曲柄连杆机构主要由机体组、活塞连杆组、曲轴飞轮组组成。

(1)机体组主要由汽缸体、汽缸盖、汽缸盖罩、汽缸衬垫、主轴承盖,以及油底壳等组成,如图1-15所示。

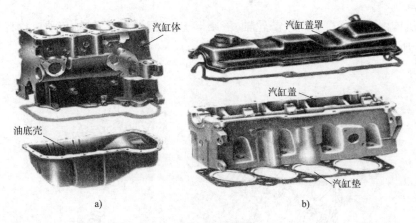

图1-15 机体组

(2)活塞连杆组主要由活塞环、活塞销、活塞、连杆等组成,如图1-16所示。

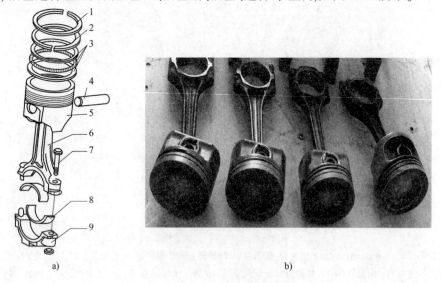

图1-16 发动机活塞连杆组分解图

1-第一道气环;2-第二道气环;3-组合油环;4-活塞销;5-活塞;6-连杆;7-连杆螺栓;8-连杆轴承;9-连杆轴承盖

(3)曲轴飞轮组主要由曲轴、飞轮等组成,如图1-17所示。

项目一 发动机基本结构原理认知

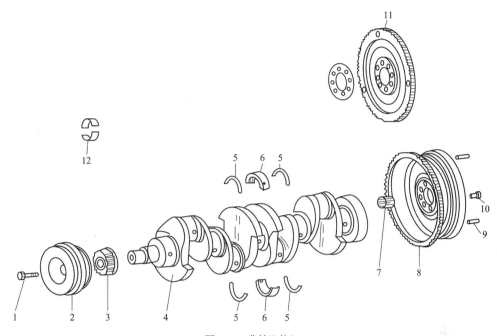

图 1-17 曲轴飞轮组

1-曲轴 V 形带轮、正时齿形带轮的轴向紧固螺栓；2-V 形带轮；3-曲轴正时齿形带轮；4-曲轴；5-半圆形推力环；6-主轴承；7-滚针轴承；8-飞轮齿圈；9-定位销；10-飞轮紧固螺栓；11-飞轮；12-连杆轴承

(四) 燃料供给系统

1. 组成

燃料供给系统由汽油箱、汽油泵、汽油滤清器、燃油分配管、油压调节器、喷油器等组成，如图 1-18 所示。电控燃油喷射式发动机由空气供给系统、燃油供给系统和电子控制系统组成。

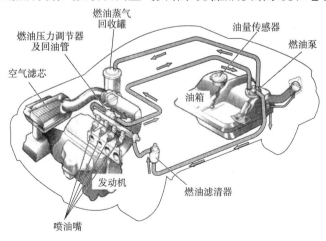

图 1-18 汽油机燃料供给系统

2. 功能

汽油机燃料供给系统的功用是根据发动机的要求，配制出一定数量和浓度的混合气，供入汽缸，并将燃烧后的废气从汽缸内排出到大气中；柴油机燃料供给系统的功用是把柴油和空气分别供入汽缸，在燃烧室内形成混合气并燃烧，最后将燃烧后的废气排出。

(五)点火系统

1. 组成

传统点火系统的组成如图 1-19 所示,由点火开关、蓄电池、发电机、点火线圈、点火模块、分缸线、火花塞等组成。全电子点火系统完全取消了机械装置,由电子系统控制点火时刻,包括蓄电池、发电机、点火线圈、火花塞和电子控制系统等。

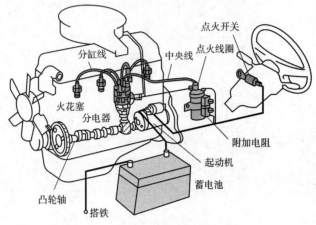

图 1-19 传统点火系统组成

2. 功能

在汽油机中,压缩行程接近结束时,汽缸内的可燃混合气是由高压电火花点燃。汽缸盖上装有火花塞,火花塞头部伸入燃烧室内,能够按时在火花塞电极间产生电火花。

(六)冷却系统

1. 组成

水冷式冷却系统由水套、水泵、散热器、风扇、节温器等组成,如图 1-20 所示。风冷式冷却系统由风扇和散热片等组成。

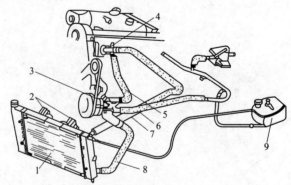

图 1-20 塔纳轿车用发动机冷却系统示意图

1-散热器;2-风扇;3-水泵;4-机体进水口(进入汽缸体、汽缸盖水套);5-旁通水管;6-暖气回水进水泵水管;7-机体冷却水出口与散热器进水口接管;8-散热器出水管;9-补偿水箱

2. 功能

冷却系统的功用是将受热零件吸收的部分热量及时散发出去,保证发动机在最适宜的温度范围内工作。

(七)润滑系统

1. 组成

润滑系统由机油泵、集滤器、限压阀、油道、机油滤清器等组成,如图1-21所示。

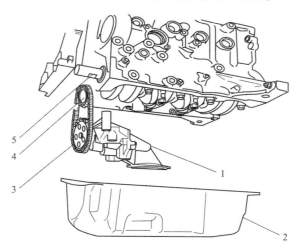

图1-21 润滑系统组成示意图

1-机油泵;2-油底壳;3-机油泵驱动链条;4-机油泵驱动齿轮;5-机油泵驱动齿轮的定位标记

2. 功能

润滑系统的功用是向做相对运动的零件表面输送定量的清洁润滑油,以实现液体摩擦,减小摩擦阻力,减轻机件的磨损,并对零件表面进行清洗和冷却。

(八)起动系统

1. 组成

起动系统由蓄电池、起动机、起动继电器、点火开关等部件组成,如图1-22所示。

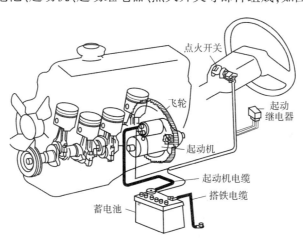

图1-22 起动系统组成示意图

2. 功能

起动系统的功用是供给发动机曲轴起动转矩,使曲轴达到必需的起动转速,使发动机由静止进入自行运转状态。

三、发动机常用术语

1. 上止点

活塞在汽缸里做往复直线运动时,当活塞向上运动到最高位置,即活塞顶部距离曲轴旋转中心最远的极限位置,称为上止点,如图1-23所示。

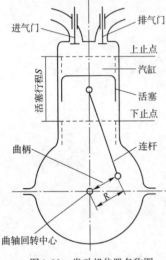

图1-23 发动机位置名称图

2. 下止点

活塞在汽缸里做往复直线运动时,当活塞向下运动到最低位置,即活塞顶部距离曲轴旋转中心最近的极限位置,称为下止点,如图1-23所示。

3. 活塞行程

活塞从一个止点到另一个止点移动的距离,即上、下止点之间的距离称为活塞行程。一般用 S 表示,对应一个活塞行程,曲轴旋转 $180°$,如图1-23所示。

4. 曲柄半径

曲轴旋转中心到曲柄销中心之间的距离称为曲柄半径,一般用 R 表示,如图1-23所示。通常活塞行程为曲柄半径的两倍,即 $S=2R$。

5. 汽缸工作容积

活塞从一个止点运动到另一个止点所扫过的容积,称为汽缸工作容积,一般用 V_h 表示:

$$V_h = \pi D^2 \cdot \frac{S}{4}$$

式中:D——汽缸直径,mm;
S——活塞行程,mm。

6. 燃烧室容积

燃烧室容积是活塞在上止点时,活塞顶部以上空间,一般用 V_c 表示。

7. 汽缸总容积

活塞位于下止点时,其顶部与汽缸盖之间的容积称为汽缸总容积,一般用 V_a 表示,显而易见,汽缸总容积就是汽缸工作容积和燃烧室容积之和,即 $V_a = V_c + V_h$。

8. 发动机排量

多缸发动机各汽缸工作容积的总和,称为发动机排量,一般用 V_L 表示:

$$V_L = iV_h$$

式中:V_h——汽缸工作容积,L;
i——汽缸数目。

9. 压缩比

压缩比是发动机中一个非常重要的概念,压缩比表示了气体的压缩程度,它是气体压缩前的容积与气体压缩后的容积之比值,即汽缸总容积与燃烧室容积之比称为压缩比。一般用 ε 表示:

$$\varepsilon = \frac{V_a}{V_c} = \frac{V_h + V_c}{V_c} = 1 + \frac{V_h}{V_c}$$

式中：V_a——汽缸总容积；

V_h——汽缸工作容积；

V_c——燃烧室容积。通常汽油机的压缩比为 6 ~ 10，柴油机的压缩比较高，一般为 16 ~ 22。

10. 工作循环

每一个工作循环包括进气、压缩、做功和排气过程，即完成进气、压缩、做功和排气四个过程叫一个工作循环。

四、四冲程汽油机工作原理

汽油机是将空气与汽油以一定的比例混合成良好的混合气，混合气在吸气行程被吸入汽缸，混合气经压缩点火燃烧而产生热能，高温高压的气体作用于活塞顶部，推动活塞做往复直线运动，通过连杆、曲轴飞轮机构对外输出机械能。四冲程汽油机在进气行程、压缩行程、做功行程和排气行程内完成一个工作循环。

(一) 进气行程

活塞在曲轴的带动下由上止点移至下止点。此时进气门开启，排气门关闭，曲轴转动 180°。在活塞移动过程中，汽缸容积逐渐增大，压力减小，当压力低于大气压力时，汽缸内形成一定的真空度，空气和汽油的混合气通过进气门被吸入汽缸，并在汽缸内进一步混合形成可燃混合气，如图 1-24 所示。由于进气系统存在阻力，进气终了时，汽缸内气体压力小于大气压力，约 0.075 ~ 0.09MPa。进入汽缸内的可燃混合气的温度由于进气管、汽缸壁、活塞顶、气门和燃烧室壁等高温零件的加热以及与残余废气的混合而升高到 370 ~ 440K。

注意：缸内直接喷射的发动机进气行程进入的是新鲜空气，非缸内直接喷射的发动机进气行程进入的是新鲜空气和汽油的混合气。

(二) 压缩行程

进入压缩行程时，进排气门同时关闭。活塞从下止点向上止点运动，曲轴转动 180°。活塞上移时，工作容积逐渐缩小，缸内混合气受压缩后压力和温度不断升高，到达压缩终点时，其压力可达 0.6 ~ 1.2MPa，温度达 600 ~ 750K，如图 1-25 所示。

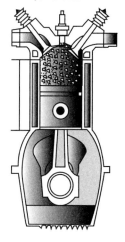
图 1-24 进气行程示意图

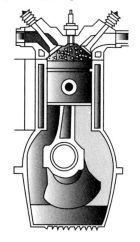
图 1-25 压缩行程示意图

(三)做功行程

当活塞接近上止点时,由火花塞点燃可燃混合气,混合气燃烧释放出大量的热能,使汽缸内气体的压力和温度迅速提高。在做功行程过程中,燃烧最高压力达3~5MPa,最高温度达2200~2800K。高温高压的燃气推动活塞从上止点向下止点运动,并通过曲柄连杆机构对外输出机械能。随着活塞下移,汽缸容积增加,气体压力和温度逐渐下降。当活塞运动到下止点时做功行程结束,气体压力降到0.3~0.5MPa,温度降到1300~1600K。在做功行程,进排气门均关闭,曲轴转动180°,如图1-26所示。

(四)排气行程

进入排气行程时,排气门开启,进气门仍然关闭,活塞从下止点向上止点运动,曲轴转动180°,如图1-27所示。排气门开启时,燃烧后的废气一方面在汽缸内外压差作用下向缸外排出,另一方面通过活塞的排挤作用向缸外排气。由于排气系统的阻力作用,排气终了时压力稍高于大气压力,为0.105~0.115MPa,排气终了时温度为900~1200K。

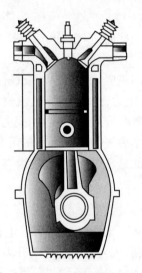
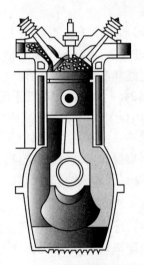

图1-26 做功行程示意图　　图1-27 排气行程示意图

曲轴继续旋转,活塞从上止点向下止点运动,又开始下一个新的循环过程。可见四冲程汽油机经过进气、压缩、做功、排气四个行程完成一个工作循环。

总之,每个工作循环曲轴转两周(720°),每个行程曲轴转半周(180°)。四个行程中,只有做功行程做功,其他三个行程是为做功行程做准备的辅助行程,都要消耗一部分能量。发动机起动时的第一个循环,需要外力将曲轴驱动以完成进气和压缩行程;当做功行程开始后,做功能量便通过曲轴储存在飞轮内,以维持以后的行程和循环得以继续进行。

五、发动机的主要参数

(一)发动机型号

发动机型号是发动机生产企业按照有关规定、企业或行业惯例以及发动机的属性,为某一批相同产品编制的识别代码,用以表示发动机的生产企业、规格、性能、特征、工艺、用途和产品批次等相关信息,如燃料类型、汽缸数量、排量和静制动功率等。装在轿车或多用途载客车上的发动机,都按规定标明了发动机专业制造厂、型号及生产编号。

1. 发动机型号组成(图1-28)

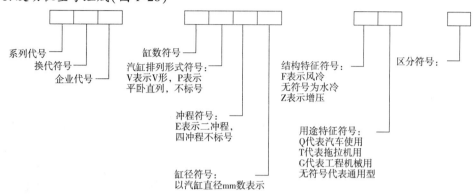

图1-28　发动机型号组成

(1)首部:包括产品系列代号、换代符号和企业代号,有制造厂根据需要自选相应的字母表示,但须经行业标准标准化归口单位核准、备案。

(2)中部:由缸数符号、汽缸排列形式符号、冲程符号和缸径符号组成。

(3)后部:由结构特征符号和用途特征符号组成。

(4)尾部:区分符号。同一系列产品因改进等原因需要区分时,由制造厂选择适当的符号表示,后部与尾部可用"-"分隔。

2. 发动机型号应用

(1)品牌划分。

EQ、DFL代表东风,BJ代表北汽福田,HFC代表江淮,JX代表江铃,NKR代表五十铃,CY代表朝柴,EQB代表康明斯动力,CA代表一汽无锡发动机厂,YC代表广西玉柴。

(2)型号含义。

CA6102:表示一汽生产,6缸、单列、四冲程、缸径102mm,通用型。

12V135Z:表示12缸,V形排列,缸径135mm,水冷,增压。

(二)发动机主要技术数据

1. 缸数

缸数指汽缸数的多少,有单缸、3缸、4缸、6缸、8缸、12缸等。

2. 汽缸排列方式

汽缸排列方式有直列式、V形和P形(平卧式),其中直列式和V形最常见。汽缸数和排列方式的表达:V6表示6缸V形排列,P8表示8缸平卧式,4表示4缸直列(也有用L4表示的)。大众汽车公司还生产了一种W形发动机(如帕萨特W8),即V形发动机的每侧汽缸再进行小角度地错开,由两个小V形组成一个大V形,从而形成一个类似W形的发动机。

3. 发动机冷却方式

发动机冷却方式分风冷和水冷。

4. 气门数

气门数指每缸的气门数或发动机气门总数,常见的是每缸 2 气门(1 进 1 排)、每缸 4 气门(2 进 2 排)和每缸 5 气门(3 进 2 排)。每缸的气门数越多,发动机进气越充分,排气越彻底,燃烧做功也越好,发动机性能越好,但并不是气门数越多越好。

5. 缸径×行程

缸径×行程为一种组合参数。从这个组合参数中可以了解到这台发动机的特性取向。缸径是指汽缸直径;行程是指活塞从上止点运动到下止点的移动距离。

6. 发动机排量

发动机排量的单位一般为 L 或 mL。如某发动机标有 L4 1.8,1.8 就代表发动机排量为 1.8L。

7. 发动机功率

发动机功率直接表示发动机的动力大小,是发动机曲轴转速与转矩的乘积,单位为 kW。有些进口车以 PS(马力)为单位给出汽车的功率。

发动机的功率随转速变化而变化。发动机功率有最大值,但它是在某个转速下产生的,因此,给出发动机最大功率时,一定要给出其所对应的转速。如某发动机的最大功率是 210kW(5 400r/min),是指发动机在每分钟 5400 转时,输出的最大功率为 210kW。

8. 发动机转矩

发动机转矩指曲轴对外输出的转矩,转矩也是随转速变化而变化的。发动机有最大转矩,也是在某一转速下产生的。同样,在给出发动机最大转矩时也一定要给出对应的转速。如某发动机的最大转矩是 440Nm(3600r/min),是指发动机在每分钟 3600 转时,输出的最大转矩 440Nm。

9. 最大功率和最大转矩

最大功率和最大转矩是发动机十分重要的两项技术参数。一般压缩比越大、发动机排量越大、每缸气门数越多,最大功率和最大转矩就越大;采用增压技术能显著地提高发动机的最大功率和转矩;在同样排量的情况下,柴油机的最大功率和转矩大于汽油机。发动机的最大功率越大,动力性就越好,最高车速也越高,汽车在行驶过程中不换挡条件下加速和爬坡的能力就越大。发动机最大转矩越大,能产生的驱动力就越大,汽车起步加速能力就越强,能爬上的坡度也越大,在松软路面上的通过性就越好。带涡轮增压的发动机,它在较大转速范围内都有很大转矩,如宝来 1.8T,最大转矩对应的转速范围在 1750~4600r/min 之间,所以在使用过程中动力充沛。

10. 压缩比

压缩比越大,发动机燃烧做功越好,动力越好,但也更容易发生爆燃,需要使用高标号的汽油。由于柴油机的供油方式和燃烧特性与汽油机不同,所以柴油机的压缩比一般比汽油机的大。

11. 油耗

油耗是指汽车满载时单位行驶里程所需燃油量。我国和欧洲都用行驶百千米消耗的燃油量来表示,单位一般为 L/100km;数值越小,燃油经济性越好。汽油的燃油经济性指标与发动机的特性和汽车的自重、车速及各种运动阻力(如空气阻力、滚动阻力和爬坡阻力等)大小、传动系统的效率及减速比等都有关系,因而在数值上往往与实际情况有差别。

思考与练习

一、填空题

1. 汽车的心脏是_____,其俗称为_____,作用是_____。
2. 发动机的外部零件主要由发电机、_____、_____、_____、水泵、机油滤清器、进排气歧管等组成。
3. 组成汽油发动机的五大系统是_____、_____、_____、_____和_____。
4. 配气机构的组成包括_____、_____、气门弹簧、_____、气门油封、凸轮轴传动机构等。
5. 曲柄连杆机构是由_____、_____、_____三大部分组成。
6. 机体组的组成包括_____、汽缸罩盖、_____、主轴承盖及_____。
7. 水冷式冷却系统是由_____、水泵、_____、风扇、_____等组成。
8. 点火系统的组成包括_____、发电机、_____、点火模块、分缸线、_____等。
9. 润滑系统是由_____、集滤器、限压阀、_____、机油滤清器组成。
10. 四冲程汽油发动机完成一个工作循环,曲轴转_____周,凸轮轴转_____周,每一行程曲轴转_____周,各缸进排气门各开闭_____次。活塞在汽缸内由下止点向上止点运行时,完成_____冲程,由上止点向下止点运行时,完成_____行程。
11. 发动机主要的参数有_____、_____、_____、_____、_____等。
12. 汽油机的压缩比一般为_____,柴油机的压缩比一般为_____。

二、判断题

1. 机体组中如果没有活塞将不能正常运作。(　　)
2. 冷却系统是用来保证发动机在最适宜的温度状态下工作。(　　)
3. 润滑系统的组成包括机油泵、机滤器和水泵。(　　)
4. 发动机按燃料不同可分为柴油机和汽油机。(　　)
5. 起动系统是由起动机及其附属装置组成。(　　)
6. 按发动机的汽缸数分可分为单缸和多缸发动机。(　　)
7. 发动机的汽缸排列方式有V形、W形、X形和N形。(　　)
8. 下止点是指活塞在汽缸里作往复直线运动,活塞向下运动到最低位置。(　　)
9. 四冲程汽油机的工作原理分为进气、压缩、做功、排气。(　　)
10. 进入压缩行程时,进、排气门同时打开。(　　)
11. 缸内直喷发动机,在进气行程中进入汽缸的是混合气。(　　)
12. 四冲程汽油机的四个行程都做功。(　　)
13. 非增压发动机在进气结束时,汽缸内压力小于外界大气压。(　　)
14. 发动机在排气结束时,汽缸内压力小于外界大气压。(　　)
15. 因为发动机的排气压力较进气压力大,所以在5气门式的配气机构中,往往采用2个进气门和3个排气门。(　　)

16. 当压缩比过大时,柴油机、汽油机都可能产生爆燃。 (   )
17. 柴油机是靠火花塞跳火来点燃可燃混合气的。 (   )
18. 对多缸发动机来说,所有汽缸的工作行程都是同时进行的。 (   )
19. 四行程发动机处于做功行程时,进排气门都是开启的。 (   )
20. 发动机排气污染物主要是 CO、HC、NO$_x$。 (   )

三、名词解释
1. 排量:
2. 上止点:
3. 活塞行程:
4. 汽缸总容积:
5. 压缩比:
6. 工作循环:

四、简答题
1. 组成汽油机的两大机构和五大系统是哪些?并分别写出其作用。

2. 汽油机常见的类型有哪些?

3. 简述四冲程汽油机的工作原理。

4. 柴油机为何没有火花塞?

5. 增加发动机排量的方法有什么?

五、计算题
BJ492QA 型汽油机的压缩比为 6,活塞行程为 90mm,计算其汽缸工作容积、燃烧室容积及发动机排量(单位:L)。

项目二　发动机拆装常用工具的种类及其使用

> **学习目标**

完成本项目学习后,你应能:
1. 说出拆装发动机工具的种类、用途和使用方法;
2. 正确选用拆装发动机的工具,并能用工具按要求拆装发动机的构件。

建议学时

4学时。

不同品牌的发动机有不同的结构特点,拆装发动机时可能会用到不同的拆装工具,譬如拆装缸盖螺栓时,不同的发动机使用的拆装工具很可能不一样。此外,因为发动机的一些特殊结构,还有针对这些特殊部位的拆装而设计研发的专用工具,譬如活塞环压缩器、气门弹簧压缩钳、活塞环装卸钳、火花塞套筒扳手等。当然,发动机拆装的大部分工具还是通用的,譬如常用的套筒、开口扳手、梅花扳手、扭力扳手等工具基本上是通用的,最多就是工具根据拆装要求选择不同的型号、大小而已。本项目将着重对发动机拆装维修工具的选用进行详细的介绍。

一、拆装发动机常用工具

拆装发动机常用工具主要有:扳手、螺丝刀、手钳等。

扳手是汽车修理中最常用的一种工具,主要用于扭转螺栓、螺母或带有螺纹的零件。在拆卸螺栓时,应按照"先套筒扳手、后梅花扳手、再开口扳手、最后活动扳手"的选用原则选取扳手。

(一) 套筒扳手

1. 概述

套筒扳手是拆卸螺栓最方便、灵活且安全的工具。使用套筒扳手不易损坏螺母的棱角。套筒呈短管状,一端内部呈六角形或十二角形,用来套住螺栓头;另一端有一个正方形的头孔,该头孔用来以与之配套的手柄方榫配合,如图2-1所示。按所拆卸螺栓的力矩和使用的工作环境不同,可将套筒分为大、中、小三个系列,并以与之配套的手柄方榫的宽度来区分,如图2-2所示。常见的有6.3mm系列、10mm系列和12.5mm系列,如使用英寸表示,则对应为1/4in系列、3/8in系列和1/2in系列。

图 2-1　普通套筒形状　　　　图 2-2　大、中、小系列套筒

2. 套筒的配套工具

(1) 快速扳手(图 2-3)。

(2) 滑杆(图 2-4)。

图 2-3　快速扳手　　　　图 2-4　滑杆

(3) 快速摇杆(图 2-5)。

(4) L 形手柄(图 2-6)。

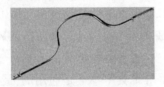 

图 2-5　快速摇杆　　　　图 2-6　L 形手柄

(5) 旋柄(图 2-7)。

(6) 接杆(图 2-8)。

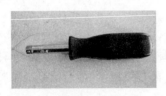 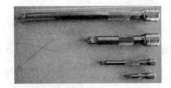

图 2-7　旋柄　　　　图 2-8　接杆

(7) 可弯式接头(图 2-9)。

(8) 万向接头(图 2-10)。

图 2-9　可弯式接头　　　　图 2-10　万向接头

(9) 套筒转换接头(图 2-11)。
(10) 三用接头(图 2-12)。

图 2-11 套筒转换接头

图 2-12 三用接头

(二) 梅花扳手

梅花扳手两端呈花环状,其内孔是由 2 个正六边形相互同心错开 30°而成。很多梅花扳手都有弯头,常见的弯头角度在 10°～45°之间,从侧面看旋转螺栓部分和手柄部分是错开的。这种结构方便于拆卸装配在凹陷空间的螺栓、螺母,并可以为手指提供操作间隙,以防止擦伤。普通双头梅花扳手如图 2-13 所示,双夹梅花棘轮扳手如图 2-14 所示。

图 2-13 普通双头梅花扳手

图 2-14 双头梅花棘轮扳手

(三) 开口扳手

开口扳手是最常见的一种扳手,又称"呆扳手"。开口扳手两头均为 U 形的钳口,可套住螺栓或螺母六角的两个对向面,如图 2-15～图 2-17 所示。开口扳手主要适用于无法使用套筒扳手和梅花扳手操作的位置。由于有些螺栓或螺母必须从横侧插入,此时开口扳手可以做到,而梅花扳手则不行,如图 2-18 所示。

图 2-15 普通开口扳手

图 2-16 开口梅花两用扳手

图 2-17 开口梅花棘轮两用扳手

图 2-18 扳手使用

图 2-19 活动扳手

(四)活动扳手

活动扳手也叫可调扳手,适用于尺寸不规则的螺栓、螺母,它能在一定范围内任意调节开口尺寸。一个活动扳手可用来代替多个开口扳手。活动扳手由固定钳口和可调钳口两部分组成,如图 2-19 所示。

(五)扭力扳手

扭力扳手主要用于有规定力矩值的螺栓和螺母的装配,如汽缸盖、连杆、曲轴主轴承等处的螺栓。常用的扭力扳手有指针式(图 2-20)和预置式(图 2-21)两种。

图 2-20 普通指针式扭力扳手

图 2-21 预置力式扭力扳手

(六)内六角扳手

拆卸内六角和花形内六角螺栓时,除旋具套筒头外,还可以使用专用内六角和花形内六角扳手,此类扳手多为 L 形,如图 2-22 所示。

图 2-22 内六角扳手

(七)气动扳手

气动扳手使用压缩空气,用于拆卸或更换较大力矩的螺栓、螺母,能使工作很快完成。常见的气动扳手有冲击扳手和气动棘轮扳手两种。气动扳手及套筒如图 2-23 所示。

(八)其他特殊扳手

1. 油管拆卸专用扳手

油管拆卸专用扳手(图 2-24)是维修制动液管路时的必备工具,它是介于梅花扳手与开口扳手之间的一种扳手。

图 2-23 气动扳手及套筒

图 2-24 油管拆卸专用扳手

2. 其他类型扳手

其他类型扳手有丁字形套筒扳手(图2-25)、Y字形套筒扳手(图2-26)及十字形套筒扳手(图2-27)等。

图2-25　丁字形套筒扳手　　　图2-26　Y字形套筒扳手　　　图2-27　十字形套筒扳手

(九) 螺丝刀

螺丝刀(图2-28)主要用于旋拧小力矩、头部开有凹槽的螺栓和螺钉。螺丝刀的类型取决于本身的结构及尖部的形状,常用的有一字螺丝刀、十字螺丝刀。一字螺丝刀用于单个槽头的螺钉,十字螺丝刀用于带十字槽头的螺钉。

(十) 手锤

手锤是敲打物体使其移动或变形的工具。手锤有着各式各样的形式,常见的形式是一柄把手以及顶部。顶部的一面是平坦的,以便敲击,另一面则是锤头。锤头的形状可以像羊角,也可以是楔形,另外也有圆头形的锤头。手锤按锤头形状不同

图2-28　螺丝刀

可分为圆头锤、方锤、钣金锤等,按锤头材料不同可分为铁锤、软面锤(木锤、橡胶锤、塑料锤)等。方锤、圆头锤、楔形锤如图2-29所示,橡胶锤如图2-30所示。

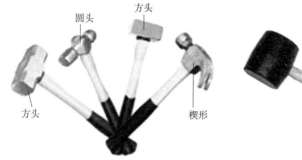 

图2-29　方锤、圆头锤、楔形锤　　　　　图2-30　橡胶锤

二、拆装发动机专用工具

(一) 火花塞套筒扳手

火花塞套筒扳手(图2-31)专用于火花塞的拆卸及更换,可视为长套筒扳手的一种变形形式,采用薄壁结构以避免与其他部分干涉。现在的车型主要使用16mm类型,旧车型也有

采用21mm类型的。

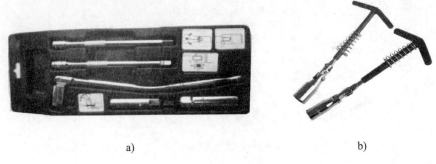

图2-31 火花塞套筒扳手

(二)活塞环装卸钳

如果要取出或装入活塞环,必须克服活塞环的弹力,使活塞环内径要大于活塞直径才能正常取出,所以拆卸活塞环时必须采用专用的活塞环装卸钳(图2-32)。

图2-32 活塞环装卸钳

(三)活塞环压缩器

将活塞及活塞环装入汽缸时,须用活塞环压缩器(图2-33)将活塞环包紧在活塞环槽内。因为活塞环本身弹性的作用,活塞环在自由状态下的外圆直径将大于活塞直径及汽缸直径。活塞环压缩工具一般用带有刚性的铁皮制成。

(四)气门弹簧钳

气门弹簧钳(图2-34)是用于拆装气门的专用工具。在安装发动机气门时,气门弹簧处于预压缩状态,要想拆卸气门或气门锁片,必须对气门弹簧进行压缩。

图2-33 活塞环压缩器

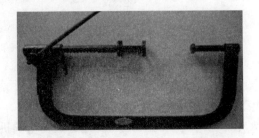

图2-34 气门弹簧钳

(五)机油滤清器扳手

常见的一次性机油滤清器直径都在 8cm 以上,顶部被冲压成多棱面(就像一个大螺母),如要拆装需要使用专用的机油滤清器扳手。

1. 杯式滤清器扳手

杯式滤清器扳手(图 2-35)类同一个大型套筒,拆卸不同车型的滤清器需要不同尺寸的扳手,在购买时多为组套形式配装。

2. 钳式滤清器扳手

钳式滤清器扳手(图 2-36)是另外一种滤清器专用扳手,这种滤清器扳手是钳子的改型产品,使用方法同鲤鱼钳。

图 2-35　杯式滤清器扳手　　　　　　　图 2-36　钳式滤清器扳手

3. 环形滤清器扳手

环形滤清器扳手(图 2-37)为一个可调大小的环形,环形内侧设计为锯齿状。使用时将其套在滤清器顶部的棱面上,扳动手柄,扳手的环形会根据滤清器大小合适地卡在棱面上,顺利地完成拆装工作。

4. 三爪式滤清器扳手

三爪式滤清器扳手(图 2-38)需要配套套筒手柄或扳手使用,其内部设计有行星排传递机构,可根据机油滤清器大小自动调节三爪的大小。

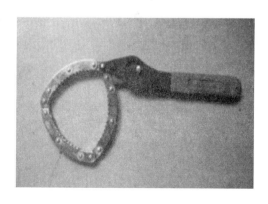
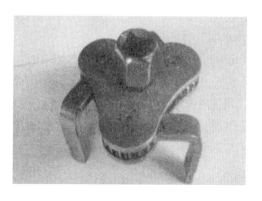

图 2-37　环形滤清器扳手　　　　　　　图 2-38　三爪式滤清器扳手

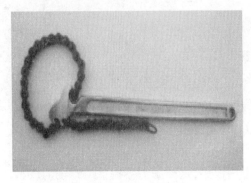

图 2-39　链条扳手

5. 链条扳手

在没有专用滤清器扳手的情况下，还可使用链条扳手（图 2-39）替代专用扳手，达到拆装的目的。

三、拆装发动机常用工具的使用规范

(一) 套筒

1. 使用方法

将套筒套在配套手柄的方榫上（视需要与长接杆、短接杆或万向接头配合使用），再将套筒套住螺栓或螺母，左手握住手柄与套筒连接处，保持套筒与所拆卸或紧固的螺栓同轴，右手握住配套手柄加力，如图 2-40 所示。

2. 注意事项

在选用套筒时，必须使套筒与螺栓、螺母的形状及尺寸完全适合，若选择不正确，则套筒在使用时极有可能打滑，从而损坏螺栓、螺母。不要使用已出现裂纹或已损坏的套筒；禁止用锤子将套筒击入变形的螺栓螺母，如图 2-41 所示。不准用棘轮拆装过紧的螺栓；禁止使用内孔已严重磨损的套筒。在使用套筒的过程中，左手握紧手柄与套筒连接处，切勿摇晃，以免套筒滑出或损坏螺栓螺母的棱角，朝自己的方向用力，可防止滑脱造成手部受伤。工具用毕应清洗油污，并妥善安置。

图 2-40　套筒的正确使用

图 2-41　套筒的错误使用

(二) 梅花扳手

1. 使用方法

在使用梅花扳手时，左手推住梅花扳手与螺栓连接处，保持梅花扳手与螺栓完全配合，防止滑脱，右手握住梅花扳手另一端并加力，如图 2-42 所示。

2. 注意事项

扳转时，严禁将加长的管子套在扳手上以延伸扳手的长度增加力矩，严禁锤击扳手以增加力矩，否则，会造成工具的损坏。严禁使用带有裂纹和内孔已严重磨损的梅花扳手（图 2-43）。

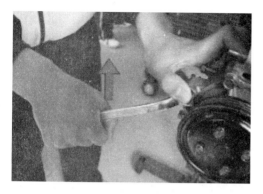
图 2-42 梅花扳手的正确使用

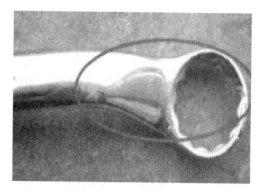
图 2-43 内孔已严重磨损的梅花扳手

(三)开口扳手

1. 使用方法

选择开口扳手时,要根据螺栓头部的尺寸来确定合适的型号,并确保钳口的直径与螺栓头部直径相符,配合无间隙,然后才能进行操作。施力时,一只手推住开口扳手与螺栓连接处,并确保扳手与螺栓完全配合后,另一只手大拇指抵住扳头,另外四指握紧扳手柄部往身边拉扳,如图 2-44 所示。当螺栓、螺母被扳转到极限位置后,将扳手取出并重复前面的过程。扳手的平面一定要和螺母平行且用力适度。为防止扳手损坏或脱落,应使拉力作用在扳手开口较厚的一边。

2. 注意事项

扳转时禁止在开口扳手上加套管或锤击扳手,以免损坏扳手或损伤螺栓螺母。禁止使用开口扳手拆卸大力矩螺栓,并且使用开口扳手时放置的位置不能太高或只夹住螺母头部的一小部分,如图 2-45 所示,否则,会在紧固或拆卸过程中造成打滑,从而损坏螺栓、螺母或扳手,甚至会造成身体受伤。长期错误使用开口扳手会使钳口张开、磨损变圆或开裂。禁止继续使用已损坏的扳手,否则,会损坏螺栓、螺母的棱角。禁止将开口扳手当撬棒使用。

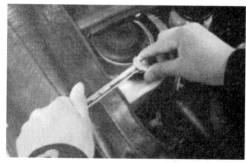
图 2-44 开口扳手的正确使用

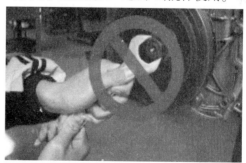
图 2-45 开口扳手的错误使用

(四)活动扳手

1. 使用方法

使用活动扳手时应先将活动扳手钳口调整合适,使活动扳手钳口与螺栓、螺母两对边完全贴紧,不应存在间隙。使用时,要使活动扳手的可调钳口部分受推力,固定钳口受拉力,这样才能保证螺栓、螺母及扳手本身不被损坏,如图 2-46 所示。如果不按照这种方法转动扳手,会使压力作用在调节螺杆上,在施力时促使钳口变大,将损坏螺栓、螺母的棱角和扳手本身。

2. 注意事项

活动扳手限于拆装在开口尺寸限度以内的螺栓、螺母,特别对不规则的螺栓螺母更能发挥作用。不可用于拧紧力矩较大的螺栓、螺母,在拧不动时,切不可采用钢管套在手柄上来增加力矩(图2-47),以防损坏扳手活动部分。不得把活动扳手当锤子用。使用时一定要调整好钳口开口尺寸,使之与螺栓、螺母棱角配合紧密,以防损坏螺栓、螺母。

图2-46 活动扳手的正确使用

图2-47 活动扳手的错误使用

(五)扭力扳手

1. 使用方法

(1)指针式扭力扳手结构相对比较简单,它有一个刻度盘。当紧固螺栓时,左手把住套筒,右手握紧手柄往身边扳转,扭力扳手的杆身在力的作用下发生弯曲,这样就可以通过指针的偏转角度大小表示螺栓、螺母的旋转程度,其数值可通过刻度盘读出,如图2-48所示。使用指针式扭力扳手时,应注意左手在握住扳手与套筒连接处时,不要碰到指针杆,否则,会造成读数不准。

(2)预置力式扭力扳手可通过旋转手柄,预先调整设定力矩。当紧固螺栓时,左手把住套筒,右手握紧手柄往身边扳转,如图2-49所示。当旋转力达到设定力矩时,该扳手会发出警告声响以提示用户。当听到"咔哒"声响后,立即停止旋转以保证力矩正确,当扳手设在较低力矩值时,警告声可能很小,所以应特别注意。如图2-49所示。

图2-48 指针式扭力扳手的正确使用

图2-49 预置力式扭力扳手的正确使用

2. 注意事项

在使用扭力扳手拧紧时用左手把住套筒,右手握紧手柄往身边扳转,禁止往外推,以免滑脱而损失身体。当扭力矩过大时,禁止在扭力扳手的手柄上再加装套管或用锤子锤击,如图 2-50 所示。对要求拧紧力矩较大,且工件较大、螺栓数量较多的螺栓螺母时,应分次按一定顺序拧紧。拧紧螺栓螺母时,不能用力过猛,以免损坏螺纹。预置力式扭力扳手使用前应做好调校工作,用后应将预紧力调到零位。切勿在达到预置力矩后继续旋转,如继续旋转,会使力矩大大超出预设值(图 2-51),除对扳手造成严重损害外,还会损坏螺栓、螺母。

图 2-50 禁止在扭力扳手上加装套管

图 2-51 达到预置扭力后切勿继续旋转

(六)内六角扳手

1. 使用方法

使用 L 形的六角扳手和花形内六角扳手时,手持长端,可进行拧松或紧固,如图 2-52 所示。手持六角扳手的短端,可用于快速旋拧螺栓。

2. 注意事项

内六角扳手的选取应与螺栓或螺母的内六方孔相适应,并且严禁使用任何加长装置,以免损坏螺栓或扳手,如图 2-53 所示。

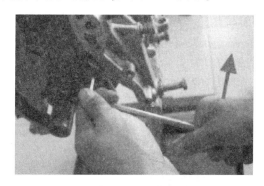

图 2-52 内六角扳手的正确使用

图 2-53 严禁使用加长装置

(七)气动扳手

1. 使用方法

使用气动扳手时,一定要握紧,并站在一个安全舒适且容易施力的位置,用手按动气源开关,在气压的作用下,使套筒带动螺栓、螺母自动旋拧,如图 2-54 所示。大多数气动扳手都设有高低挡之分,使用过程中一定要注意力矩的大小,如果力矩过大,可能会拧断螺栓。使用气动工具紧固轮胎螺栓时,要先用手拧上部分螺纹后,再使用最小功率挡紧固。最后使

用扭力扳手检查紧固力矩。气动工具在使用完毕后,应及时关闭空气。

2. 注意事项

气动扳手须在正确的气压下使用。另外,还要注意定期检查风动工具并用油润滑防锈。如果用风动工具从螺栓上全部取下螺母,则旋转力可使螺母飞出,往往先用手将螺母对准螺钉,如一开始就打开风动工具,则螺纹会被损坏。在操作时必须用两只手握住工具,因为按按钮释放很大的力矩,可能引起振动。力矩调整按钮和旋转方向按钮的位置和形状因制造厂的不同而异。

图 2-54 气动扳手的正确使用

(八) 螺丝刀

1. 螺丝刀的选用

选用螺丝刀时,应先保证螺丝刀头部的尺寸与螺钉的槽部形状完全配合,选用不当会严重损坏螺丝刀。选用时应先大后小,即先选择 3 号,如 3 号不合适,再依次选择 2 号、1 号。如果螺丝刀的头部太厚,则不能落入螺钉槽内,否则,易损坏螺钉槽;如果螺丝刀的头部太薄,使用时头部容易扭曲。

2. 使用方法

使用螺丝刀时,应右手握住螺丝刀,手心抵住柄端,螺丝刀与螺钉的轴心必须保持同轴,压紧后用手腕扭转,拆卸时螺钉松动后用手心轻压螺丝刀,并用拇指、食指、中指快速旋转手柄,如图 2-55 所示。

3. 注意事项

为保证螺丝刀和螺钉槽配合良好,使用螺丝刀前要先清除螺钉槽里的油漆和脏物。如果螺丝刀或工件上有油污时,也应擦净后再进行操作。如果使用较长的螺丝刀,左手应把持住它的前端,保持稳定,防止螺丝刀滑出螺钉的槽口。如果用螺丝刀拆卸的是活动部件(图 2-56),应把工件固定后,再进行操作。严禁用手握件操作,因为一旦螺丝刀滑出,将会把手凿伤。另外,在使用过程中,要尽量避免将螺丝刀当撬棒,否则,会造成螺丝刀的弯曲甚至断裂。禁止将普通螺丝刀当作錾子使用(通心式螺丝刀除外),否则,会造成头部缩进手柄内或断裂和缺口。

图 2-55 螺丝刀的正确使用

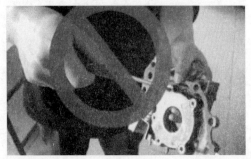

图 2-56 螺丝刀的错误使用

(九)手锤

1. 锤子手柄的选择

多数锤子在购买时就已安装了手柄,如自己选择并安装手柄,应注意手柄的粗细要和锤头的大小相适应,锤头中心线要与锤柄中心线垂直,并且锤柄的最大椭圆直径方向要与锤头中心线方向一致。

2. 使用方法

(1)锤子的握法。

①紧握法(图2-57):右手5个手指紧握锤柄,大拇指合在食指上,虎口对准锤头方向(木柄椭圆的长轴方向),木柄尾端露出15~30mm。在敲击和挥锤过程中,五指始终紧握锤柄。

②松握法(图2-58):只有大拇指和食指始终握紧锤柄,其余三指在挥锤时,按小指、无名指、中指顺序依次放松;在敲击时,又以相反的次序收拢握紧,这种方法的优点是手不易疲劳,且产生的敲击力较大。

图2-57 紧握法　　　　　　图2-58 松握法

(2)挥锤方法。在实际操作中,根据对加工工件锤击力量的不同要求,挥锤方法有3种。

①腕挥(图2-59):挥锤时仅用手腕的动作来做锤击运动,锤击力小。采用紧握法握锤,一般应用于需求锤击力较小的加工工作。

②肘挥(图2-60):挥锤时手腕与肘部一起挥动完成锤击运动,敲击力较大。采用松握法握锤,这是一种常用的挥锤方法。

图2-59 腕挥　　　　　　图2-60 肘挥

③臂挥（图 2-61）：挥锤时腕、肘和臂联合动作，锤头要过耳背，捶击力最大。臂挥适用于需要大锤击力的工作。这种方法费力大，较难掌握，但只要掌握了臂挥，其他 2 种方法也就容易掌握了。

图 2-61　臂挥

3. 注意事项

（1）使用前要保证锤面及手柄上无油污，以防止在使用过程中锤子从手中滑脱，造成伤人损物的事故。

（2）使用前要检查手柄安装是否牢固，有无开裂现象，以防锤头脱出造成事故。如锤头松动，可用楔子塞牢，如手柄开裂或断裂，应立即换用新手柄，禁止继续使用。

（3）当使用外表已损坏了的锤子击打时，锤子上的金属可能会飞出并造成事故。

四、拆装发动机专用工具的使用规范

（一）火花塞套筒扳手使用方法

拆卸时，将套筒套牢火花塞，转动套筒将其卸下。装复火花塞时，为了确保火花塞能正常地装入缸盖中，首先要用手仔细地旋转套筒，使火花塞螺纹带入火花塞座孔后，再用配套手柄将其紧固，如图 2-62 所示。

a)
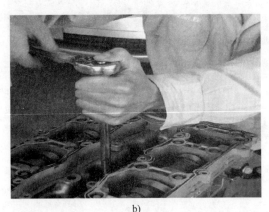
b)

图 2-62　火花塞套筒使用

（二）活塞环装卸钳使用方法及注意事项

如图 2-63 所示，使用活塞环装卸钳时，用环卡卡住活塞环开口间隙，轻握手柄慢慢收缩，在杠杆力的作用下，活塞环会逐渐张开，当其略大于活塞直径时，便可将活塞从环槽内装入或取出。使用时，活塞环要与钳面紧贴，手柄要轻握；张开活塞环时，不可用力过猛，以防滑脱；同时，张开开口不宜过大，以防折断。如果不使用活塞环装卸钳而直接手工拆卸，很容易由于用力不均把活塞环折断，如图 2-64 所示。

图 2-63 活塞环装卸钳的正确使用

图 2-64 装卸活塞环的错误方法

(三)活塞环压缩器使用方法及注意事项

安装活塞环时,应将各环口位置正确地分布后,用活塞环压缩器包裹在活塞的外面,然后使用配套扳手收缩压缩器将活塞环压入环槽内。将带压缩器的活塞放入汽缸内(图 2-65),并要求压缩器的下平面要和汽缸体的上平面接合好。使用木棒等工具锤击活塞顶部,使活塞顺利进入汽缸内。严禁使用金属棒锤击活塞顶部,而应使用木棒锤击(图 2-66),以防止对活塞造成损伤。活塞环压缩器的大小、型号有所不同,选用时要根据活塞的直径选择合适的压缩器。

图 2-65 带压缩器的活塞放入汽缸内

图 2-66 木棒锤击活塞

(四)气门弹簧钳使用方法及注意事项

使用气门弹簧钳时将凸台顶住气门头部,压头贴住气门弹簧座,然后下压手柄带动压头和气门弹簧下行,使锁片脱落在压头的凹槽内。使用磁棒取出气门锁片后,解除压头的锁止装置,轻轻回位下压手柄,使气门弹簧压力释放,这样就可以轻松地取下气门弹簧及气门了,如图 2-67 所示。压头的锁止装置要注意锁止到位以防弹簧钳松动,弹簧钳的活动部分应保持良好的润滑。

(五)杯式滤清器扳手使用

拆装机油滤清器时,将杯式滤清器扳手套在机油滤清器顶部的多棱面上,使用方法同套筒扳手,如图 2-68 所示。

a)

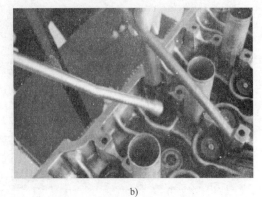

b)

图 2-67　气门弹簧钳的正确使用

图 2-68　杯式滤清器扳手的正确使用

思考与练习

一、看图填写工具的名称

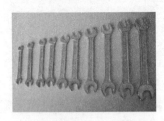

图 2-69（　　　）

图 2-70（　　　）

图 2-71（　　　）

图 2-72（　　　）

图 2-73（　　　）

图 2-74（　　　）

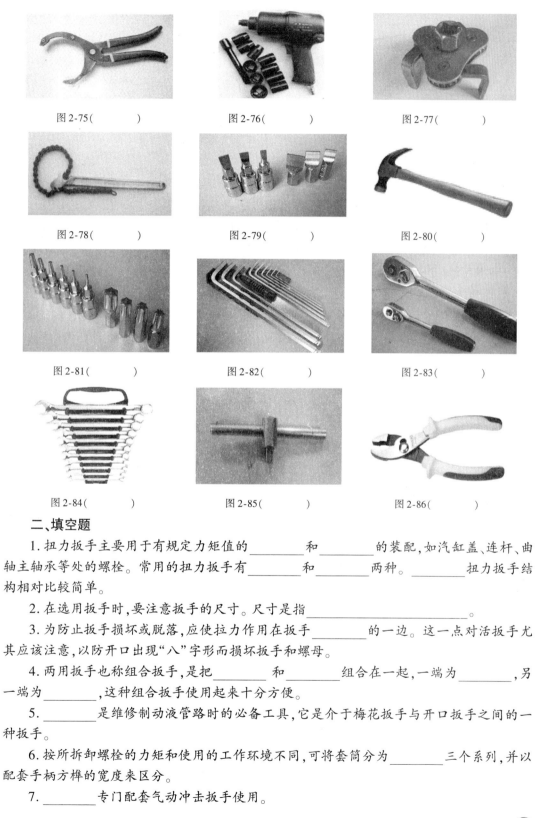

图 2-75（　　　）　　图 2-76（　　　）　　图 2-77（　　　）

图 2-78（　　　）　　图 2-79（　　　）　　图 2-80（　　　）

图 2-81（　　　）　　图 2-82（　　　）　　图 2-83（　　　）

图 2-84（　　　）　　图 2-85（　　　）　　图 2-86（　　　）

二、填空题

1. 扭力扳手主要用于有规定力矩值的_____和_____的装配，如汽缸盖、连杆、曲轴主轴承等处的螺栓。常用的扭力扳手有_____和_____两种。_____扭力扳手结构相对比较简单。

2. 在选用扳手时，要注意扳手的尺寸。尺寸是指_____。

3. 为防止扳手损坏或脱落，应使拉力作用在扳手_____的一边。这一点对活扳手尤其应该注意，以防开口出现"八"字形而损坏扳手和螺母。

4. 两用扳手也称组合扳手，是把_____和_____组合在一起，一端为_____，另一端为_____，这种组合扳手使用起来十分方便。

5. _____是维修制动液管路时的必备工具，它是介于梅花扳手与开口扳手之间的一种扳手。

6. 按所拆卸螺栓的力矩和使用的工作环境不同，可将套筒分为_____三个系列，并以配套手柄方榫的宽度来区分。

7. _____专门配套气动冲击扳手使用。

8. 气动扳手使用_____,用于拆卸或更换螺栓螺母,能使工作很快完成。常见的气动扳手有_____和_____两种。

9. _____主要用于从活塞环槽中取出或装入活塞环。

10. 在拆卸螺栓时,应按照先_____、后_____、再_____、最后_____的选用原则进行选取扳手。

三、判断题

1. 工具车顶部设有工作台,操作时可在其工作台上临时放置工具。（ ）
2. 可以把接杆当作冲子使用。（ ）
3. 使用气动工具时严禁使用万向节,因为球节由于不能吸收旋转摆动会发生脱开情况,造成工具、零件或车辆损坏,甚至造成人身伤害。（ ）
4. 可以用手钳代替扳手松紧 M5 以上螺纹连接件。（ ）
5. 装复火花塞时,可用扳手及配套手柄直接将其紧固。（ ）

四、简答题

1. 常用的扳手有哪些?

2. 钳子的用途是什么?它的类型有哪些?

3. 常用的套筒有哪些类型?

4. 扭力扳手的使用方法。

项目三　发动机机械零部件检测常用量具的种类及其使用

学习目标

完成本项目学习后,你应能:
1. 说出发动机检修量具的种类、用途和使用方法;
2. 正确选用发动机检修量具,并能准确读出所量数据。

建议学时
4学时。

在汽车维修检测作业中会用到量具,在保证测量精度的前提下,应选择比较经济的量具。本项目将主要介绍塞尺、千分尺、游标卡尺、百分表、内径百分表等几种发动机检修量具的正确使用方法。

一、检修发动机常用量具

（一）钢直尺

钢直尺（图3-1）是最基本的测量工具,是用薄钢板制成的,一般用于精度要求不高的测量,可以直接测量出工件的尺寸。

（二）直角尺

直角尺（图3-2）一般用来检查工件的内外角或直角度研磨加工核算,不论何种形式的直角尺都是由一个短边和一个长边构成。

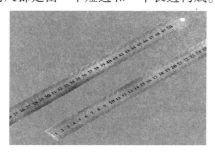

图3-1　钢直尺

图3-2　直角尺

（三）塞尺

塞尺（图3-3）通常都是成套供应。在汽车维修工作中主要用于测量触点间隙和一些

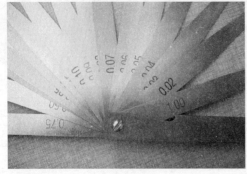

接触面的平直度等,如活塞与汽缸间隙、活塞环槽和活塞环间隙、进排气门顶端和摇臂间隙、齿轮啮合间隙、缸盖平面度等。

(四)千分尺

千分尺(图3-4)主要用于测量加工精度要求较高的零部件长度。汽车维修工作中一般使用测量精度可达到0.01mm的千分尺。

固定套筒上刻有套筒刻度,在千分尺固定套筒基准线两侧有上、下两排刻线,同排刻线间距为1mm,上、下刻线相互错开0.5mm。千分尺的活动部分加工成螺距为0.5mm的螺杆,当它在固定套筒的螺套中转动一周时,螺杆将前进或后退0.5mm。螺套的外圆上刻有50等份的微分套筒刻度,在读数时每等份为0.01mm。固定套筒上的基准线是作为微分筒读数的基准线。

图3-3 塞尺

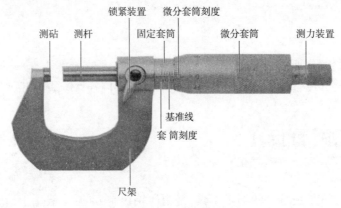

图3-4 千分尺

(五)游标卡尺

游标卡尺(图3-5)简称卡尺,是由刻度尺和卡尺制造而成的精密测量仪器,能够正确且简单地进行长度、外径、内径及深度的测量。

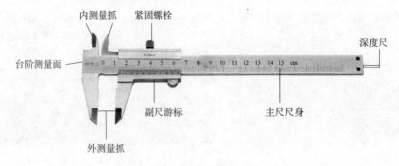

图3-5 普通游标卡尺

常用的游标卡尺的测量范围是0~150mm,应根据所测零部件的精度要求选用合适规格的游标卡尺。游标卡尺根据最小刻度的不同分为0.05mm和0.02mm两种。在汽车维修工作中，0.02mm 精度的游标卡尺使用最多。若游标卡尺上有 50 个刻度，每刻度则表示 0.02mm；若游标卡尺上有 20 个刻度，每刻度则表示 0.05mm。

尺身上刻有主刻度线，滑动爪上刻有游标刻度。主刻度尺是以毫米来划分刻度的，将 1cm 平均分为 10 个刻度，在厘米刻度线上标有数字 1、2、3 等，表示为 1cm、2cm、3cm 等。游标卡尺主刻度尺和游标刻度尺每个刻度差是 0.02mm，这就是此游标刻度尺的测量精度。

（六）百分表

百分表（图 3-6）利用指针和刻度将心轴移动量放大来表示测量尺寸，主要用于测量工件的尺寸误差以及配合间隙。百分表主要是由尺条和小齿轮装配而成的，表盘是可以转动的。表盘刻度分为 100 格，当量头每移动 0.01mm 时，大指针偏转 1 格；当量头每移动 1.0mm 时，大指针偏转 1 周。小指针偏转 1 格相当于 1mm。

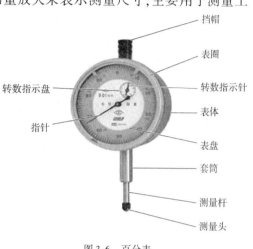

图 3-6　百分表

二、检修发动机专用量具

（一）内径百分表

内径百分表（图 3-7）主要用于测量发动机汽缸和轴承座孔的圆度误差、圆柱度误差或零件磨损情况，其测量精度为 0.01mm。

（二）刀口形直尺

刀口形直尺（图 3-8）主要用于以光隙法进行直线度和平面度测量，也可与量块一起用于检验平面精度。

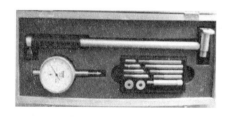

图 3-7　内径百分表

图 3-8　刀口形直尺

除此之外，检修发动机专用量具还有塑料间隙规、火花塞专用间隙规、汽缸压力表等。

三、检修发动机常用量具的使用规范

（一）钢直尺

使用钢直尺时，要以端边的"0"刻线作为测量基准。这样，在测量时不仅容易找到测量基准，而且便于读数和计数。测量时，钢直尺要放平、放正，刻度面朝上、朝外，不得前后、左右歪斜，否则，从尺上读得的数会比被测得实际尺寸大，如图 3-9 所示。

(二)直角尺

使用直角尺时,将尺座一面紧靠工件基准面,尺杆向工件另一面靠拢。观看尺杆与工件贴合处其透过光线是否均匀:透过光线均匀,工件两邻面垂直;透过光线不均匀,两邻面不垂直,即不成直角。使用直角尺要注意避免在高温或潮湿的场所从事测量作业以及直角尺的保养。由于钢制品容易生锈,在使用后一般应涂上一层凡士林或机油。图3-10是在平面板上用直角尺进行气门弹簧的倾斜度测试。

图3-9 使用钢直尺测量缸盖宽度

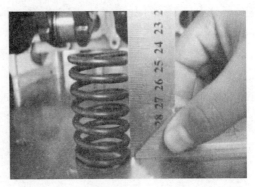

图3-10 用直角尺进行气门弹簧的倾斜度测试

(三)塞尺

1.使用方法

使用塞尺测量时,应根据间隙的大小,先用较薄片试插,逐步加厚,可以一片或数片重叠在一起插入间隙内,插入深度应在20mm左右。使用前必须将钢片擦净,还应尽量减少重叠使用的片数,因为片数重叠过多会增加测量误差。当塞尺同一把直尺一起使用时,塞尺可用来检查零件的平直度,如汽缸盖的平直度,如图3-11所示。

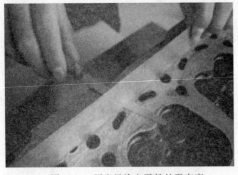

图3-11 用塞尺检查零件的平直度

2.读数

单片尺片使用时,直接从塞尺表面读取数据。多片尺片叠加使用时,读取各片的数据然后相加。

3.注意事项

由于塞尺很薄,容易弯曲或折断,测量时不能用力太大,应在接合面上多处检查,取其最大值。测量后及时将测量片合到夹板中去,以免损伤各金属薄片。塞尺上不得有污垢、锈蚀及杂物。使用完毕后要将测量面擦拭干净,并涂油。

(四)千分尺

1.读数

首先读出固定套筒上露出的刻线尺寸。套筒刻度可以精确到0.5mm(可以读至0.5mm),一定要注意不要遗漏应读出的0.5mm。然后读出微分筒上的尺寸。看清微分筒圆周上哪一格与固定套筒的基准线对齐,将格数乘以0.01mm即得微分筒读数。最后将固定套筒和微分筒上的尺寸相加,即为千分尺的读数。

2. 应用

（1）如图3-12所示，套筒上的读数为55mm，套管上的0.01mm的刻度线对齐基准线，读数是：55mm + 0.01mm = 55.01mm。

（2）如图3-13所示，套筒上的读数为55.5mm，套管上的0.45mm的刻度线对齐基准线，读数是：55.5mm + 0.45mm = 55.95mm。

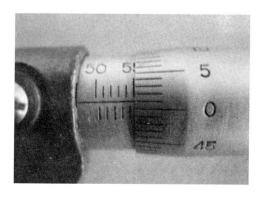

图3-12 千分尺读数（一）

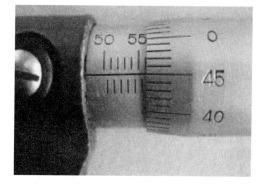

图3-13 千分尺读数（二）

3. 测量方法

（1）使用前确保零点校正，若有误差请用扳手调整或用测定值减去误差。

（2）被测部位及千分尺必须保持清洁，若有油污或灰尘须立即擦拭干净。

（3）测量时请将被测面轻轻顶住砧子，转动限荷棘轮及套筒使测轴前进，如图3-14所示。

（4）测定时尽可能握住千分尺的弓架部分，同时要注意不可碰及砧子，如图3-15所示。

图3-14 顶住砧子

图3-15 握住千分尺弓架部

（5）如图3-16所示，旋转后端限荷棘轮，使两个砧端夹住被测部件，然后再旋转限荷棘轮一圈左右，当听到发出两三响"咔咔"声后，就会产生适当的测定压力。

（6）为防止因视差而产生误读，最好让眼睛视线与基准线成直角后再读取读数，如图3-17所示。

图 3-16　旋转后端限荷棘轮

图 3-17　视线与基准线成直角后读数

(7) 当测量活塞、曲轴轴径之类的圆周直径时,必须保证测轴轴线与最大轴径保持一致(即测试处为轴径最大处)。若从横向来看,测轴应与检测部件中心线垂直(图 3-18),只有这样才能保证测试数据正确无误。

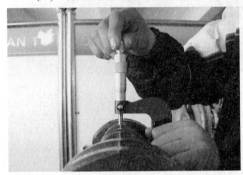

图 3-18　测轴应与检测部件中心线垂直

4. 校正方法

测量器的零点校正(图 3-19)应按下列程序操作:

(1) 仔细清理测定面后,将标准量规夹在测轴和砧子之间,慢慢转动限荷棘轮,当棘轮转动一圈半并发出 2～3 次"咔咔"声后,即能产生正确的测定压力,检视指示值。0～25mm 量程的千分尺可直接校零。

(2) 活动套管前端面应在固定套筒的"0"刻线位置,且活动套管上的"0"刻线要与固定套筒的基准线对齐。若两者中有一个"0"刻线不能对齐,则该千分尺有误差,应检查调整后才能继续测量,如图 3-20 所示。

图 3-19　千分尺校零

图 3-20　检查调整千分尺

(3) 根据以上方法进行校正后,如果零点有偏差,应先检查测定面接触状况是否良好,然后再根据误差的大小进行调整,如图 3-21 所示。

(4) 当误差在 0.02mm 以下时,把调整扳手的前端插入固定套筒内,转动套筒使活动套管的"0"刻线和套筒上的基准线对齐,经几次调整后,再进行零点检查,若还有偏差则根据上述方法再次调整。

(5) 当误差在 0.02mm 以上时的调整步骤如下：

①使用调整扳手紧固活动套管和测轴,如图 3-22 所示。

图 3-21　检查测定面接触状况

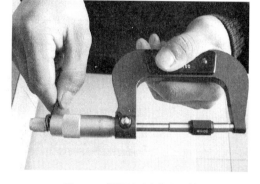

图 3-22　紧固活动套管和测轴

②松解棘轮螺钉,通过转动套管调整零点的偏差在 0.02mm 以下后,紧固棘轮螺钉,如图 3-23 所示。

③再次进行零点校正,确定误差在 0.02mm 以下后,再按前项利用固定套筒进行微调,如图 3-24 所示。

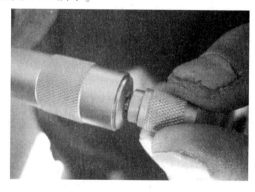

图 3-23　调整零点的偏差在 0.02mm 以下

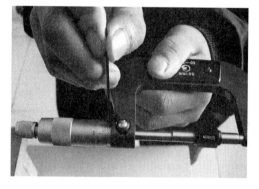

图 3-24　用固定套筒进行微调

5. 注意事项

(1) 使用时应避免掉落地面或遭受撞击,否则,应立刻检查并作适当处理。

(2) 严禁放置在污垢或灰尘很多的地点,并且要在使用后将测砧和测轴的测定面分离后再放置。

(3) 为防止千分尺生锈,使用后须立即擦拭并涂上一层防锈油。保存时应先放置于储存盒内,再置于湿度低、无振动的地方保存。

(五) 游标卡尺

1. 读数

读数时,首先读出游标零线左侧与主刻度尺身相邻的第一条刻线的整毫米数,即测得尺寸的整数值,再读出游标尺上与主刻度尺刻度线对齐的刻度线所表示的数值,即为测量值的小数。把从主刻度尺上读得的整毫米数和从游标尺上读得的毫米小数加起来即为测得的实际尺寸。

2. 应用

如图3-25所示，主刻度尺读数为11.00mm，游标尺为0.1mm。测得的实际尺寸：11 + 0.1 = 11.1mm。

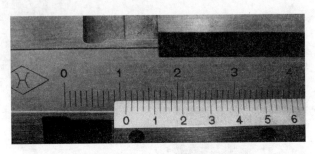

图3-25　游标卡尺读数

3. 测量方法

(1) 使用前的检查。使用游标卡尺时应先依照下列事项逐一检查：

①测定量爪的密合状态：主、副尺的量爪必须完全密合。进行内径测定时用量爪在密合状态下能够看到少许光线则表示密合良好；反之，如果穿透光线很多，则表示量爪密合不佳。

②零点校正：当量爪密切结合后，主副尺零点必须相互一致才是正确的。

③游标的移动状况：游标必须能够在主尺上轻轻地移动而不会发出声音才是正确的。

(2) 测量操作。在从事测量作业之前，必须事先清洁测量零件及游标尺。在测量外径时，需要将零件深夹在量爪中，如图3-26所示，然后用右手拇指轻压游标卡尺，同时使测定工件和游标卡尺保持垂直状态。

内径尺寸的测量应按图3-27所示，首先，用拇指轻轻拉开副尺，并使主尺量爪与测定物件保持正确的接触，上下晃动卡尺，读取指示的最大尺寸读数。此外，用游标卡尺深度尺还可以测量汽车零部件的深度。

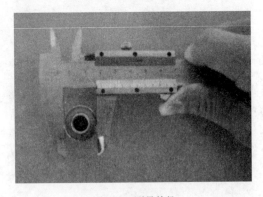

图3-26　测量外径

图3-27　测量内径

4. 注意事项

(1) 游标卡尺是一种精密的测量工具，要获得很好的精度应小心轻放并妥善保存。测量前，应将游标卡尺清理干净，并将两量爪合并，检查游标卡尺的精度情况。

(2) 读数时，要正对游标刻度，看准对齐的刻线，目光不能斜视，以减小读数误差。

(3)移动尺框时,活动要自如,不应过松或过紧,更不能有晃动现象。用固定螺钉固定尺框时,卡尺的读数不应有改变。移动尺框时,不要忘记松开固定螺钉,固定螺钉也不宜过松。

(4)游标卡尺用完后,应清除污垢并涂上防锈油,将其放回盒子里并放在不受冲击及不易掉落的地方保存。

(六)百分表

1. 读数

先读毫米整数,即小指针转过的刻度线;再读小数部分,即大指针转过的刻度线乘以0.01;然后两者相加,即得到所测量的数值。

2. 使用

百分表要装设在支座上才能使用,如图3-28所示,在支座内部设有磁铁,旋转支座上的旋钮使表座吸附在工具台上,因而又称磁性表座。此外,百分表还可以和夹具、V形槽、检测平板和顶心台合并使用,从事弯曲、振动及平面状态的测定或检查。

3. 注意事项

(1)百分表内部构造和钟表相类似,应避免摔落或遭受强烈撞击。

(2)心轴上不可涂抹机油或油脂。当心轴上沾有油污或灰尘而导致心轴无法平滑移动时,请使百分表保持垂直状态,再将套筒浸泡在品质极佳的汽油内浸至中央部位,来回移动数次后再用干净的抹布擦拭心轴,即能恢复至原来平滑的情况。

图3-28 百分表的使用

(3)百分表使用前要误差检查。用一只手握稳表身,另一只手食指轻微触动百分表测量头,然后释放,重复三次。每一次大指针移动后均应回到原位置,否则说明百分表存在误差,需要请专家检查调试后方可使用,未修复,禁止使用。

(4)为防止生锈,百分表在使用后应立即擦拭并涂上一层防锈油,先放在工具盒内,再放置在湿度低、无振动的库房内。

(5)应定期检查百分表的精密度。

四、检修发动机专用量具的使用规范

(一)内径百分表

1. 安装内径百分表

(1)将内径百分表测头插入表管的插口中,并使表测头产生1~3mm的位移(预偏转值),然后拧紧锁紧螺钉以便固定住内径百分表。

(2)根据测量尺寸大小选择合适的固定量杆,并把它旋入固定套后,用螺母锁紧。

2. 内径百分表误差检查

轻压已安装好的内径百分表的活动量杆,使内径百分表的大指针有一定偏移量,然后释放,观察大指针能否回到原来位置,若不能,检查百分表是否存在误差,或是表自身内部机械件卡滞所致,视情修理或更换。

3. 缸径测量

(1)慢慢地将导向板端(活动端)倾斜,使其先进入汽缸内,而后再使替换杆件端进入,如图3-29所示,导向板的两个支脚要和汽缸壁紧密配合。

(2)在测定位置维持导向板不动,而使替换杆件的前端做上下移动并观测指针的移动量,如图3-30所示,当内径百分表的读数最小且内径百分表和汽缸成真正直角时,再读取数据。

图3-29　内径百分表导向板端放入汽缸　　　　图3-30　游标卡尺测量内径

4. 读数

内径百分表读数方法与百分表相同,读出表盘上大小指针的偏转量。

5. 注意事项

(1)将内径百分表测杆放入、移出或在汽缸孔内移动时,必须将表杆向离开自己的一方倾斜,使测杆斜着而不是垂直地上下移动,否则,将损坏内径百分表。

(2)勿经常用手压量杆来使内径百分表指针转动,这样做易造成内径百分表过早损坏。

(3)长期不用时,取下固定量杆、百分表,在内径百分表所有零件表面涂抹一薄层工业凡士林后放入盒中妥善保管,勿重压。

(二)刀口形直尺

1. 使用方法

(1)将刀口形直尺垂直紧靠在工件表面,并在纵向、横向和对角线方向逐次检查,如图3-31所示。

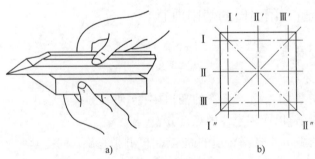

图3-31　刀口尺使用

(2)检验时,如果刀口形直尺与工件平面透光微弱而均匀,则该工件平面度合格;如果进光强弱不一,则说明该工件平面凹凸不平。可在刀口形直尺与工件紧靠处用塞尺插入,根据塞尺的厚度即可确定平面度的误差,如图3-32所示。

2. 注意事项

(1) 用刀口形直尺检验时,被检验表面不能太粗糙。如果被检验表面太粗糙,不仅会磨损刀口形直尺的测量面,而且不容易准确判定光隙的大小。因为表面太粗糙,光在隙缝中产生散射,难以准确判定光的色彩。所以要求被检验表面的粗糙度值 R_a 不大于 $0.04\mu m$。

图3-32　刀口形直尺检测平面度

(2) 在测量过程中,当测量一个截面到测量另一个截面时,应该把刀口形直尺提起后轻轻放到另一个被测截面上,而不应该把刀口形直尺从被检验平面上拖着走,这样会加速刀口尺测量面的磨损。

(3) 选用刀口形直尺时,要使其长度大于或等于被检验截面的长度。检验时,要在给定方向上的若干个截面内进行,取其中的最大值作为该被检验平面的直线度或平面度误差。

(4) 用完后,必须将刀口形直尺的各部位擦净,放入其盒内保存,也可以涂一层防锈油。

思考与练习

一、填空题

1. 钢直尺是最基本的测量工具,是用薄钢板制成的,它一般用于精度要求_____的测量,可以直接测量出_____。

2. 千分尺主要用于测量加工精度要求较高的零部件_____。汽车维修工作中一般使用测量精度可达到_____的千分尺。

3. 游标卡尺简称卡尺,是由刻度尺和卡尺制造而成的精密测量仪器,能够正确且简单地进行_____、_____、_____、_____的测量。

4. 塞尺在汽车维修工作中主要用于测量_____和一些接触面的_____等。每条钢片标出了厚度单位是_____。

5. 百分表主要用于测量工件的_____以及_____。

6. 刀口形直尺主要用于以测量_____和_____。

二、判断题

1. 千分尺读数时,眼睛视线与基准线不必成直角。　　　　　　　　　　　(　　)

2. 经常用手压量杆来使百分表指针转动,不会造成内径百分表早期损坏。　(　　)

3. 使用千分尺时应避免掉落地面或遭受撞击,否则,应立刻检查并作适当处理。
　　　　　　　　　　　　　　　　　　　　　　　　　　　　　　　　　(　　)

4. 用千分尺测量时应将被测面轻轻顶住砧子,转动限荷棘轮及套筒使测轴前进。
　　　　　　　　　　　　　　　　　　　　　　　　　　　　　　　　　(　　)

5. 游标卡尺读数时要正对游标刻度,看准对齐的刻线,目光不能斜视,以减小读数误差。
　　　　　　　　　　　　　　　　　　　　　　　　　　　　　　　　　(　　)

三、简答题

1. 钢直尺的测量要求是什么？

2. 千分尺用来测量什么？测量时有哪些注意事项？

3. 游标卡尺用来测量什么？使用注意事项有哪些？

4. 百分表的用途是什么？

5. 在使用百分表测量时要和哪些构件配合使用，主要用于哪些项目的测量？

6. 百分表的使用维护注意事项有哪些？

项目四 曲柄连杆机构的基本结构原理认知

> **学习目标**
>
> 完成本项目学习后,你应能:
>   1. 说出曲柄连杆机构的组成及其连接关系、作用、工作条件与原理;
>   2. 识别曲柄连杆机构各主要组成部件,并说出其作用。
>
> **建议学时**
>   4学时。

曲柄连杆机构是往复活塞式发动机的核心机构,汽车一般采用多缸发动机,由于发动机汽缸数、布置形式、冷却方式、燃烧室结构等不同,其曲柄连杆机构在结构上亦有所不同。下面主要介绍曲柄连杆机构的基本结构原理。

一、曲柄连杆机构的整体结构及工作原理

(一)组成

曲柄连杆机构主要由机体组、活塞连杆组、曲轴飞轮组三部分组成。

1. 机体组

机体组(图4-1)是发动机各个机构和系统的装配基体,承受着各种载荷,包括汽缸体、曲轴箱、汽缸盖、汽缸套、汽缸垫、油底壳等机件。

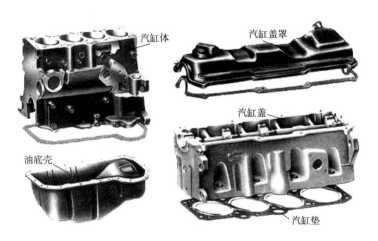

图4-1 机体组

2. 活塞连杆组

活塞连杆组(图4-2)的作用是把燃烧气体的压力传给曲轴,使曲轴旋转并输出动力,主要包括活塞、活塞环、活塞销和连杆等机件。

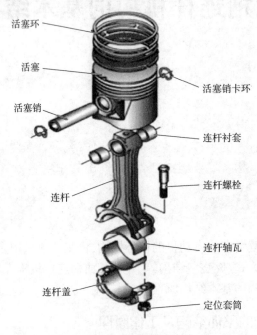

图4-2　活塞连杆组

3. 曲轴飞轮组

曲轴飞轮组(图4-3)的作用是承受活塞连杆组传来的力,对外输出动力,并为其他机构提供动力,主要包括曲轴、飞轮、主轴承等机件。

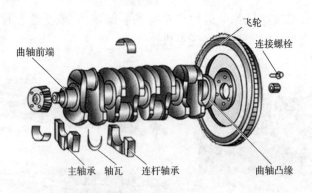

图4-3　曲轴飞轮组

(二) 曲柄连杆机构的主要零部件连接关系

如图4-4所示,汽缸盖上部用汽缸盖罩来密封,防止灰尘污染机油或灰尘进入加快气门传动机构的损伤。汽缸盖通过螺栓连接着下部的汽缸体,为了有更好的密封性,在二者间一般还加有汽缸垫。曲轴通过主轴承端盖及螺栓安装在汽缸体下部的主轴承座上。活塞连杆组是发动机的"心脏",处在汽缸体的汽缸内部(图4-5)。活塞上装有活塞环,且活塞通过活塞销与连杆小头连接,连杆大头与曲轴连杆轴颈连接。如图4-6所示,曲轴前段与配气机构的正时皮带或正时链条相连;如图4-7所示,后端凸缘与飞轮相连,并通过飞轮把动力输送给传动系。油底壳安装在发动机底部,通过螺栓连接在汽缸体上。

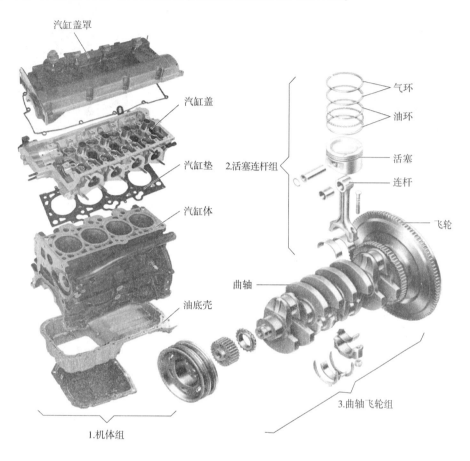

图4-4 曲柄连杆机构主要零部件连接关系

图4-5 活塞连杆组位置

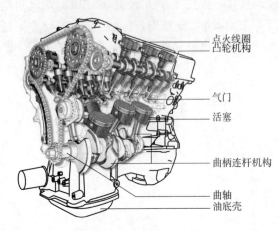
图4-6 曲轴前端连接关系

图4-7 曲轴后端连接飞轮

(三) 作用

曲柄连杆机构的作用是将活塞的往复直线运动转变为曲轴的旋转运动,同时将作用于活塞上的力转变为曲轴对外输出的转矩,以驱动汽车车轮转动。

(四) 工作条件

在发动机做功时,汽缸内最高压力可达 5~9MPa,最高温度达 2200K 以上。现代发动机最高转速可达 4000~6000r/min,即活塞每秒钟要完成约 100~200 个行程,可见活塞往复运动的线速度很大。此外,与可燃混合气和燃烧废气接触的机件还将受到化学腐蚀和电化学腐蚀。因此,曲柄连杆机构是在高温、高压、高速和有腐蚀的条件下工作。

由于曲柄连杆机构在高温下做变速运动,因此,它在工作中的受力情况很复杂,其中主要有气体作用力、运动质量的惯性力、旋转运动件的离心力,以及相对运动件的接触表面所产生的摩擦力等。这些力使曲柄连杆机构的各有关零件承受了拉伸、压缩、弯曲和扭转等不同形式的载荷。为了保证工作可靠,减少磨损,减轻振动,在结构上应采取相应措施。如为了减小曲轴离心力的影响,在曲轴上增设平衡块。

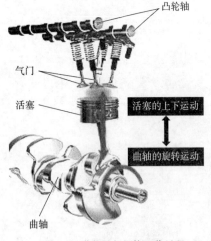
图4-8 曲柄连杆机构工作过程

(五) 工作原理

曲柄连杆机构是往复活塞式发动机将热能转换为机械能的主要机构。在发动机工作过程中,燃料燃烧产生的气体压力直接作用在活塞顶上,推动活塞做往复直线运动。经活塞销、连杆和曲轴,将活塞的往复直线运动转换为曲轴的旋转运动,如图4-8所示。发动机产生的动力,大部分经由曲轴后端的飞轮输出;还有一部分用以驱动本机其他机构和系统。其能量转换过程如图4-9所示。

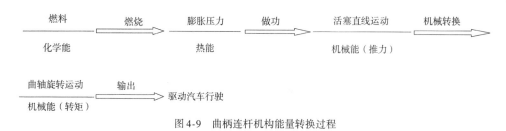

图4-9 曲柄连杆机构能量转换过程

二、曲柄连杆机构各主要组成件作用

1. 活塞

活塞(图4-10)的主要功用是承受燃烧气体压力,并将此力通过活塞销传给连杆以推动曲轴旋转。此外,活塞顶部与汽缸盖、汽缸壁共同组成燃烧室。

2. 活塞环

活塞环(图4-11)分气环和油环两种。

气环的主要功用是密封和传热,保证活塞与汽缸壁间的密封,防止汽缸内的可燃混合气和高温燃气漏入曲轴箱,并将活塞顶部接受的热传给汽缸壁,避免活塞过热。

油环的主要功用是刮除飞溅到汽缸上的多余机油,并在汽缸壁上涂布一层均匀的油膜,既能防止机油窜入燃烧室被烧掉,又能实现对活塞、活塞环和汽缸壁的润滑。

图4-10 活塞

图4-11 活塞环

3. 活塞销

活塞销(图4-12)的作用是连接活塞和连杆小头,并将活塞所受的气体作用力传给连杆。活塞销通常为空心圆柱体,有时也按等强度要求做成截面管状体结构。

4. 连杆组

连杆组(图4-13)包括连杆、连杆螺栓和连杆轴承盖等零件。连杆组的功用是将活塞承受的力传给曲轴,并将活塞的往复运动转变为曲轴的旋转运动。连杆小头与活塞销连接,同活塞一起做往复运动。连杆大头与连杆轴颈(曲柄销)连接,同曲轴一起做旋转运动。

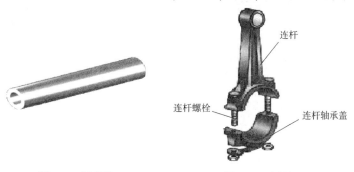

图4-12 活塞销　　　　图4-13 连杆组

5. 曲轴

曲轴(图4-14)的功用是把活塞、连杆传来的气体力转变为转矩,用以驱动汽车的传动系统和发动机的配气机构以及其他辅助装置。

曲轴前端主要用来驱动配气机构、水泵和风扇等附属机构,前端轴上安装有正时齿轮(或同步带轮)、风扇与水泵的带轮、扭转减振器,以及起动爪等。曲轴后端采用凸缘结构,用来安装飞轮。

6. 飞轮

飞轮(图4-15)是一个转动惯量很大的圆盘,外缘上压有一个齿圈,与起动机的驱动齿轮啮合,供起动机发动机时使用。飞轮上通常还刻有第一缸点火正时记号,以便校准点火时刻。

图4-14 曲轴　　　　　　　　图4-15 飞轮

7. 汽缸盖

汽缸盖(图4-16)的主要作用是封闭汽缸上部,与活塞顶部和汽缸壁一起构成燃烧室。

一般水冷式发动机汽缸盖内铸有冷却水套,缸盖下端面与缸体上端面所对应的水套是相通的,利用水的循环来冷却燃烧室壁等高温部分;风冷式发动机汽缸盖上铸有许多散热片,靠增大散热面积来降低燃烧室的温度。

8. 汽缸体

汽缸体(图4-17)是发动机各个机构和系统的装配基体,是发动机中重要的部件。汽缸体有水冷式缸体和风冷式缸体。

图4-16 汽缸盖　　　　　　　　图4-17 汽缸体

水冷式汽缸体一般与上曲轴箱铸成一体。汽缸体上部有汽缸,汽缸周围的空腔相互连通构成水套。下半部分是用来支撑曲轴的曲轴箱。

9. 汽缸垫

汽缸盖与汽缸体之间装有汽缸垫（图4-18），其作用是保证汽缸盖与汽缸体间的密封，防止燃烧室漏气、水套漏水。

10. 油底壳

油底壳（图4-19）的主要作用是储存机油并封闭曲轴箱。油底壳受力很小，一般采用薄钢板冲压而成。

图4-18　汽缸垫

图4-19　油底壳

思考与练习

一、填空题

1. 曲柄连杆机构由_____、_____和_____三部分构成。
2. 发动机各个机构和系统的装配基体是_____。
3. 活塞连杆组由_____、_____、_____和_____等组成。
4. 机体组由_____、_____、_____、_____、_____等组成。
5. 活塞环主要包括_____和_____两种。
6. 曲轴飞轮组主要由_____和_____以及其他不同作用的零件和附件组成。
7. 汽缸垫的作用是保证_____与_____间的密封，防止_____、_____。
8. 活塞销通常为_____圆柱体。
9. 活塞的往复_____运动转变为曲轴的_____运动。
10. 汽缸盖通过_____连接着下部的汽缸体。曲轴通过主轴承端盖及螺栓安装在汽缸体下部的_____轴承座上。活塞连杆组是发动机的"心脏"，处在汽缸体的汽缸内部。活塞上装有_____，且活塞通过_____与连杆小头连接，连杆大头与_____连接。

二、选择题

1. 下述各零件属于机体组的是（　　）。
   A. 活塞　　　　　B. 气门　　　　　C. 火花塞　　　　　D. 油底壳
2. 下述各零件不属于活塞连杆组的是（　　）。
   A. 活塞　　　　　B. 活塞环　　　　C. 连杆端盖螺栓　　D. 曲轴
3. 活塞通过（　　）与连杆小头连接。
   A. 活塞环　　　　B. 连杆　　　　　C. 活塞销　　　　　D. 连杆衬套
4. 下述各零件不属于曲轴飞轮组的是（　　）。

A. 飞轮　　　　　　B. 连杆轴瓦　　　　C. 扭转减振器　　　　D. 曲轴
5. 飞轮是一个转动惯量很大的圆盘,外缘上压有一个(　　)。
　　A. 齿圈　　　　　　B. 连杆　　　　　　C. 活塞销　　　　　　D. 连杆衬套

三、简答题

1. 简述曲柄连杆机构的作用与工作条件。

2. 简述曲柄连杆机构的能量转换过程。

3. 简述活塞连杆组的作用。

4. 简述曲轴飞轮组的作用。

5. 简述汽缸垫的作用。

项目五　汽缸体的结构原理认知

学习目标

完成本项目学习后,你应能:
1. 说出汽缸体的作用、结构、排列形式;
2. 说出汽缸的作用、类型及特点;
3. 说出发动机的支撑方法。

建议学时

4学时。

机体组主要由汽缸体、汽缸盖、汽缸盖罩、汽缸衬垫、曲轴主轴承座,以及油底壳等组成。汽缸体是发动机各个机构和系统的装配基体,因而也可把汽缸体看作发动机的本体,是发动机中最重要的一个部件之一。

一、汽缸体

(一) 汽缸体的结构特点

1. 安装位置

汽缸体一般位于汽缸盖之下,油底壳之上,如图5-1所示。

2. 作用

汽缸体(图5-2)是构成发动机的骨架,是各个机构和系统的装配基体,承受着各种载荷。

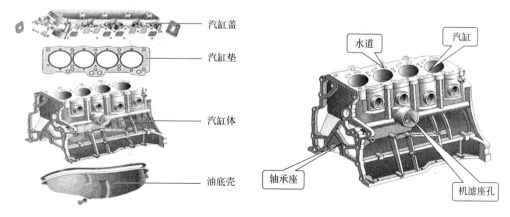

图5-1　机体组组成　　　　　　　　图5-2　汽缸体

3. 工作条件及要求

发动机工作时汽缸体承受拉、压、弯、扭的机械负荷,同时还承受很大的热负荷。因此,要求汽缸体要有足够的刚度和强度,且耐磨、耐热、耐腐蚀,结构紧凑、质量轻。

4. 材料

汽缸体的材料有灰铸铁、合金铸铁、铝合金。铝合金机体的优点是与铝活塞的热膨胀系数相同、导热性好、质量轻、散热性好。

5. 结构

汽缸体有风冷式和水冷式两种。水冷式发动机的汽缸体和曲轴箱常铸成一体,称为缸体。其结构如图5-3所示。

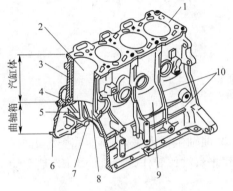

图5-3 水冷式发动机汽缸体
1-汽缸体顶面;2-汽缸;3-水套;4-主油道;5-横隔板上的加强筋;6-汽缸体底部;7-主轴承座;8-汽缸间隔板;9-汽缸体侧壁;10-侧壁上的加强筋

(1)汽缸体上半部有若干个为活塞在其中运动导向的圆柱形空腔,称为汽缸。

(2)下半部为支承曲轴的曲轴箱,其内腔为曲轴运动空间。

(3)在缸体内部铸有许多加强筋、冷却水套、润滑油道等,如图5-3所示。

桑塔纳2000轿车发动机的汽缸体为四缸直列、水冷、无缸套、全支承(有五个主轴颈)、龙门式(曲轴轴线在汽缸体下平面之上)结构,用合金铸铁铸造而成。龙门架深度为58mm,宽度为98mm。汽缸体长379mm,高278mm,质量32.8kg。缸径81mm,缸心距88mm,两缸间壁厚仅有7mm。前后两端轴向缸壁最薄处只有5mm,缸筒壁厚6mm。汽缸体上下平面、前后端面、两侧的安装平面都进行了加厚加强,如图5-4所示。

a) b)

图5-4 桑塔纳2000轿车发动机的汽缸体

(二)汽缸体结构形式

根据汽缸体与油底壳安装平面的位置不同,汽缸体可分为一般式汽缸体、龙门式汽缸体、隧道式汽缸体三种,如图5-5所示。

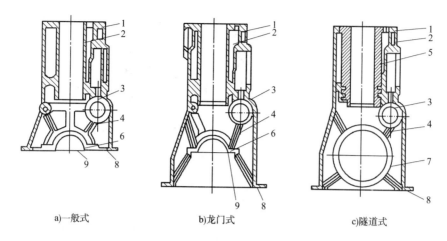

图 5-5 汽缸体结构形式

1-汽缸体;2-水套;3-凸轮轴座孔;4-加强筋;5-湿缸套;6-主轴承座;7-主轴承座孔;8-安装油底壳的加工面;9-安装主轴承盖的加工面

1. 一般式汽缸体

(1)结构特点:油底壳安装平面与曲轴轴线在同一高度,适用于轿车、轻型货车。

(2)优点:高度小、质量轻、结构紧凑、加工方便。

(3)缺点:刚度较差、前后端与油底壳之间的密封复杂。

2. 龙门式汽缸体

(1)结构特点:油底壳安装平面下沉到曲轴轴线以下,适用于各种类型的汽车,如解放CA6102、上海桑塔纳等。

(2)优点:刚度较好、与油底壳之间的密封简单。

(3)缺点:高度高,质量较重,加工困难。

3. 隧道式汽缸体

(1)结构特点:主轴承孔不剖分,为整体式,采用滚动轴承,曲轴从缸体后部装入。由于成本较高,所以采用的较少,一般用于机械负荷较大,主轴承采用滚动轴承的发动机。

(2)优点:刚度大,主轴承孔的同轴度好,结构紧凑。

(3)缺点:加工精度高,工艺性较差,曲轴拆装不便,成本高。

二、汽缸体其他部件结构

(一)汽缸

1. 汽缸的工作条件

汽缸一般工作在润滑不良、高温、高压、交变载荷和受腐蚀性物质腐蚀的工作环境下。一般情况下黏着磨损(黏附与熔着磨损)和腐蚀磨损占主要地位。

2. 汽缸的排列形式

多缸发动机汽缸的排列形式有 L 形(直列式)、V 形、P 形(对置式)、W 形等,如图 5-6 所示。

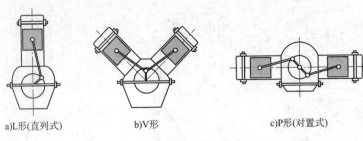

a) L形(直列式)　　b) V形　　c) P形(对置式)

图 5-6　汽缸排列形式

(1) L形(直列式)。

①特点:各汽缸排成一列,一般是垂直布置的。一般六缸以下发动机多采用直列式,如桑塔纳、捷达、红旗轿车。

②优点:结构简单,加工容易。

③缺点:宽度小,高度和长度大。

(2) V形。

①特点:汽缸排成两列,左右两列汽缸中心线夹角小于180°,为V形发动机。一般用于八缸以上的发动机,部分六缸大排量高功率发动机也采用这种汽缸体。

②优点:与直列式相比,高度、长度小,质量轻,刚度大。

③缺点:宽度大,形状复杂,加工困难。

(3) P形(对置式)。

P形(对置式)发动机的汽缸排成两列,左右两列汽缸水平相对排列,左右两列汽缸中心线夹角为180°。高度小、重心低,总体布局方便,利于风冷。在轿车中应用较少,在赛车、跑车中可见。

(4) W形。

W形发动机是德国大众专属发动机。其原理是将V形发动机的每侧汽缸再进行小角度的错开,W形发动机的汽缸排列形式是由两个小V形组成一个大W形,严格来说W形发动机还应属V形发动机的变种。

W形发动机特点:W形比V形发动机做得更短,有利于节省空间,同时质量也可减轻;缺点是其宽度更宽,使得发动机室更满。

大众旗下的辉腾6.0和奥迪的A8L 6.0都采用了W12发动机,布加迪威龙则是采用了8.0L W16发动机。W形发动机一般都是大排量的发动机。

3. 汽缸的结构形式

(1) 整体式汽缸(图5-7)。

①特点:在汽缸体上直接镗出汽缸,也就是无缸套,对材料要求较高。

②优点:缩短了汽缸中心距、刚度大、工艺性好。

③缺点:成本高。

(2) 镶入式汽缸(图5-8)。

图 5-7　整体式汽缸

现在普遍采用在汽缸体内镶入汽缸套的形式,称为镶入式缸套(图5-8),其分为干式缸套和湿式缸套,如图5-9所示。

图5-8 镶入式汽缸

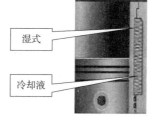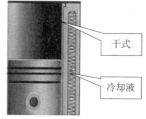

图5-9 湿、干式汽缸套

①干式缸套。

a. 特点:干式汽缸套装入汽缸体后,其外壁不直接与冷却液接触,而和汽缸体的壁面直接接触,壁厚较薄一般为 1~3mm,如图5-10a)所示。

b. 优点:刚度大、汽缸中心距小、质量轻、工艺性好。

c. 缺点:传热较差、温度分布不均匀、易变形。

②湿式缸套。

a. 特点:湿式缸套装入汽缸体后,其外壁直接与冷却液接触,汽缸套仅在上、下各有一圆环定位带和汽缸体接触,壁厚一般为 5~9mm,如图5-10b)所示。

b. 优点:机体工艺性好、传热好、温度分布均匀,修理方便。

c. 缺点:机体刚度差、易漏水。

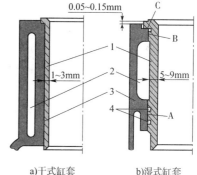

a)干式缸套　　b)湿式缸套

图5-10 汽缸套分类

1-汽缸套;2-水套;3-汽缸体;4-橡胶密封套;A-下支撑定位带;B-上支撑定位带;C-缸套凸缘平面

(二)分水套

如果汽缸内不设分水套,容易造成各缸冷却强度不均,进水口一端的汽缸冷却效果好,而远离进水口一端的汽缸冷却效果差。通常采用给汽缸体内增设分水套的办法,为每个汽缸提供一个冷却水旁通通路,以保证各缸均匀冷却。

(三)曲轴主轴承座

曲轴主轴承座在汽缸体下部曲轴箱中加工而成,目前采用全支承的方式。过去多采用单个轴承盖,现在为了增强主轴承的支承刚度,采用梯形梁的结构形式,把每个轴承盖连成一体。如保时捷的V8发动机、标致的直列四缸发动机、沃尔沃的直列六缸发动机均采用此种结构。

(四)曲轴箱、油底壳

1. 曲轴箱的位置

曲轴箱安装在汽缸体下部,是用来安装曲轴的部件。

2. 曲轴箱的结构

曲轴箱分上曲轴箱和下曲轴箱,如图5-11所示。通常上曲轴箱和汽缸体是一个整体;

下曲轴箱在发动机下部靠螺栓连接上曲轴箱,容易拆装,通常称为油底壳。

3. 油底壳的作用

油底壳用来储存润滑油并封闭曲轴箱。

4. 油底壳的结构

(1) 油底壳用薄钢板冲压而成。

(2) 油底壳内部设有稳油挡板,以防止汽车振动时油底壳油面产生较大的波动。

(3) 油底壳最低处放有油塞,通常放油塞上装有永久磁铁,以吸附润滑油中的金属屑,减少发动机的磨损。上曲轴箱与油底壳之间有密封衬垫,如图5-12所示。

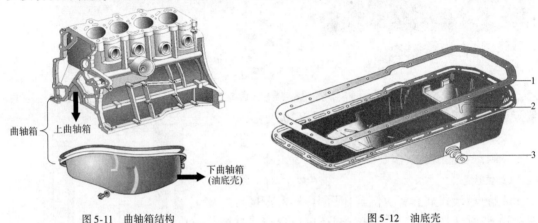

图5-11 曲轴箱结构

图5-12 油底壳
1-密封衬垫;2-稳油挡板;3-放油螺塞

三、发动机的支撑

发动机一般通过汽缸体和飞轮壳或变速器壳上的支撑点支撑在车架上。

(1) 三点支撑[图5-13a)]:前端两点通过曲轴箱支撑在车架上,后端一点通过变速器壳支撑在车架上。

(2) 四点支撑[图5-13b)]:前端两点通过曲轴箱支撑在车架上,后端二点通过飞轮壳支撑在车架上。

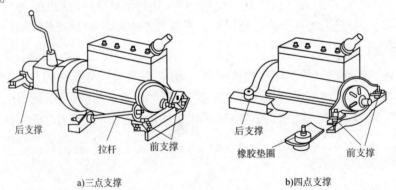

a)三点支撑 b)四点支撑

图5-13 发动机的支撑

发动机在车架上的支撑都是弹性的,这是为了消除汽车在行驶中车架的扭转变形对发动机的影响,以及减少传给底盘和乘员的振动和噪声。但这使得发动机运转时,可能发生横向角振动,因此,与发动机相连接的各种管、杆等必须保证发动机振动时不致破坏其正常工作,如采用铰链连接、软管连接等。

思考与练习

一、看图填写零部件的名称

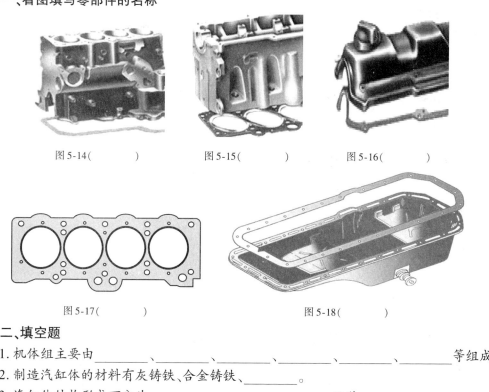

图 5-14(　　　　)　　图 5-15(　　　　)　　图 5-16(　　　　)

图 5-17(　　　　)　　　　　　图 5-18(　　　　)

二、填空题

1. 机体组主要由_____、_____、_____、_____、_____、_____等组成。
2. 制造汽缸体的材料有灰铸铁、合金铸铁、_____。
3. 汽缸体结构形式可分为:_____、_____、_____三种。
4. 多缸发动机汽缸的排列形式有_____、_____、_____等。
5. 汽缸套有_____、_____、_____等。
6. 下曲轴箱在发动机下部靠_____连接上曲轴箱,容易拆装,通常称为_____。
7. 发动机的支撑方法有_____、_____两种。
8. 通常采用给汽缸体内增设_____的办法,为每个汽缸提供一个冷却水旁通通路,以保证各缸均匀冷却。
9. 汽缸是在润滑不良、_____、_____和受腐蚀性物质腐蚀的工作环境下工作。

三、判断题

1. 油底壳安装平面与曲轴轴线在同一高度的汽缸体是龙门式汽缸体。(　　)
2. 油底壳安装平面下沉到曲轴轴线以下的汽缸体是一般式汽缸体。(　　)
3. V 形发动机各汽缸排成一列,一般是垂直布置的。(　　)
4. 对置式汽缸排成两列,左右两列汽缸水平相对排列,左右两列汽缸中心线夹角为 180°。(　　)

5. 现在普遍采用在汽缸体内镶入汽缸套的形式。　　　　　　　　　　　　（　　）

四、名词解释

1. 汽缸：

2. 干式缸套：

3. 湿式缸套：

五、简答题

1. 简述汽缸的工作条件。

2. 汽缸体结构形式有哪三种？其结构特点是什么？

3. 油底壳有何作用？在图5-19中序号处写出对应的部件名称。

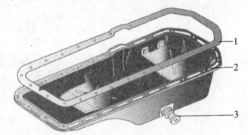

图5-19　油底壳

4. 图5-20中的汽缸是何种排列形式？请说出各种形式汽缸的特点、优缺点。

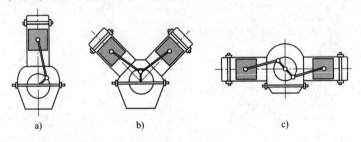

图5-20　汽缸排列形式

项目六　汽缸体的检修

学习目标

完成本项目学习后,你应能:
1. 描述汽缸体常见损伤及原因;
2. 描述汽缸体检测方法;
3. 正确选择和使用工量具,规范操作,实施汽缸磨损检测并提出维修意见。

建议学时
4学时。

汽缸体的工作条件十分苛刻,出现损伤将会影响发动机的正常工作,甚至直接影响到发动机的工作寿命。

一、汽缸体的常见损伤

汽缸体的常见损伤是裂纹、变形与磨损等。汽缸的常见损伤主要是汽缸工作表面产生的磨损和拉痕,其次是裂纹。湿式汽缸套的外壁有时会发生穴蚀损伤。

汽缸体和汽缸盖裂纹、变形会造成汽缸密封性下降而漏气、漏水,机油渗漏进汽缸;还有可能会冲坏汽缸垫,从而破坏了零件的标准几何形状,影响发动机的装配质量和工作能力。

(一) 裂纹

汽缸体产生裂纹的原因主要有:曲轴高速转动时产生的振动增加了缸体的负荷,使缸体薄弱部位发生裂纹;发动机处于高温时突然加入大量冷水,或因水垢积聚过多而散热不良,使水道壁产生裂纹;在冬天及寒冷地区未加注防冻液的车辆,停驶时间长而未及时放水,致使水道冻裂等。缸体裂纹如图6-1所示。

(二) 变形

汽缸体在使用过程中发生变形的现象是普遍存在的。由于拆装螺栓时力矩过大或不均,或不按顺序拧紧以及在高温下拆卸汽缸盖等原因,会引起汽缸体与汽缸盖的接合平面翘曲变形。

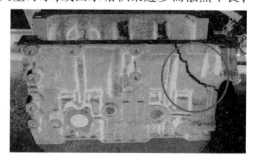

图6-1　缸体裂纹

汽缸体上、下平面在螺纹孔口周围凸起,通常是由于装配时螺栓拧紧力过大,或装配时螺纹孔中未清理干净。曲轴轴承座孔同轴度偏差增大,或是受到整个汽缸体变形的影响,或是由于曲轴轴承座孔处厚薄不均,铸造后残余应力不均衡,在使用中引起变形。

(三) 磨损

1. 汽缸正常磨损规律

(1) 轴向截面的磨损规律。汽缸轴向磨损呈上大下小的锥形,但汽缸上口因与活塞环无摩擦而形成明显台肩,有明显手感,如图6-2所示。

(2) 径向截面的磨损规律。汽缸径向磨损在汽缸上部呈不规则椭圆形,如图6-3所示。

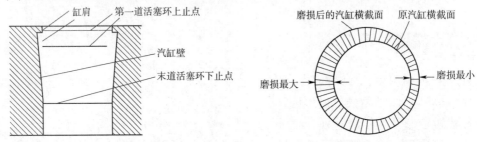

图6-2　汽缸轴向磨损特征　　　　　　图6-3　汽缸轴向磨损特征

(3) 汽缸的最大磨损位置处在第一道活塞环在上止点的部位,如图6-4所示。

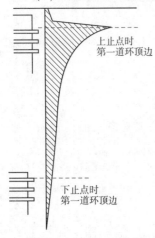

图6-4　汽缸的最大磨损位置

主要原因是:

① 由于活塞环换向,运动速度几乎为零,此时活塞环的布油能力最差,油膜不易建立,活塞环的背压最大,使其接触面间的油膜形成更困难,汽缸壁上形成了上大下小的机械磨损。

② 可燃混合气燃烧产生的酸性物质对汽缸壁起腐蚀作用,当发动机燃用高硫燃油以及在低温状态下频繁起动时,这种腐蚀磨损更为严重。

③ 进气的灰尘在此处缸壁上附着量较多,加剧了此处的磨料磨损。

④ 燃烧产生的高温、高压,使活塞承受的侧向力加大且冷却不够,汽缸与活塞可能由于摩擦使两者熔融、黏着或剥落,造成黏着磨损。

(4) 第一缸前壁与最后一缸后壁磨损大于其他汽缸。

2. 汽缸非正常磨损特征

汽缸的非正常磨损是指发动机在制造、使用和修理等方面的原因,致使活塞在汽缸中形成非正常运动而造成的不正常磨损。

(1) "腰鼓形"部位磨损。从汽缸的纵断面看,在汽缸中部磨损最大的部位,俗称"腰鼓形"部位。造成汽缸"腰鼓形"部位磨损的主要原因是磨料磨损。空气中的灰尘、润滑油中的杂质夹持在活塞环与汽缸壁之间,在活塞上下运动时形成有害的磨料。因为活塞在汽缸中部运动速度最快,所以磨料对汽缸壁的磨削作用在汽缸中部也最严重,从而使汽缸形成"腰鼓形"部位磨损。由于活塞在汽缸内运动时侧压力均作用在汽缸的左右方向,因此,"腰鼓形"部位磨损通常在汽缸中部的左右方向。

(2) "拉缸"。从汽缸的表面观察,表面有沟槽不光滑的痕迹,俗称"拉缸",如图6-5所示。造成"拉缸"的主要原因为:发动机内缺乏润滑油或润滑油过少,汽缸表面与活塞环形成干磨;润滑油杂质坚硬;缸体缺少冷却水导致温度过高;活塞与汽缸配合间隙过小。此外,超载、驾驶员操作不当、活塞环折断等都将造成"拉缸"。

 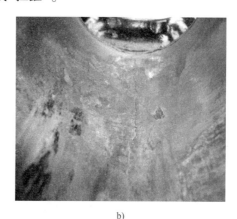

a)   b)

图6-5　汽缸拉缸

（3）偏磨。由于连杆弯曲后未校正,活塞无论运行到什么位置都是倾斜的。连杆扭曲、弯曲未校正,连杆中心线偏位,对汽缸壁产生偏磨。曲轴轴向间隙过大,造成活塞连杆组偏移,使汽缸单边磨损严重,汽缸产生异常磨损。

3.汽缸磨损成锥形的原因

（1）在高温、高压条件下,活塞环对汽缸壁的摩擦磨损。在工作行程时,活塞环由于受高压燃烧气体的作用,对汽缸壁产生很大的压力,特别是第一道压缩环所对应的缸壁表面承受压力最大,以下依次减少。由于高压的作用,使缸壁上的润滑油膜变薄,甚至被破坏。而高温又使油膜难以形成,甚至将部分油膜烧掉。因此,在这种不良的润滑条件下,汽缸与活塞环的工作表面之间几乎处于半干摩擦状态,造成机械磨损。由于活塞在上止点位置时,第一道压缩环所对应的汽缸壁受上述的影响最大,所以,此处缸壁的磨损也就最为严重。

（2）润滑条件不同的影响。发动机在工作中,由于汽缸壁主要是靠飞溅润滑,因此,上部润滑油供应比较困难,同时汽缸上部邻近燃烧室,温度较高,不易在汽缸壁表面形成良好的油膜。在发动机温度低时汽油雾化差,可燃混合气所含油滴较多,对油膜的破坏更严重。因此,造成汽缸上部润滑不良,与活塞环形成干摩擦或半干摩擦,使磨损加剧。

（3）腐蚀磨损的影响。腐蚀磨损,是酸性物质黏附在摩擦零件的表面,破坏了表面原有的油膜,同时引起化学反应,使表面局部腐蚀,并不断地扩大,直到呈颗粒状剥落,使零件表面形状变化,造成磨损。一般认为,腐蚀磨损是导致汽缸"失圆"的主要磨损原因之一。

①酸性物质加剧汽缸壁的磨损。

②新鲜混合气的冲刷,造成进气门相对应的汽缸部位磨损加剧。

（4）磨料磨损。由于空气中的尘土及润滑油中的机械杂质（砂粒及机器磨损产物）,以及积炭等硬的磨料物质,进入汽缸与活塞、活塞环配合表面之后,当活塞组在汽缸中做高速往复运动时,就会造成磨料磨损。而这些磨料在汽缸上部时,其棱角最为锋利,因而使汽缸上部的磨损加剧。

4.汽缸磨损成椭圆形的原因

在汽缸横向断面上,磨损往往呈不规则的椭圆形,它与发动机的工作条件、结构等因素有关。其主要原因如下。

(1)做功行程时侧压力的影响。活塞在做功行程时,以很大侧压力压向汽缸壁,破坏了润滑油膜,增加了汽缸的磨损。

(2)曲轴轴向移动和汽缸体变形的影响。由于离合器工作时的轴向压力作用使曲轴不断向前移动,曲轴的弯曲变形,汽缸体的变形造成曲轴孔同轴度误差过大,有时会出现汽缸磨损的椭圆长轴在曲轴轴线方向上。

(3)装配质量的影响。曲柄连杆机构组装时,不符合装配技术要求,连杆弯曲、扭曲过量,连杆轴颈锥形磨损过大,汽缸中心线与曲轴中心线不垂直,汽缸套安装不正等都会造成汽缸的偏磨,形成椭圆形磨损现象。

(4)结构因素的影响。对于侧置配气机构发动机,因为进气时较冷的混合气流吹向进气门的汽缸壁上,使其工作温度降低,润滑油膜被冲刷掉而增大了腐蚀磨损的作用,使进气门对面的汽缸壁磨损增加,造成汽缸的椭圆形磨损。一般水冷式发动机的一缸前壁和最后一缸的后部冷却程度大,其磨损也较大,特别是长期在较低温度条件下工作时,对磨损的影响显得尤为明显。此外,修理时选用的材料质量、修理质量、汽缸壁粗糙度、活塞销座孔倾斜等都会导致汽缸产生不正常的磨损。

二、汽缸体的检修

(一)汽缸体裂纹检修

1.汽缸体与汽缸盖裂纹检验方法

(1)水压试验检测法(图6-6)。检验时用专用的盖板将水道口密封。把水压机水管接在汽缸体的进水口,然后将水压入水套,要求在300～400kPa的压力下保持5min,不应有渗漏现象。如果没有水压试验设备,也可以将汽油或煤油注入汽缸体和汽缸盖水套内,经0.5h以后,检视有无渗漏现象。

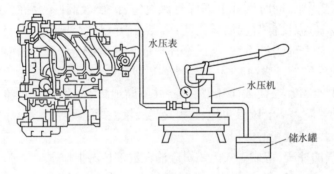

图6-6 水压试验检测法

(2)染色渗透剂检测法(图6-7)。用染色渗透剂进行试验时,汽缸体经清理并洗干净后,用染色渗透剂喷射至被检测部位(如燃烧室、进排气口、水套等各凸台或鼻梁处),待染色剂渗透5min后,再喷上化学显影剂。显影剂使裂纹中的染色剂变红,将裂纹显现出来。染色渗透探伤剂是检测金属和非金属表面开口缺陷的探伤剂,分为渗透剂(P)、清洗剂/除去剂(R)、显像剂(D)3种液剂。

(3)浸油敲击检测法。先将需要检验的零件浸入煤油(或柴油)中片刻,取出后将表面擦干,撒上一层白色粉末,然后用小锤轻敲其非工作面,如有裂纹,由于振动,浸入裂纹的油溅出,使裂纹处的白色粉末会呈黄色线痕,根据线痕即可判定裂纹位置。

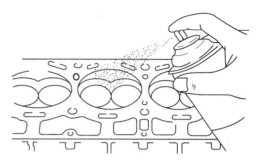

图6-7 染色渗透剂检测法

(4)磁力探伤检测法。将铁磁材料制成的工件放在磁极之间,工件中就会有磁力线通过。如果工件内部没有缺陷且各处的磁导率一致,则磁力线在工件中的分布是均匀的,如图6-8a)所示。当工件中有气孔、夹渣、裂纹等缺陷存在时,构成缺陷的是非磁性物质,磁导率很低,磁阻很大,必将引起磁力线在工件中的分布发生变化,在缺陷处的磁力线发生弯曲,如图6-8b)所示。

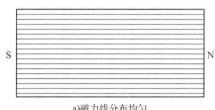
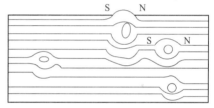

a)磁力线分布均匀　　　　　　　　b)磁力线分布变化

图6-8 磁力探伤检测法

2.汽缸体裂纹修理方法

汽缸体裂纹修理方法有胶黏结法、焊接法、堵漏剂堵漏法等几种,应根据裂纹大小、部位、损伤的程度等情况,灵活选择适当的修理方法。

(二)汽缸磨损检测

1.外观检查

检视汽缸工作表面是否产生磨损、拉痕、裂纹。湿式汽缸套的外壁是否发生穴蚀。

2.量具检测

(1)准备并清洁量具:千分尺、游标卡尺、内径百分表(图6-9)。
(2)清洁被测汽缸。
(3)内径百分表误差检查。
①按被测汽缸的标准尺寸,选择合适的接杆,装上后,暂不拧紧固定螺母。
②把千分尺调到被测汽缸的标准尺寸,将装好的内径百分

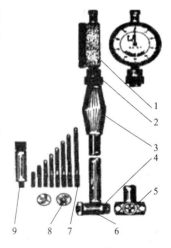

图6-9 量缸表

1-百分表;2-锁紧螺母;3-表杆;
4-接杆座;5-活动测杆;6-支撑杆;
7-接杆;8-固定螺母;9-加长杆

表放入千分尺,如图6-10所示。

③稍微旋动接杆,使内径百分表指针转动约2mm,使指针对准刻度零处,扭紧接杆的固定螺母。为使测量正确,重复校零一次。

(4) 估测缸径大小。使用游标卡尺直接测量汽缸的内表面直径,根据所测数据来选择合适的内径百分表接杆,如图6-11所示。如果已知所测缸径的大小,这一步可以省略。

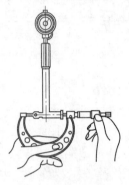

图6-10　校准内径百分表

图6-11　估测缸径大小

(5) 安装并校准内径百分表。

①将百分表量头插入表管的插口中,并使表量头产生1~3mm的位移(预偏转值),然后拧紧锁紧螺钉以便固定住百分表。

②根据测量尺寸大小选择合适的固定量杆,并把它旋入固定套后,用螺母锁紧。

③安装好的内径百分表也需要校准,轻压已安装好的内径百分表的活动量杆,使百分表的大指针有一定偏移量,然后释放,观察大指针能否回到原来位置,若不能,检查百分表是否存在误差。

(6) 测量方法。

汽缸上、中、下三个测量截面位置如图6-12所示。

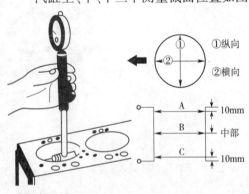

图6-12　汽缸磨损测量位置

①汽缸上部截面(A截面):位于第一道活塞环上止点顶边稍下处,约在汽缸上边缘10mm处,此截面一般是汽缸最大磨损截面。

②汽缸中部截面(B截面):活塞环上、下止点中间的位置。

③汽缸下部截面(C截面):活塞到下止点时最下一道活塞环对应的位置,约在汽缸下边缘以上10mm处。

汽缸磨损测量时,须用校准好的内径百分表,一手拿住隔热套,另一只托住管子下部靠近本体的地方(图6-13),测量汽缸最大磨损截面在内的活塞全行程内的上、中、下三个截面,每个截面必须测量纵向和横向两条直径,共测六个数值才能正确地测量出汽缸的最大磨损量、圆度和圆柱度误差。多数发动机前后两缸磨损较为严重,可根据汽缸的磨损情况,重点测量前后两缸的磨损。

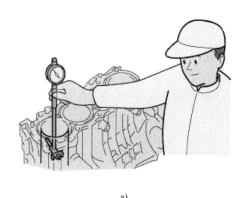 

a) b)

图 6-13 汽缸磨损测量

(7)读数。如图 6-14 所示,测量时,使内径百分表的活动测杆同汽缸轴线保持垂直,才能测量准确。当前后摆动内径百分表表针指示到最小数字时,即表示活动测杆已垂直于汽缸轴线,才可以读数。

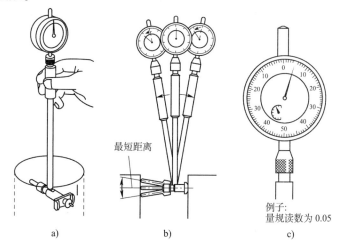

图 6-14 内径百分表的正确使用

①百分表表盘刻度为 100,指针在圆表盘上转动一格为 0.01mm,转动一圈为 1mm;小指针移动一格为 1mm。

②测量时,当表针顺时针方向离开"0"位,表示缸径小于尺寸的缸径,它是标准缸径与表针离开"0"位格数的差;若表针逆时针方向离开"0"位,表示缸径大于标准尺寸的缸径,它是标准缸径与表针离开"0"位格数之和。

③若测量时,小针移动超过 1mm,则应在实际测量值中加上或减去 1mm。

(8)计算圆度和圆柱度及最大磨损量。

计算其圆度、圆柱度及最大磨损量后才能确定该发动机的处理方法。

圆度误差:当前用两点法测量,用同一断面上不同方向最大与最小直径差值之半作为圆度误差。

圆柱度误差:也用两点法进行测量,其数值是被测汽缸表面任意方向不同断面所测得的最大与最小直径差值之半。计算方法如下:

$$圆度误差 = \frac{同一横截面最大汽缸直径 - 最小汽缸直径}{2}$$

$$圆柱度误差 = \frac{同一轴线的最大汽缸直径 - 最小汽缸直径}{2}$$

当发动机汽缸圆度,圆柱度误差超过规定的标准时,结合最大磨损尺寸视情进行镗缸修理或更换缸套。

3. 修理级别确定

(1) 汽缸磨损超过允许限度后或缸壁上有严重的刮伤、沟槽和麻点,均应将汽缸按修理级别镗削修理,并选配与汽缸相符的加大尺寸的活塞及活塞环,以恢复正确的几何形状和正常的配合间隙。常见轿车发动机汽缸修理级别(尺寸)分为2～3级,它是在汽缸直径标准尺寸的基础上,每加大0.25mm为一级,逐级递增至0.75mm,如+0.25、+0.50、+0.75。

(2) 加工余量的大小,应根据操作人员的技术水平和镗缸设备的精度要求来确定。在保证加工精度与表面粗糙度的前提下,尽可能地减小加工余量。

(3) 计算出的修理尺寸应与修理级数相对照,如果与某一修理级数相符,可按某级数修理;如与修理级数不相符,比如计算出的修理尺寸在两级修理级数之间,则应按其中大的修理级数进行汽缸的修理。

注意:
① 同一台发动机各汽缸的镗削必须按同一级修理尺寸进行。
② 当汽缸磨损超过最大修理尺寸时,应换用新缸套。

思考与练习

一、填空题

1. 图6-15为千分尺,其读数是_____。

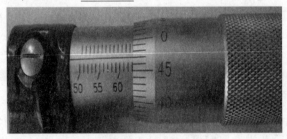

图6-15 千分尺

2. 汽缸磨损的检测,主要测量_____和_____。

3. 多数发动机的_____两缸磨损较为严重,可根据汽缸的磨损情况,重点测量_____两缸的磨损。

4. 百分表的表盘刻度一般分为_____,当量头每移动0.01mm时,大指针偏转_____;当大指针旋转1圈时,小指针偏转_____。

5. 汽缸体的常见损伤是_____、_____、_____等。汽缸的常见损伤主要是汽缸工作表面产生的_____、_____、_____。湿式汽缸套的外壁有时会发生_____损伤。

6. 第一缸前壁与最后一缸后壁磨损_____其他汽缸。

7. 汽缸磨损测量时,须用内径百分表测量汽缸最大磨损截面在内的活塞全行程内的上、中、下三个截面,每个截面必须测量发动机_____和_____两条直径,共测_____个数值,才能正确地测量出汽缸的最大磨损量,_____和_____误差。

二、判断题

1. 汽缸磨损量是决定发动机是否大修的重要技术参数之一。（　　）
2. 千分尺在读数时,因千分尺活动套筒转动一周,测轴只移动0.50mm,读数时一定要先看清是毫米整数出头,还是半毫米整数出头,再确定最后得数加不加半毫米。（　　）
3. 百分表主要用于测量工件尺寸误差、形位误差以及配合间隙等,测量精度为0.01mm。（　　）
4. 缸套装入汽缸体时,一般缸套顶面与汽缸体上面平齐。（　　）
5. 为了汽缸的密封,不论是干式缸套还是湿式缸套,装入汽缸体时,都应使缸套顶面与汽缸体上面平齐。（　　）
6. 汽缸的最大磨损位置处在第一道活塞环在上止点的部位。（　　）
7. "腰鼓形"部位磨损通常在汽缸中部的前后方向。（　　）
8. 由于活塞在上止点位置时,第一道压缩环所对应的汽缸壁受上述的影响最大,所以,此处缸壁的磨损也就最为严重。（　　）
9. 一般认为,磨料磨损是导致汽缸"失圆"的主要原因磨损之一。（　　）
10. 汽缸体在使用过程中发生变形的现象是普遍存在的。（　　）

三、名词解释

1. 拉缸:
2. 圆度误差:
3. 圆柱度误差:

四、简答题

1. 简述汽缸正常磨损的特征。

2. 简述汽缸磨损成椭圆形的原因。

3. 简述汽缸测量方法。

项目七　汽缸盖的结构原理认知

学习目标

完成本项目学习后,你应能:
1. 说出汽缸盖的安装位置、作用、结构形式、连接部件等;
2. 说出汽缸垫的安装位置、作用、结构形式;
3. 描述出汽缸盖拆卸与装配的方法要领(含汽缸垫、螺栓顺序、力矩、放置等)。

建议学时

4学时。

汽缸盖是机体组主要组成部分,也是配气机构的装配基体。汽缸盖的结构取决于发动机的冷却方式、燃烧室形状及气门的布置形式等因素。

一、汽缸盖总成主要部件结构

桑塔纳发动机汽缸盖总成结构如图 7-1 所示。

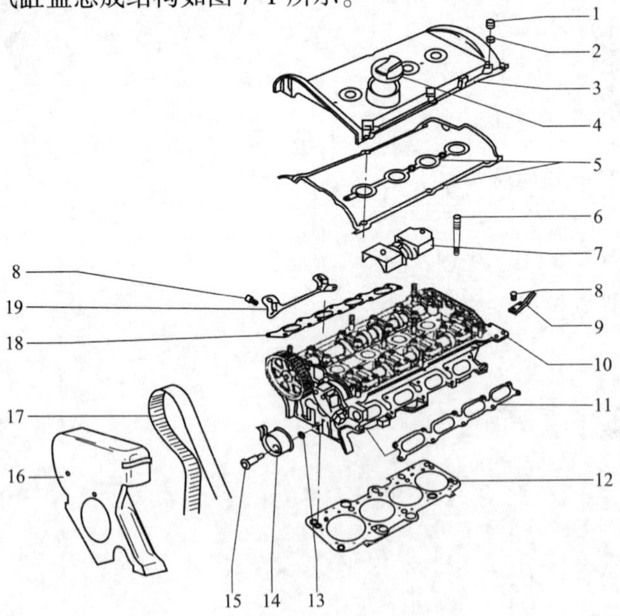

图 7-1　桑塔纳发动机汽缸盖总成结构图

1-紧固件;2-螺栓(10N·m);3-汽缸盖罩;4-锁盖;5-汽缸盖罩密封圈;6-汽缸盖螺栓(40N·m);7-挡油器;8-螺栓(25N·m); 9-吊耳;10-汽缸盖;11-进气歧管下部密封垫;12-汽缸垫;13-垫圈;14-齿形皮带张紧轮;15-螺栓(45N·m);16-齿形带上护罩;17-齿形皮带;18-排气歧管密封垫;19-托架

(一)汽缸盖罩

1. 作用

汽缸盖罩主要用来形成汽缸上部分的密封腔,密封汽缸盖及配气机构等零部件,防止灰尘污染机油或灰尘进入汽缸后加快气门传动机构的磨损及润滑油的泄漏。

2. 结构与材料

汽缸盖罩(图7-2)上主要有压条、加油盖,汽缸盖罩与汽缸之间还有罩垫。汽缸盖罩的材料常见的有铝合金、铁质、塑料等。

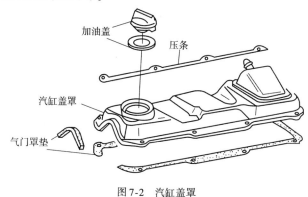

图7-2 汽缸盖罩

3. 外形特征

盖罩上面有机油加注口。

4. 注意事项

在打开汽缸盖罩时,应有一副防漏油的塑料胶圈,其为一次性件,在维修工序当中应更换。在安装时,适当给予扭力,不可过度施力,以防盖罩变形和密封圈破损。在有凹凸及接缝处涂抹密封胶。

(二)汽缸盖

1. 安装位置

汽缸盖安装在汽缸体之上,汽缸盖罩和凸轮轴之下,如图7-3所示。

2. 工作条件

汽缸盖承受气体力和紧固螺栓产生的机械负荷;同时与高温燃气接触而承受热负荷。

3. 作用

汽缸盖用来封闭汽缸上部与活塞顶部和汽缸壁共同形成燃烧室。

4. 材料

制造汽缸盖的材料有优质灰铸铁、合金铸铁、铝合金。近年来铝合金汽缸盖的应用越来越广泛。铝合金汽缸盖的优点:导热性好,有利于提高压缩比;铸造性能好,适于浇铸结构复杂的零件。

5. 结构

汽缸盖上有冷却水套,进、排气门座,气门导管孔,进、排气通道,燃烧室,汽油机,汽缸盖上还安装有火花塞座孔,凸轮轴的轴承座及凸轮轴承端盖螺栓孔、缸盖螺栓孔、缸内直喷的发动机还有喷油器座孔等。如图7-4~图7-8所示。

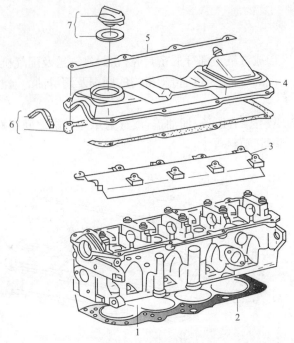

图 7-3 汽缸盖安装位置

1-汽缸盖;2-汽缸垫;3-机油反射罩;4-汽缸盖罩;5-压条;6-气门罩垫;7-加油盖

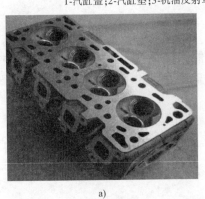
a)

b)

图 7-4 汽缸盖

图 7-5 缸盖进、排气通道同侧

a)缸盖进气通道侧

b)缸盖排气通道侧

图7-6 缸盖进排气通道分两侧

图7-7 喷油器座孔

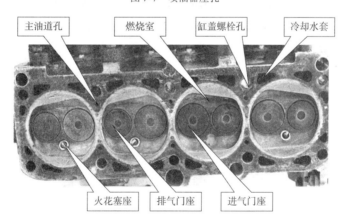

图7-8 汽缸盖结构

6. 类型(图7-9)

(1)整体式缸盖。

结构:多缸发动机中,全部汽缸共用一个汽缸盖称为整体式气缸盖。

优点:可缩短汽缸中心距。

适用范围:汽缸直径小于105mm,汽缸数不超过6个。

(2)分块式缸盖。

结构:覆盖两个以上汽缸。

优点:刚度大。

适用范围:汽缸直径大于105mm,小于140mm。

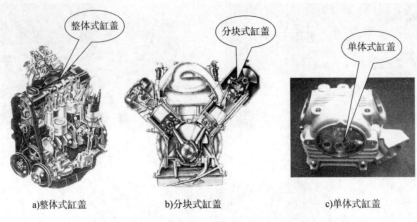

a) 整体式缸盖　　　　b) 分块式缸盖　　　　c) 单体式缸盖

图 7-9　缸盖类型

(3) 单体式缸盖。

结构：每缸一盖，称为单体式汽缸盖。

优点：刚度大、修理制造方便。

适用范围：汽缸直径大于 140mm 。

(4) 对流式缸盖。

如图 7-5 所示，对流式缸盖的进气门和排气门、进气道和排气道都位于缸盖的同一侧。这种形式的好处是气流通道较短，适宜涡轮增压等方面的需要，也有利于横置发动机的管路布置。例如一般的两气门发动机，进气与排气管道都是这种设计方式的，缺点是限制了气道的空间尺寸。

(5) 横流式缸盖。

如图 7-6 所示，横流式缸盖的进气门和进气道位于缸盖的一侧，排气门和排气道位于缸盖的另一侧，形成进气和排气对角线流动。这种形式的好处是密封不复杂，设计进、排气道时有较多的空间位置可以利用，可以加大气道直径以增加气流量。在轿车的汽油发动机上，气门布置多数是彼此倾斜对置的，也就是各自在缸盖的一侧。这种结构能使用较大直径的气门，可以扩大气道空间，能极大地提高充气效率，增大发动机的功率。

(三) 汽缸盖燃烧室

1. 概念

当活塞位于上止点时，活塞顶面以上、汽缸盖底面以下所形成的空间称为燃烧室。

2. 基本要求

(1) 燃烧室结构尽可能紧凑，充气效率要高，以减小热量损失及缩短火焰行程；

(2) 燃烧室使混合气在压缩终了时具有一定涡流运动，以提高混合气燃烧速度，保证混合气得到及时和充分燃烧；

(3) 燃烧室表面要光滑，不易积炭。

3. 分类 (图 7-10)

汽油机燃烧室有浴盆式、楔形、半球形、扁球形、双球形、四气门浅篷形燃烧室，在此主要介绍汽油机浴盆式、楔形、半球形三种燃烧室，如图 7-11 所示。

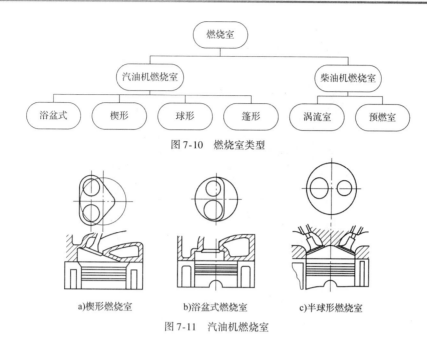

图 7-10 燃烧室类型

a)楔形燃烧室　　b)浴盆式燃烧室　　c)半球形燃烧室

图 7-11 汽油机燃烧室

(1)楔形燃烧室。

结构特点:如图7-11a),结构比较紧凑,气门相对汽缸轴线倾斜,如切诺基汽车燃烧室。

优点:气流阻力小,散热面积小,热损失也小,可产生挤气涡流。

缺点:因火花塞置于楔形燃烧室高处,火焰传播距离长。

(2)浴盆式燃烧室。

结构特点:如图7-11b),结构简单,气门与汽缸轴线平行,进气弯度较大,可产生挤气涡流,如捷达、奥迪汽车燃烧室。

优点:汽缸盖工艺性好,制造成本低。

缺点:因气门直径易受限制进、排气效果较差。

(3)半球形燃烧室。

结构特点:如图7-11c),结构最紧凑,面容比(燃烧室表面积与其容积之比)最小,气门倾斜布置,故直径可加大,如桑塔纳、夏利汽车燃烧室。

优点:气道平直故气流阻力小,火焰传播距离较短。

缺点:难以形成涡流。

(四)汽缸垫

1. 安装位置

汽缸垫安装于汽缸体与汽缸盖之间(图7-1),又称汽缸床。汽缸垫外观如图7-12所示。

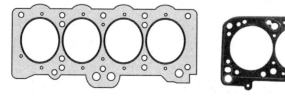

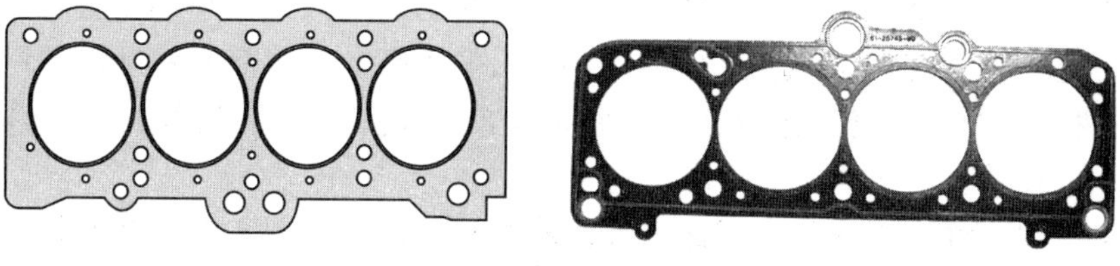

图 7-12 汽缸垫

2. 结构

缸垫上有缸盖螺栓孔、冷却水道、机油主油道、定位孔等，如图7-13所示。

图7-13 汽缸垫结构

3. 作用

填补汽缸体与缸盖接合面上的微观孔隙，保证接合面处有良好的密封性，防止汽缸漏气、水套漏水。

4. 工作环境及要求

汽缸垫接触高温、高压气体和冷却水，在使用中很容易被烧蚀，特别是缸口卷边周围。因此，汽缸垫要耐热、耐蚀，具有足够的强度，一定的弹性和导热性，从而保持可靠的密封，还能较方便地拆装和有较长的使用寿命。

5. 缸垫类型

缸垫类型主要有金属-石棉衬垫、金属-复合材料衬垫、全金属衬垫。

6. 安装注意事项

（1）安装汽缸垫时检查汽缸垫的质量和完好程度。安装汽缸垫时，光滑面应朝向汽缸体；若汽缸体为铸铁材料，缸盖为铝合金材料，光滑的一面应朝向缸盖。

（2）所有汽缸垫上的孔要和汽缸体上的孔对齐。要注意汽缸垫标记，有的汽缸垫上有安装标记，如有"TOP"一面应朝上。

（3）随着新型密封材料的研制，一些发动机已开始使用耐热密封胶取代传统的汽缸垫。如果无汽缸垫，应涂好密封胶。

二、汽缸盖拆装方法

拆装汽缸盖时要在拆完发动机的一些外部附件后才能进行，且要严格按照发动机维修工艺的规定。在拆装过程中，要注意以下几点。

（1）汽缸盖螺栓的拧紧力矩。汽缸盖螺栓的拧紧力矩太大或太小都将会对发动机产生不良影响，易造成汽缸变形、漏气等现象。因此，几乎所有发动机都明确规定了汽缸盖螺栓的拧紧力矩并要求分几次拧紧至规定值。铝合金汽缸盖应在发动机冷态下按规定力矩拧紧，铸铁汽缸盖应在热态下再复紧一遍。

（2）汽缸盖螺栓的拆装顺序。汽缸盖螺栓的拆装一般采用对称法；装配时，由中间向两端逐个对称拧紧；拆卸时，则由两端向中间逐个对称拧紧，如图7-14、图7-15所示。

项目七 汽缸盖的结构原理认知

a)预松螺栓

b)第二次松螺栓

图 7-14　两次预松螺栓

a)预紧螺栓

b)分次紧螺栓

图 7-15　分次预紧螺栓

拧松和拧紧缸盖螺栓的原则顺序如下图,且需按照汽车维修工艺的要求进行。

拆装方法一:图 7-16 为装配汽缸盖时拧紧螺栓的顺序,而拆卸缸盖螺栓的顺序与拧紧螺栓的顺序相反。

拆装方法二:图 7-17a)为汽缸盖螺栓拧松顺序图,图 7-17b)为汽缸盖螺栓拧紧顺序图。

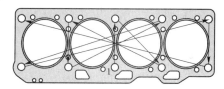

图 7-16　汽缸盖螺栓拧紧

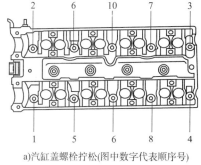

a)汽缸盖螺栓拧松(图中数字代表顺序号)　　b)汽缸盖螺栓拧紧(图中数字代表顺序号)

图 7-17　汽缸盖螺栓拧松、拧紧顺序

（3）汽缸盖应在冷态时拆卸,拆装过程中不能碰擦下平面,以免平面损伤,铝合金缸盖要特别注意。

79

思考与练习

一、填空题

1. 机体组主要由_____、_____、_____、_____、主轴承盖，以及油底壳等组成。
2. 汽缸盖的结构取决于发动机的_____、_____、_____等影响因素。
3. 发动机汽缸盖，一般采用_____或_____铸成，_____的导热性好，有利于提高_____，近年来_____材料的汽缸盖被采用得越来越多。
4. 汽缸垫用来保证_____与_____接合面间的密封，防止_____、_____、_____等。
5. 汽油机燃烧室常见的有_____、_____、_____三种形式。
6. 安装汽缸垫时，首先要检查汽缸垫的_____和_____程度，所有汽缸垫上的孔要和汽缸体上的孔_____。
7. 曲柄连杆机构主要有_____、_____、_____三部分组成。
8. 油底壳的作用是_____。
9. 进气门和排气门，进气道和排气道都位于缸盖的同一侧是_____缸盖。
10. 进气门和进气道位于缸盖的一侧，排气门和排气道位于缸盖的另一侧，形成进气和排气对角线流动，这种是_____缸盖。
11. 对于铝合金汽缸盖，为了保证其密封性能，在装配时必须在_____状态下拧紧。

二、判断题

1. 汽油机、柴油机汽缸盖上都安装火花塞座孔。（   ）
2. 有的汽缸垫上有安装标记，如有"TOP"一面应朝下。（   ）
3. 铸铁汽缸盖应在热态下再复紧一遍。（   ）
4. 多缸发动机中，全部汽缸共用一个汽缸盖称为整体式汽缸盖。（   ）
5. 横流式缸盖的进气门和排气门、进气道和排气道都位于缸盖的同一侧。（   ）

三、简答题

1. 简述汽缸盖的作用。

2. 简述拆装汽缸盖的原则。

3. 简述汽缸垫安装注意事项。

4. 汽缸盖燃烧室指的是什么？

项目八　汽缸盖的检修

学习目标

完成本项目学习后,你应能:
1. 说出汽缸盖的常见损伤形式及原因;
2. 描述出汽缸盖检修的方法。

建议学时
4学时。

汽缸盖工作环境恶劣,使用过程中会造成一些损伤,损伤过大会引起汽缸密封性下降,从而破坏零件的正确几何形状,影响发动机的装配质量和工作能力。

一、汽缸盖的常见损伤形式

汽缸盖的常见损伤是裂纹、变形与磨损等。比如,缸盖底面出现严重的划伤痕迹(图8-1),缸盖底孔水道口崩塌(图8-2)。

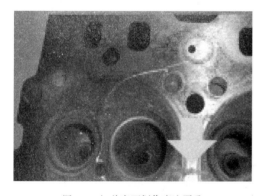

图8-1　缸盖底面划伤痕迹严重

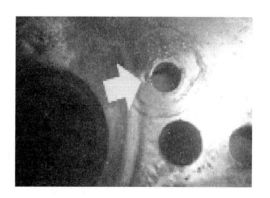

图8-2　缸盖底孔水道口崩塌

(一) 裂纹

汽缸盖的裂纹多发生在进气门座与排气门座之间,这是由于气门座过盈量过大或镶嵌工艺不当引起的。裂纹发生在水道壁较薄处,一般是在冬季,由于冷却水在低温下结冰膨胀所致。裂纹大多是由于使用养护不当所致,如发动机长时间在高负荷、高温下工作,或在高温下骤然加冷水,产生过大的热应力;冬季使用时未加防冻液,夜间停车又未放水而造成冻裂等。汽缸盖顶面裂纹如图8-3所示,喷油器底孔出口处裂纹如图8-4所示。

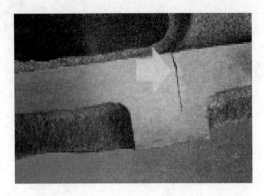
图8-3 汽缸盖顶面裂纹

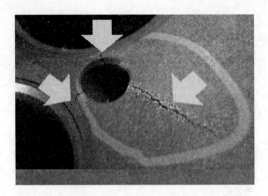
图8-4 喷油器底孔出口处裂纹

(二)变形

汽缸盖变形是指汽缸盖与汽缸体的接合平面翘曲变形,是一种常见的损伤形式。这种损伤通常是由于汽缸工作时受热不均匀;长时间工作受高温,高压的影响;装配时汽缸盖螺栓拧紧力不均匀,顺序不当;螺纹孔有堵塞现象,螺栓不贯穿螺纹孔出现虚假拧紧;高温下拆卸汽缸盖时,受到外力撞击等。汽缸盖变形的规律一般是两边高中间低。

座圈底孔撞击产生的严重变形如图8-5所示。

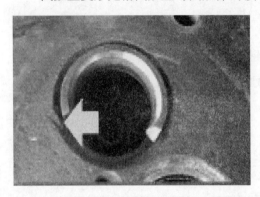
图8-5 座圈底孔撞击产生的严重变形

(三)汽缸盖其他损伤

当汽缸盖出现汽缸盖螺栓、螺纹孔以及螺母的螺纹损坏;凸轮轴轴承端盖螺栓、螺纹孔以及螺母的螺纹损坏;凸轮轴支撑座孔和轴承盖损伤;汽缸盖与进排歧管接合面螺栓、螺纹孔以及螺母的螺纹损坏;火花塞孔螺纹损伤情况;水套堵塞,缸孔压痕,通水孔穴蚀等情况时需要视情修理或更换汽缸盖。汽缸、盖凸轮轴承端盖螺栓、螺纹孔损伤如图8-6所示。

图8-6 凸轮轴轴承端盖螺栓、螺纹孔损伤

二、汽缸盖检修

汽缸盖的检修以桑塔纳发动机缸盖检修为例。

(一)裂纹检测

(1)进行汽缸盖裂纹检测时应清理燃烧室、歧管及盖面衬垫物质。目视检查汽缸盖是否有裂纹,特别是在进气门与排气门之间,水道壁较薄处。如有,应更换汽缸盖,如图 8-7 所示。

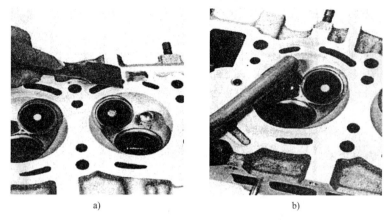

图 8-7　缸盖的清洁及外观检查

(2)如要专业检测缸盖裂纹可以参看缸体裂纹检测方法。

(3)汽缸盖裂纹的修理方法。

①汽缸盖的裂纹凡出现漏水、漏油、漏气时,一般应予更换。

②对尚未影响到燃烧室、水道、油道等关键部位的裂纹,可以在裂纹末端钻一小孔,将集中在裂纹末端的应力分散,避免裂纹向纵深发展。

③在受力和受热不大的部位若出现裂纹,采用环氧树脂黏结法;受力较大的部位出现裂纹时,应采用焊接法。

④也可采用将堵漏剂加注在水道里以堵住缸体上细小裂纹的方法加以修复。

(二)变形检测

汽缸盖变形一般检测汽缸盖平面间的间隙,即缸盖平面度误差检测。

(1)检测量具:刀口形直尺(图 8-8)或直尺、塞尺。

(2)检测部位。

①汽缸体检测部位:汽缸体上平面,如图 8-9 所示。①②③④部位为汽缸周边,⑤⑥部位为汽缸对角线。

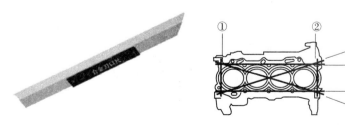

图 8-8　刀口形直尺　　　　图 8-9　汽缸体检测部位

②汽缸盖检测部位:汽缸盖下平面,汽缸盖与进、排气歧管接合面,如图 8-10 所示。

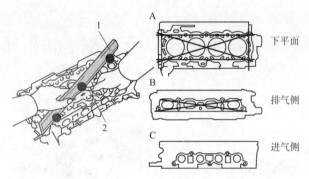

图 8-10 汽缸盖检测部位

(3) 检测方法。

①检测前清除缸盖平面上的水垢、积炭、毛刺,刮平凸起,如图 8-11、图 8-12 所示。

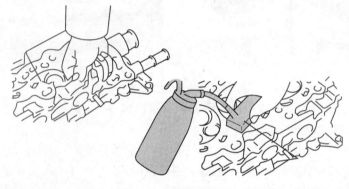

图 8-11 清洁缸盖平面

②用清洁的刀口形直尺或直尺竖起放在检测部位,然后用量程合适的塞尺测量刀口形直尺或直尺与缸盖接触平面间的间隙,每条线测 5 个点。检测时量具不要在缸盖表面拖动,如图 8-13~图 8-16 所示。

一般情况下所测出的平面度误差应在相应车辆维修技术手册规定的范围内,所测值超过极限值应修理或更换缸盖。比如,桑塔纳发动机的缸盖平面度、进排气侧平面度这两个变形量最大允许值为桑塔纳汽车维修手册规定的 0.10mm。

图 8-12 铲除缸盖平面杂物

图 8-13 刀口形直尺检测汽缸体平面度

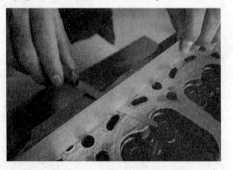

图 8-14 钢直尺检测汽缸盖平面度

图 8-15 刀口形直尺检测汽缸盖平面度

（4）汽缸盖变形的修理方法。

①汽缸盖在一定的变形范围内，可采用磨削修复的方法来修复，如果修整汽缸体平面后引起活塞头部凸出，需要加厚汽缸垫来解决。

②当检测汽缸体与缸盖接合面，汽缸盖与进、排气歧管接合面的平面度超过技术要求，但又小于允许的修正量时，可对平面进行修磨，部分发动机汽缸体的平面度超过技术要求时需要更换，所以确定能否修复要符合相应的维修手册的规定。

图 8-16 检测缸盖与进、排气歧管接合面的平面度

注：a. 桑塔纳发动机缸盖与进、排气歧管接合面变形量大于 0.10mm 时，应进行修磨，但修磨量应不大于 1mm。若超过最大允许不平度，则应更换进、排气歧管或汽缸盖。

b. 桑塔纳发动机缸盖与缸体接合面变形量大于 0.10mm 时，应修磨其表面。为减少修磨量，可把汽缸盖固定在一平板上，并在适当位置加以垫片，放入炉中加热到 180 ℃，保温 2h 以减小应力。这样既可校正平面度，又可减少修磨量。

（三）缸盖高度检测

检测前清除平面上的水垢、积炭，清除毛刺，刮平凸起。如图 8-17 所示，将汽缸盖下平面放在平板上，用高度游标卡尺或专用设备检测汽缸盖的高度。检测出的数据，应该在相应的维修技术手册规定的范围内。桑塔纳发动机通过修磨来降低缸盖平面度时，要保证修磨后的缸盖高度 a 不能小于 132.60mm，总磨削量应不大于 0.45mm。

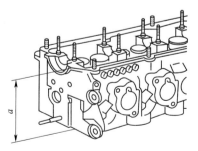

图 8-17 汽缸基准面的检测

（四）缸盖总成其他部件检查

（1）检查汽缸盖上所有螺栓、螺纹孔以及螺母的螺纹损坏情况；检查缸孔压痕，通水孔穴蚀情况；检查火花塞孔螺纹损伤情况，视情修理或更换汽缸盖，如图 8-18 所示。

（2）检查凸轮轴支撑座孔 2 和轴承盖 1 有无损伤，如有则更换汽缸盖，如图 8-19 所示。

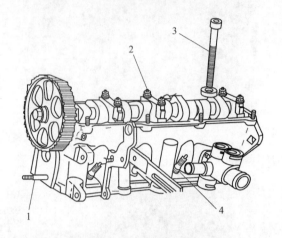

图 8-18 检查螺栓及螺纹孔等
1-螺栓；2-螺母；3-缸盖螺栓；4-螺栓

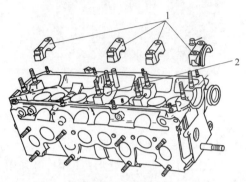

图 8-19 检查凸轮轴支撑座孔和轴承盖
1-凸轮轴轴承盖；2-凸轮轴支撑座孔

（3）检查气门室罩盖、压条、密封衬垫，如图 8-20 所示。

①检查气门室罩盖 4 有无变形和裂纹，如有则更换。

②检查压条 3 有无变形，有则更换。

③对密封衬垫 6、7 每分解缸盖一次必须更换。若发现在这些地方有漏油现象，应更换密封衬垫，必要时更换压条甚至气门室罩盖。

（4）原则上拆卸缸盖后要更换汽缸垫。若要继续使用，应检查汽缸垫有无裂纹、磨损；油孔、水孔边缘是否拉毛，是否堵塞；缸孔位置处有无异常磨损等，如图 8-21 所示，若有，建议更换。

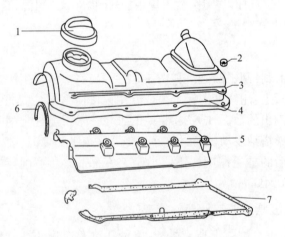

图 8-20 检查密封垫及压条等
1-机油加注口盖；2-螺母；3-压条；4-气门室罩盖；5-机油反射罩；6、7-密封衬垫

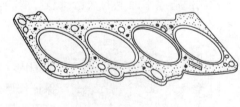

图 8-21 检查汽缸垫

思考与练习

一、写出图 8-22 和图 8-23 量具名称

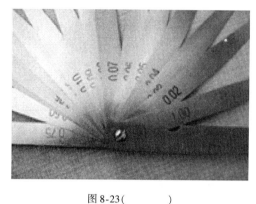

图 8-22（   ）　　　　　　　　图 8-23（   ）

二、填空题

1. 机体组主要由_____、_____、_____、_____、主轴承盖，以及油底壳等组成。
2. 汽缸盖的材料一般有_____、_____两大类。
3. 缸垫的材料类型有_____、_____和_____等三种。
4. 多缸发动机中汽缸盖有三种结构_____、_____、_____。
5. 汽缸盖的常见损伤是_____、_____、_____等。
6. 汽缸盖变形的规律一般是_____。
7. 汽缸垫用来保证汽缸盖与_____接合面间的密封，防止_____、_____等。

三、选择题

1. 下图中，检测汽缸盖平面度的正确测量位置是（   ）。

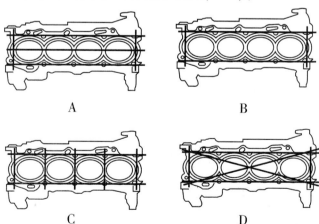

A　　　　　　　　B

C　　　　　　　　D

2. 将汽缸盖用螺栓紧固在汽缸体上，拧紧螺栓时，应采取下列方法（   ）。
   A. 由中央对称地向四周分几次拧紧　　　B. 由中央对称地向四周分一次拧紧
   C. 由四周向中央分一次拧紧　　　　　　D. 由四周向中央分几次拧紧

3. 铝合金汽缸盖应在发动机(　　)态下按规定力矩拧紧。
   A. 热　　　　　　B. 冷　　　　　　C. 冷、热都可以
4. 铸铁汽缸盖应在(　　)态下再复紧一遍。
   A. 热　　　　　　B. 冷　　　　　　C. 冷、热都可以
5. 下列不属于汽油机燃烧室类型的是(　　)。
   A. 浴盆式　　　　B. 楔形　　　　　C. 半球形　　　　D. 预燃室

四、简答题

1. 简述汽缸盖的安装位置、作用。

2. 简述汽缸盖裂纹的常见部位及原因。

3. 简述汽缸盖变形的原因。

4. 简述汽缸盖平面度检测方法并画出草图。

项目九　活塞连杆组的结构原理认知

学习目标

完成本项目学习后,你应能:
1. 正确说出活塞连杆组的组成部件及其作用;
2. 指出活塞连杆组的安装位置及关联部件;
3. 用简要语句或框图说明活塞连杆组的工作原理;
4. 写出活塞连杆组件拆装的方法要领、注意事项。

建议学时
4学时。

活塞连杆组是发动机的核心部件,本项目将介绍活塞连杆组结构、原理及拆装方法。

一、活塞连杆组的安装位置

活塞连杆组安装在汽缸内,上部为缸盖,下部与曲轴相连,如图9-1所示。

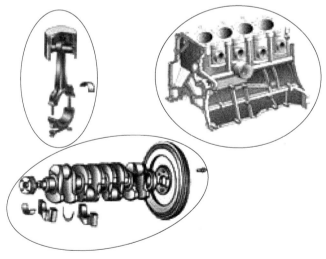

图9-1　活塞连杆组安装示意图

二、活塞连杆组的组成及其作用

活塞连杆组主要由活塞、活塞环、活塞销、连杆及连杆轴承等组成,如图9-2所示。
活塞连杆组的作用是把燃烧气体的压力传给曲轴,使曲轴旋转并输出动力。

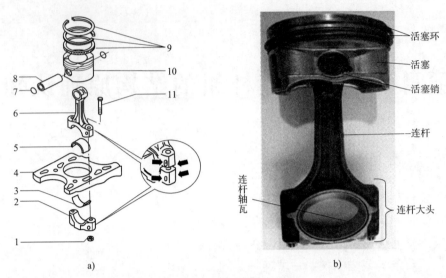

图9-2　AJR型发动机活塞连杆组

1-连杆螺母（拧紧力矩30N·m+90°）；2-连杆轴承盖；3-连杆下半轴承；4-汽缸体；5-连杆上半轴承；6-连杆；7-夹箍（挡圈）；8-活塞销；9-活塞环；10-活塞；11-连杆螺栓

三、活塞连杆组的工作过程

可燃混合气被点燃后，其膨胀推力推动活塞沿缸壁下行，通过活塞销将力传给连杆，从而推动曲轴旋转运动（部件形位如图9-3、图9-4所示）。

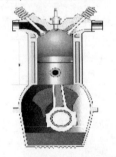

图9-3　发动机活塞工作原理图

图9-4　活塞连杆组及曲轴图

四、活塞连杆组各组成部件

（一）活塞

1. 活塞的作用

活塞（图9-5）用来封闭汽缸，与汽缸盖、汽缸壁共同组成燃烧室，并把可燃混合气燃烧产生的气体压力通过活塞销和连杆传给曲轴。

2. 活塞的工作条件

活塞工作在高温、高压、高速、润滑不良、燃气化学腐蚀条件下。活塞一般采用高强度铝合金，以满足复杂工作环境要求。

3. 活塞材料

目前汽车发动机活塞广泛采用的材料是铝合金，有的柴油机也采用高级铸铁或耐热钢。

a) 活塞封闭汽缸　　　　　　b) 活塞实物

图 9-5　活塞

4. 活塞的结构

活塞的结构主要由顶部、头部和裙部三部分组成,如图 9-6 所示。

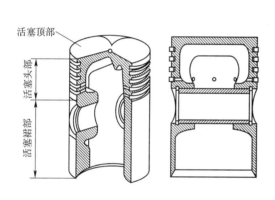 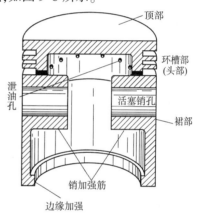

a) 活塞外部结构　　　　　　b) 活塞剖面结构

图 9-6　活塞的结构

(1) 活塞顶部。

活塞顶部是燃烧室的组成部分,要承受气体压力。如图 9-5a)、图 9-6 所示。

活塞顶部一般有标记,安装时注意标记朝前,如图 9-5b) 所示。V 形发动机要注意区分左右活塞,不能装错。

活塞顶部的形状与选用燃烧室有关。一般有平顶、凸顶和凹顶,如图 9-7 所示。汽油机活塞的顶部一般采用平顶,其优点是吸热面积小,制造工艺简单。有些发动机上为了改善可燃混合气的形成而活塞顶采用凹顶,凹顶的大小还可以调节发动机压缩比。

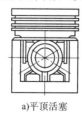 

a) 平顶活塞　　　b) 凸顶活塞　　　c) 凹顶活塞

图 9-7　活塞顶部形状

(2)活塞头部。

活塞头部是指活塞最下一道环槽以上部分。如图9-6a)所示。

头部作用：头部有数道环槽用于安装活塞环，起密封作用，又称防漏部；防止可燃混合气漏到曲轴箱内；将顶部吸收的热量通过活塞环传给汽缸壁。

汽油机一般有三道环槽：上部两道气环槽和一道油环槽，在油环槽底面上钻有许多径向小孔，使被油环从汽缸壁上刮下的机油经过这些小孔流回油底壳，如图9-6b)所示。柴油机一般有四道环槽：上部三道气环槽和一道油环槽。

(3)活塞裙部。

活塞裙部是指从油环槽下端面起至活塞底面下端的部分，包括活塞销座孔，如图9-5a)、图9-6所示。其作用是为活塞在汽缸内进行往复运动作导向和承受侧压力。

活塞销座孔是活塞通过活塞销与连杆的连接部分，位于活塞裙部上部，为一厚壁圆筒结构，用于安装活塞销。其作用是将活塞顶部的气体压力经活塞销传给连杆。

(二)活塞环

1. 特点

活塞环是具有切口的弹性环，环外径大于缸径，如图9-8所示。

2. 分类

活塞环是燃油发动机内部的核心部件，按其主要功用分为油环和气环。气环又叫压缩环。如图9-8所示。

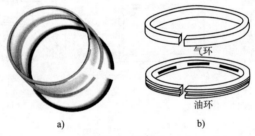

图9-8 活塞环

3. 功用

(1)气环的功用。

气环的功用是保证活塞与汽缸壁的密封，防止汽缸中的高温、高压燃气大量窜入曲轴箱；同时还将活塞头部的热量传给汽缸，再由冷却水或空气带走，起到刮油、布油的辅助作用。

(2)油环的功用。

油环的功用是用来将汽缸壁多余的机油刮回油底壳，并在汽缸壁上均匀地布油，既可以防止机油窜入燃烧室，又可以减小活塞、活塞环与汽缸的摩擦力和降低磨损；此外，油环也兼有密封作用。

4. 工作条件

活塞环是在高温、高压、高速和润滑极其困难的条件下工作的，是发动机上使用寿命最短的零件之一。

5. 活塞环材料

根据活塞环的功用及工作条件，要求活塞环的材料应弹性好，强度高、耐磨损、耐热、冲击韧性好、导热性能好等。

目前广泛采用的活塞环材料是合金铸铁(在优质灰铸铁中加入少量铜、铬、钼等合金元素),第一道环镀铬,其余环一般镀锡或磷化。

6. 活塞环三隙

活塞环的三隙是指端隙、侧隙和背隙,如图9-9所示。

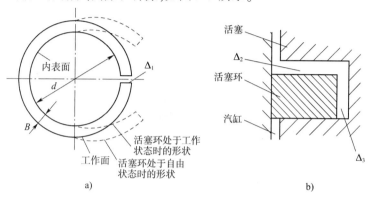

图9-9 活塞环的间隙

d-活塞环内径;B-活塞环宽度;Δ_1-开口间隙;Δ_2-侧隙;Δ_3-背隙

发动机工作时,活塞和活塞环会热膨胀。活塞环随活塞在汽缸内做往复运动时,有径向张缩变形现象。因此,活塞环在汽缸内应有开口间隙,与活塞环槽间应有侧隙和背隙。

(1)端隙。

端隙 Δ_1 又称开口间隙,是活塞冷状态下装入汽缸后开口处的间隙,能防止活塞环受热膨胀而卡死在汽缸内。此间隙随缸径增大而增大,开口间隙过大,影响密封;过小,热膨胀后会卡死。为减少气体泄漏,装入汽缸时,第一道环的开口位置应避开做功行程受压面,各道环的开口应相互错开。三道活塞环各环错开120°。四道活塞环一道和二道互错开180°,二道和三道互错开90°,三道和四道错开180°。

(2)侧隙。

侧隙 Δ_2 又称边隙,是环高方向上与环槽间的间隙。第一道环因工作温度较高,一般间隙比其他环大些,油环侧隙较气环小。

侧隙过大,将使活塞环的泵油作用加剧,环易疲劳破碎,加速环的断裂和润滑油的消耗;侧隙过小,会使活塞环卡死在环槽内,环的弹力极度减弱,冲击应力加剧,不但使汽缸密封性能降低,也容易断环。

(3)背隙。

背隙 Δ_3 是活塞和活塞环装入汽缸后,活塞环背面与环槽底部间的间隙。油环背隙较气环大,目的是增大存油间隙,有利于减压泄油。

一般说来,活塞环的三隙是安装在汽缸中的活塞环上面一道环大于下面一道环、柴油机环大于汽油机环、汽缸直径大的环大于直径小的环、发动机压缩比大的环大于压缩比小的环。

7. 气环的密封原理

如图9-10所示,活塞环在自由状态时,其外圆直径略大于缸径,装入汽缸后,气环产生一定的弹力 F_1 与缸壁压紧,形成第一密封面。此条件下,气体不能从环外圆面与缸壁之间通过，便窜入侧隙和背隙。活塞环在运动时产生惯性力，并与缸壁间产生摩擦力。因此，活塞环与环槽侧面密封的压紧力是气体压力、惯性力和摩擦力三个沿汽缸轴线方向力的代数和。在做功和压缩行程时，气体压力一般起主导作用，使活塞环被压紧在环槽下侧面行程第二密封面。窜入活塞环背隙的气体，将产生背压力 F_2，使环对缸壁进一步压紧，加强了第一、二密封面的密封性，称为第二次密封。

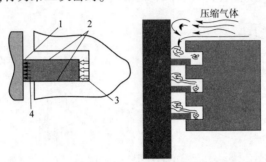

图9-10　气环的密封原理

1-第一密封面；2-第二密封面；3-背压力 F_2；4-活塞环自身弹力 F_1

8. 气环的断面形状

为了加强密封、加速磨合、减小泵油作用及改善润滑，除了合理地选择材料和加工工艺外，在结构上还采用了许多不同断面形状的气环。

(1) 矩形环。

矩形环结构简单，制造方便，与缸壁接触面积大，对活塞头部的散热有利，但泵油作用大。如图9-11a)所示。

(2) 锥形环。

锥形环与汽缸壁是线接触，有利于磨合和密封。随着磨损的增加，接触面积逐渐增大，最后成为普通的矩形环。这种环在活塞下行时有刮油作用，上行时有布油作用。故这种环只能按图示方向安装。为避免装反，在环端上侧面标有记号。如图9-11b)所示。

(3) 梯形环。

梯形环常用于热负荷较高的柴油机第一道环。其特点是当活塞受侧压力的作用而改变位置时，环的侧隙相应地发生变化，使沉积在环槽中的结焦被挤出，避免了环被黏在环槽中而失效。如图9-11c)所示。

(4) 桶面环。

桶面环是近年来兴起的一种新型结构，目前已普遍地用于强化柴油机的第一道环。其特点是活塞环的外圆面为凸圆弧形。当活塞上下运动时，桶面环均能形成楔形间隙，使机油容易进入摩擦面，从而使磨损大为减少。另外，桶面环与汽缸是圆弧接触，故对汽缸表面的适应性好。但圆弧表面加工较困难。如图9-11d)所示。

(5) 扭曲环。

扭曲环是在矩形环的内圆上边缘或外圆下边缘切去一部分。将这种环随同活塞装入汽缸时，由于环的弹性内力不对称而产生断面倾斜。扭曲环目前在发动机上得到了广泛应用。在安装时，注意环的断面形状和方向，应将其内圆切槽向上，外圆切槽向下。第一道环多为内圆上边缘切口,不能装反,如图 9-11e)所示。

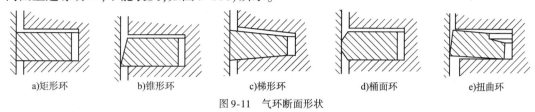

a)矩形环　　　b)锥形环　　　c)梯形环　　　d)桶面环　　　e)扭曲环

图 9-11　气环断面形状

9. 油环

(1)油环结构形式。

目前发动机采用的油环主要有两种结构形式:普通式和组合式,如图 9-12 所示。

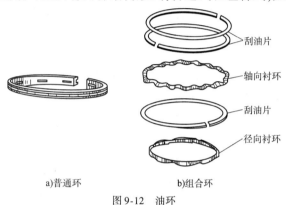

a)普通环　　　　　b)组合环

图 9-12　油环

(2)油环刮油。

活塞下行、上行时,油环都能将汽缸壁上多余的润滑油刮下来,并经活塞上的回油孔流回油底壳。如图 9-13 所示。

10. 活塞环的泵油作用

由于侧隙和背隙的存在,发动机工作活塞下行时,气环靠在环槽的上方,环从缸壁上刮下来的润滑油充入环槽下方;活塞上行时,气环靠在环槽的下方,将润滑油挤入环槽上方。如此做往复运动时,会把汽缸壁上的润滑油不断送入汽缸中,这种现象也称为"气环的泵油作用",如图 9-14 所示。

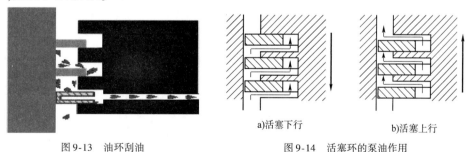

图 9-13　油环刮油　　　　a)活塞下行　　　b)活塞上行

图 9-14　活塞环的泵油作用

(三)活塞销

1. 作用

活塞销,如图 9-15 所示,其作用是连接活塞与连杆小端,将活塞承受的气体作用力传递给连杆。

图 9-15 活塞销

2. 形状

活塞销的内孔形状有圆柱形、两段截锥形,以及两段截锥与一段圆柱的组合形等。

3. 固定方式

根据活塞销的固定方式的不同,可分为全浮式和半浮式两种。

(1)全浮式活塞销。

全浮式活塞销是指活塞销既不固定于活塞销座,又不固定于连杆小端,如图 9-16a)所示。工作时,活塞销、连杆小端和活塞销座都有相对运动。为防止全浮式活塞销轴向窜动刮伤汽缸壁,在活塞两端装有挡圈,进行轴向定位。

安装活塞销时,应先把活塞放在水或油中加热,取出后迅速擦净,在活塞销上涂上机油,插入活塞销座孔和连杆衬套,再装入挡圈。

(2)半浮式活塞销。

半浮式活塞销是指活塞销中部与连杆小端采用紧固螺栓连接,活塞销只能在活塞销座孔内做自由摆动,在连杆小端内不能摆动的连接方式,如图 9-16b)所示。

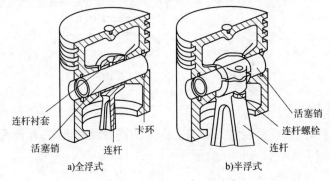

图 9-16 活塞销的连接方式

(四)连杆

连杆组件由连杆小端、杆身和大端,连杆盖,连杆螺栓等部分组成的,其结构如图 9-17 所示。其作用是将活塞承受的力传给曲轴,从而使活塞的往复运动转变成曲轴的旋转运动。

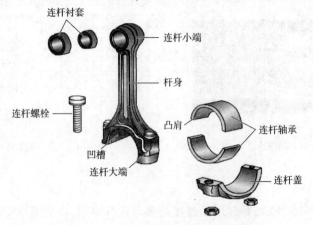

图 9-17 连杆组件

连杆的结构由连杆小端、杆身和大端(包括连杆盖)三部分组成。

大端一般做成分开式,即连杆体大端和连杆盖。连杆大头的切口形式有平分式和斜分式;定位形式有止口定位、套筒定位、锯齿定位。V形发动机连杆的布置形式有并列式、主副式、叉式。连杆杆身有"H"形和"工"字形两种断面形状,通常制成"工"字形。

活塞通过活塞销与连杆小端相连,连杆大端通过连杆盖及连杆轴承的配合与曲轴的连杆轴颈相连。

安装连杆时,连杆杆身的圆形凸点应朝前,连杆杆身与连杆盖的配对记号应一致并对齐,槽口应在同一侧。

(五)连杆轴承

连杆轴承也称连杆轴瓦,装在连杆大端内(图9-18),用以保护连杆大端和连杆轴颈。

现代发动机所用的连杆轴承是由钢背和减磨层组成的分开式薄壁轴承,其结构如图9-19所示。

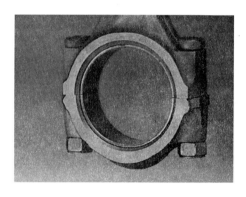

图9-18 连杆轴承安装示意图

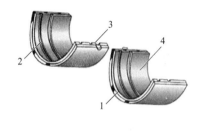

图9-19 连杆轴承
1-钢背;2-油槽;3-定位凸键;4-减磨合金

安装时,连杆轴承上的定位凸键应分别嵌入连杆大端和连杆盖上相应凹槽中,并在连杆盖内面、连杆轴承和连杆轴颈表面涂上机油。

五、活塞连杆组拆装方法

拆装活塞连杆组应在机油放净,拆卸完发动机的附件、缸盖、缸垫等步骤之后进行。

(一)活塞连杆组的拆卸

(1)在拆活塞连杆组之前要仔细观察各个缸的活塞、连杆与连杆盖有没有标记,如果没有或不清晰要在不损坏发动机的前提下做上对应的汽缸号标记,在活塞顶做好指向凸轮轴正时齿轮侧的标记。

(2)拆卸汽缸的活塞需要将汽缸的活塞处于下止点,用扭力扳手先拧松连杆螺母(图9-20),再用摇杆拆下连杆轴承盖的固定螺母(图9-21),取下轴承盖。

(3)用木槌柄或铜棒把活塞轻轻捅出,如图9-22所示。

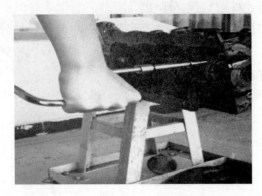

图9-20 扭力扳手拧松连杆螺母

图9-21 摇杆拆下连杆螺母

(4)取下活塞连杆组后要按顺序摆放,如图9-23所示。

图9-22 木槌柄捅出活塞

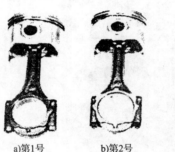

a)第1号　　b)第2号　　c)第3号　　d)第4号

图9-23 顺序摆放活塞连杆组

(二)活塞连杆组的安装

(1)清洁活塞、活塞环、连杆、轴瓦、连杆盖、连杆轴颈。

(2)缸体侧置(图9-24),转动曲轴使待装的活塞连杆组所对应的连杆轴颈位于下止点位置。

(3)在组装好的活塞连杆组的环槽及活塞销与连杆衬套的配合部位涂抹适量的润滑油,用手转动活塞环数周,然后摆好活塞环的开口位置[第一道环的开口位于做功行程侧压力较小的一侧,其他环(包括油环)依次间隔90°~180°角,组合油环的两个刮油片互相错开180°]。

图9-24 缸体侧置

(4)在连杆盖轴承、连杆轴承和连杆轴颈表面涂上机油,再在连杆杆身及轴承盖上的座孔中安放好连杆轴承(各片轴承不允许互换)。连杆轴承涂机油如图9-25所示,连杆盖轴承涂机油如图9-26所示。

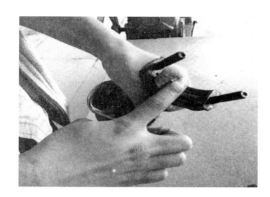 

图 9-25　连杆轴承涂机油　　　　　　　图 9-26　连杆盖轴承涂机油

（5）从缸体上部将活塞连杆组放入汽缸中（顺序及方向必须正确），用活塞环卡箍束紧活塞（卡箍应贴紧缸体顶面）使活塞环压缩到环槽中，如图 9-27 所示。

（6）用锤柄将活塞连杆组件推入汽缸中（图 9-28），并使连杆大端压靠到连杆轴颈上。

 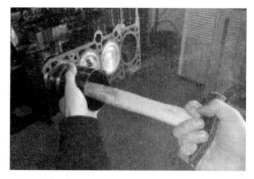

图 9-27　活塞环卡箍束紧活塞环　　　　　图 9-28　活塞连杆组件推入汽缸

（7）装上连杆轴承盖（各连杆轴承盖的汽缸序号必须正确，并使轴承盖上有凸点标记的一侧朝向发动机前方），然后以规定力矩分两次拧紧螺栓，如图 9-29 所示。

（8）转动曲轴检查其转动阻力（图 9-30），阻力过大应查明原因予以排除，然后按同样的方法依次装复其他活塞连杆组。

 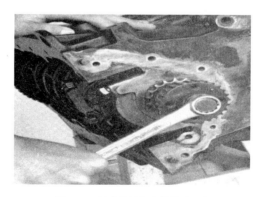

图 9-29　规定力矩拧紧螺栓　　　　　　　图 9-30　转动曲轴检查其转动阻力

思考与练习

一、填空题

1. 曲柄连杆机构由_____、_____、_____等三部分构成。
2. 活塞连杆组由_____、_____、_____和_____等组成。
3. 连杆组件由_____、_____、_____、_____等组成。
4. 活塞可分为_____、_____和_____三部分。
5. 活塞环是具有弹性的开口环,有_____和_____两种。活塞环装在活塞_____中。
6. 活塞环的三隙是指_____、_____、_____。
7. 安装活塞环时,应采用_____工具,以免将环折断。要注意各道活塞环的类型和规格、顺序及安装方向。有的气环上标有"TOP"字样,表示安装时_____。
8. 活塞通过活塞销与_____相连,_____通过连杆盖及连杆轴承的配合与曲轴的连杆轴颈相连。安装连杆时,连杆杆身的圆形凸点应_____,连杆杆身与连杆盖的配对记号应一致并_____,槽口应在_____。
9. 目前发动机采用的油环主要有两种结构形式:_____和_____。
10. 气环的断面形状有_____、_____、_____、_____。

二、选择题

1. 为了保证活塞能正常工作,冷态下常将其沿径向做成(　　)的椭圆形。
   A. 长轴在活塞销方向　　　　　　B. 长轴垂直于活塞销方向
   C. A、B 均可　　　　　　　　　　D. A、B 均不可
2. 下列说法正确的是(　　)。
   A. 活塞顶的记号用来表示发动机功率
   B. 活塞顶的记号用来表示发动机转速
   C. 活塞顶的记号可以用来表示活塞及活塞销的安装和选配要求
   D. 活塞顶的记号用来表示连杆螺钉拧紧力矩
3. 活塞的最大磨损部位一般是(　　)。
   A. 头部　　　　B. 裙部　　　　C. 顶部　　　　D. 环槽
4. 活塞在制造中,其头部有一定锥度,主要是由于(　　)。
   A. 材料　　　　　　　　　　　　B. 可减少往复运动惯性力
   C. 活塞在工作中受热不均匀　　　D. 润滑可靠
5. 活塞与汽缸壁之间的润滑方式是(　　)。
   A. 压力润滑　　　　　　　　　　B. 飞溅润滑
   C. 脂润滑　　　　　　　　　　　D. 压力润滑和飞溅润滑同时进行

三、简答题

1. 活塞销有何功用?其工作条件如何?它与活塞之间采用什么方式连接?

2.连杆有何功用？其工作条件，材料及对其要求如何？

3.连杆大头一般采用什么结构？连杆盖与连杆是怎样定位的？

4.全浮式和半浮式活塞销的特点。

5.活塞的结构主要由三部分组成，分别写出各部分的组成部分及其作用。

6.连杆轴承的安装位置在哪里，有什么作用？

四、写出图9-31活塞连杆组各组成部分名称

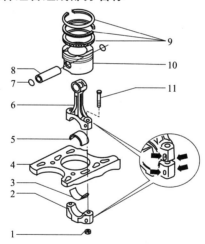

图9-31　活塞连杆组

项目十　活塞连杆组的检修

学习目标

完成本项目学习后，你应能：
1. 说出活塞连杆组常见损伤形式；
2. 说出活塞连杆组主要的检修方法。

建议学时
4学时。

活塞连杆组是发动机的关键组件，它与汽缸、汽缸盖形成密闭的空间，将燃气的压力传递给曲轴，对外输出动力，其技术状况的好坏对发动机工作的正常与否有着明显影响。在发动机大修中，活塞连杆组的检修是重要环节之一。

一、活塞连杆组常见损伤形式

（一）活塞损伤

由于活塞的工作条件比较恶劣，活塞可能会出现一些损伤，如：磨损、烧蚀、裂纹、破碎、凹陷、刮痕、拉痕、疤痕、毛刺及尖角等。

活塞的正常磨损主要是活塞环槽的磨损、活塞裙部的磨损和活塞销座孔的磨损等。

活塞的异常磨损主要是活塞刮伤和顶部烧蚀等。

1. 活塞顶部损伤

（1）活塞顶面烧蚀（图10-1）。烧蚀呈现在活塞顶部，轻者有疏松状麻坑，重者有局部烧熔现象。活塞顶面烧蚀将导致高温燃气窜入曲轴箱，加速润滑油的氧化变质、汽缸密封性变差、压缩比下降、燃油燃烧过程恶化、发动机的动力性和经济性下降；严重时活塞开裂破碎，损坏缸套、连杆、曲轴、机体等零部件。

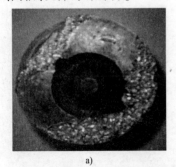

图10-1　活塞顶面的烧蚀

烧蚀的原因主要是不正常燃烧造成的。活塞顶面烧蚀是由于活塞顶部接受过多热量或者是活塞环卡死和断环故障之后再大负荷情况下运转而导致的。当活塞冷却不良时,在活塞顶上如喷嘴油束对应区域,以及顶部突出的形状如活塞顶部 W 形凹坑等处产生局部过热,当温度超过一定值后,金属表面出现烧蚀。烧蚀较轻的活塞,允许继续使用,烧蚀严重时必须更换。

(2)活塞顶面裂纹(图 10-2)。活塞顶面裂纹的方向一般与活塞销孔的轴线方向垂直,主要是热应力引起的疲劳裂纹。其原因是发动机超负荷运转,导致活塞变形量过大,而造成活塞顶面的疲劳开裂;燃烧系统工作不正常或发动机负荷过大时导致活塞顶面的温度梯度增大,从而造成活塞顶面的热开裂;活塞材质不合格,导致高温强度降低;燃料中含有硫、钒等元素,则会引起高温腐蚀,从而加速裂纹的发展等。

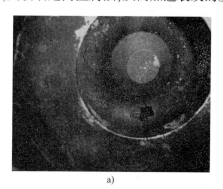
a)

b)

图 10-2　活塞顶裂纹

(3)顶部碰撞。活塞顶面与气门或缸盖产生撞击,会有撞击痕迹(图 10-3)。原因是气门导管和气门杆部周围积炭使气门黏着,气门杆松脱造成气门座下移与活塞顶面碰撞;正时齿轮安装有误、调整不当,配气相位调整不好,气门未及时关闭或排气门过早地打开,造成活塞顶碰撞;凸轮轴与轴套之间的间隙过大,使其相对位置被曲轴正时齿轮推高,从而增大了气门向下移动的距离;曲轴磨损后引起活塞连杆组工作发生变化从而与气门相撞等。

气门锁片脱落、弹簧折断、气门疲劳断裂掉下、气门座镶圈脱落等原因引起缸内掉入异物,使活塞撞击破碎,如图 10-4 所示。

图 10-3　顶部碰撞痕迹

图 10-4　活塞破碎

2. 活塞头部损伤

(1) 活塞环结焦卡住。活塞环结焦是因润滑油氧化沉积或环在槽内失去活动自由的结果，这种故障的危害极大。主要原因是发动机过热或长期超负荷工作，使润滑油产生胶质，活塞环、汽缸严重热变形；润滑油污染严重，润滑油品质差；曲轴箱通风装置工作不良，引起负压过大或汽缸气密性差，造成机油上窜。因此，必须保证使用合格的机油，防止发动机过热。

(2) 活塞环槽磨损（图10-5）。在活塞上下运动时，活塞环随汽缸的形变要做径向伸缩，尤其第1道环槽处温度高，且受到燃气的"冲击"和油楔的作用，因此，环在环槽里发生摩擦和振动，引起磨损。有时机油或燃气中含有微粒杂质引起的磨料磨损和机油或燃气的腐蚀作用加剧了环槽的损坏。活塞环槽的磨损通常发生在高度方向上，第一道活塞环槽磨损最严重。活塞环槽磨损后使活塞环侧隙增大，如不及时修理或更换活塞，会导致发动机工作时"烧机油"和汽缸压力下降等后果。

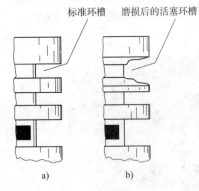

图10-5 活塞环槽磨损

(3) 环岸断裂。活塞第一环或第二环局部断裂，如图10-6所示。原因有活塞环断裂或黏着后环开口端发生上下震颤而引起环岸断裂；活塞持续受到撞击或发动机超负荷运行、出现爆震，造成环岸疲劳断裂、熔损；活塞环槽或环严重磨损，间隙超出限值，产生剧烈的碰撞或颤振，从而造成活塞环岸的疲劳断裂；装配间隙不合理，汽缸套磨损出"失圆"损伤，使活塞正常的运动受阻，第一环碰撞，造成活塞环环岸疲劳断裂；环槽底存在加工尖角或环有尖角而引起应力集中等。环岸疲劳断裂，一般会出现批量事故。

图10-6 环岸断裂

3. 活塞销孔和销座部位损伤

(1) 活塞销卡住。若在选配时，孔与销尺寸配合不当，使局部接触比压过高，润滑油膜遭到破坏，会立即使得活塞销在销孔中卡住。

(2) 销座裂纹（图10-7）。由于活塞销弯曲、刚度不足或销座顺应性不良，将在销座内端出现应力集中，引起疲劳裂纹。裂纹从销孔上表面开始，并沿着销座的纵向平面延展。在使用中出现这种损伤，往往是由于活塞和销的材质、制造或装配不当造成的。

a)　　　　　　　　　　　　　　　　b)

图 10-7　销座裂纹

（3）挡圈槽磨损（图 10-8）、外侧开裂。挡圈槽磨损变宽,外侧出现裂纹或脱落。原因有活塞销弯曲量变大,活塞销端部的推力反复作用于挡圈,使挡圈槽磨损,槽外侧损坏;因活塞销装配不当,使活塞的一侧挡圈或槽受到撞击力,易造成挡圈槽外侧掉边或产生隐形裂纹;连杆弯曲作用在活塞销方向的推力使挡圈向槽外推进,造成挡圈槽磨损;活塞销挡圈损坏烧伤等。

4. 活塞裙部损伤

（1）活塞裙部拉伤或断裂。发动机处于超载、过热、汽缸中进入异物或活塞与汽缸配合间隙过小等情况下工作将导致发动机出现严重故障。轻者出现拉缸,活塞被拉伤（图 10-9）;重者活塞环或活塞裙部咬死在缸壁上。这时,当惯性力小时发动机会立即停止工作;若惯性力大且为多缸机,会因咬缸所产生的拉伸应力使活塞销座部位引起脆性断裂。所产生的裂纹逐渐延伸到整个活塞断面,形成一条明显的裂缝（图 10-10）,甚至是掉块（图 10-11）。

图 10-8　挡圈槽磨损　　　　　　　图 10-9　活塞拉伤

　　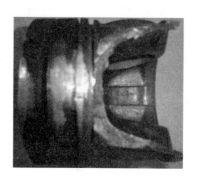

图 10-10　活塞裙部裂纹　　　　　图 10-11　裙部掉块

(2) 活塞裙部磨损（图10-12）。活塞裙部是起导向作用的部位，活塞裙部与缸壁间的磨损是不可避免的，随着使用时间的增长，二者间隙不断增大，当大到一定程度，将出现敲缸现象。活塞裙部磨损原因是材质不好，活塞裙部的热膨胀系数太高，高温的情况下造成涨缸，此外机油的好坏也是关键。因此，在长时间高温高速的情况下应该让发动机适当地休息冷却。

图10-12　活塞裙部磨损

(二) 活塞环常见的损伤

活塞环是易损件，常见的损伤主要是活塞环的磨损、弹性减弱、烧蚀、翘曲、折断等。

活塞环磨损表现：环端及外径磨损，环弹力减弱，端隙、侧隙增大。

活塞环损伤的危害：使活塞密封性变差，导致窜气、漏气、窜油现象，使发动机动力性下降，经济性变坏。

由于活塞环安装不当或端隙过小，发动机在高温、大负荷条件下工作时，活塞环卡滞在汽缸内，在活塞冲击下而断裂。

(三) 连杆常见的损伤

连杆在工作中，可能会发生裂纹、断裂（图10-13）、杆身弯曲、扭曲变形，大小头内孔磨损，连杆螺纹的损伤等。

a)　　　　　　　　　　　　b)

图10-13　连杆断裂

(四) 连杆轴承（轴瓦）的损伤

轴瓦的损伤（图10-14）主要形式有磨损，合金层烧毁、脱落，黏着咬死，与座孔配合松动等。

a) 轴瓦擦伤　　b) 轴瓦烧蚀　　c) 轴瓦拉伤　　d) 轴瓦侧面磨损　　e) 轴瓦疲劳剥落

图10-14　轴瓦损伤

二、活塞连杆组主要检修方法

(一)活塞检修方法

1.检查活塞外观

检查活塞外观时先用煤油浸透,再用软刷或钝的刮刀清理活塞顶部积炭。用专用工具清除活塞环槽内积炭。目测检查活塞,若发现有裂纹、破碎、凹陷、刮伤、疤痕、毛刺及尖角等,则不能再使用,成品不得有裂纹、蜂窝孔、夹渣及疏松等情况。

2.检查活塞直径

用千分尺检测活塞直径,如图10-15所示。在活塞下部离裙部底边约10mm与活塞销垂直方向处测量。活塞磨损极限直径,参看AJR发动机维修手册。活塞直径与标准尺寸的最大偏差量为0.04mm。

3.检查活塞与活塞销的间隙

发动机正常工作时,全浮式活塞销与活塞销座和连杆衬套存在微小的间隙。活塞销可以在销座和连杆衬套内自由转动,使得活塞销的径向磨损比较均匀,磨损速率也较低。半浮式活塞销为保证发动机的冷起动,销与销座间必须要有一定的装配间隙。由于活塞销在发动机工作时承受较大的冲击载荷,当活塞销与活塞销座和连杆衬套的配合间隙超过一定数值时,就会由于配合松旷而发生异响。

检查活塞销与连杆衬套及活塞座孔配合间隙时:

(1)用外径千分尺测量活塞销外径,如果磨损超过标准,应更换活塞销。如图10-16a)所示。

(2)用内径千分尺测量活塞销座及连杆衬套的内径,两者差值为配合间隙,超过极限时更换连杆衬套。如图10-16b)所示。

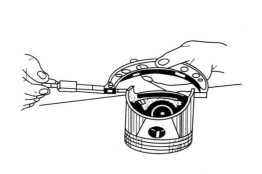

图10-15 检查活塞直径

a)测量活塞外径

b)测量活塞内径

图10-16 测量活塞销及座孔的尺寸

(3)检查活塞销与连杆衬套及活塞座孔配合间隙时,也可凭经验和感觉去判断。握住活塞,将连杆沿连杆竖直方向上下移动,如果感觉到活塞或活塞销有稍许活动或有异响产生则应更换活塞和活塞销。如图10-17所示。

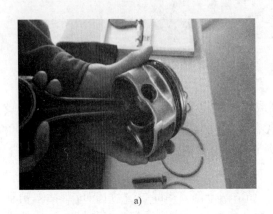
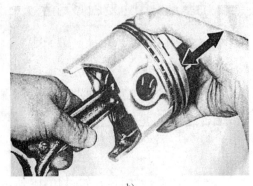

图 10-17　检查活塞销与连杆衬套及活塞座孔配合间隙

(二) 活塞环检修

1. 活塞环的外观检查

活塞环外观检查时应检视活塞环是否烧蚀、翘曲、变形、折断。

2. 漏光检验

为了保证活塞环的密封作用,要求活塞环的外表面处与汽缸壁贴合。漏光度过大,活塞环局部接触面积小,易造成漏气和机油上窜。在选配活塞时,最好进行漏光度的检查。

漏光度的简易检查方法(图 10-18):将活塞环平放在汽缸上部,用活塞头部将其推至汽缸内该环相应的上止点位置,在活塞环一边放一个灯泡,上面放一块盖板盖住活塞环的内圈,观察活塞环与缸壁之间的漏光缝隙。

图 10-18　漏光检验

要求:在活塞环开口端左右 30°范围内不允许有漏光点存在,在同一个活塞环上漏光不应多于两处,其他部位每处的漏光弧长所对应的圆心角不得超过 25°,同一活塞环上漏光弧长所对应的圆心角总和不得超过 45°,漏光处的缝隙应不大于 0.03mm。

3. 活塞环三隙的检测

(1) 检查端隙(开口间隙)。

检查端隙时应将活塞环从汽缸体上端用活塞头部压入汽缸,距汽缸边缘约 15mm。用塞尺测量活塞环的端隙,如图 10-19 所示。若端隙大于规定值则应重新选配活塞环;若端隙小于规定值时,则应利用细平锉刀对环口的一端进行锉修。锉修时只能锉一端且环口应锉平整,锉修后应将加工产生的毛刺去掉,以免在工作时刮伤汽缸壁。端隙的标准数值,参见各车型维修手册。表 10-1 为大众 AJR 型发动机活塞环开口间隙标准值。

(2) 检查侧隙。

检查侧隙之前清除活塞环槽内积炭,用塞尺检查活塞环的侧隙,感觉轻微的拖滞阻力,读取塞尺的读数,如图 10-20 所示。侧隙的标准数值,参见各车型维修手册。表 10-1 为大众 AJR 型发动机活塞环侧隙标准值。

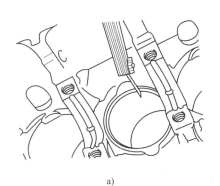

a)　　　　　　　　　　　　　b)

图 10-19　检查活塞端隙

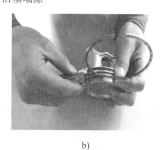

a)　　　　　　　　　　　　　b)

图 10-20　检查活塞环侧隙

大众 AJR 型发动机活塞环开口间隙和侧隙标准值　　　　　　　　表 10-1

间　　隙	活塞环名称	新活塞环/mm	磨损极限值/mm
活塞环开口间隙	第一道气环	0.20～0.40	0.80
	第二道气环	0.20～0.40	0.80
	油环	0.25～0.45	0.80
活塞环侧隙	第一道气环	0.06～0.09	0.20
	第二道气环	0.06～0.09	0.20
	油环	0.03～0.06	0.15

（3）检查背隙。

背隙一般不用活塞环的内圆柱面与活塞环槽底部直径差值的一半来表示，为测量方便，通常是将活塞环装入活塞内，以环槽深度与活塞环径向厚度的差值来衡量。测量时，将活塞环落入环槽底，再用深度游标卡尺测出环外圆柱面沉入环岸的数值，如图 10-21 所示，该数值一般为 0～0.35mm。如果背隙过小，就应调整活塞环或活塞环槽的底部深度。在实际操作中，通常是以经验法来判断活塞环的侧隙和背隙的，将活塞环置入环槽内，环应低于环岸，且能在槽中滑动自如，无明显松旷感觉即可。

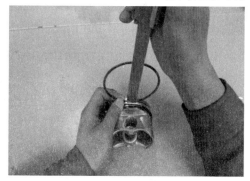

图 10-21　检查背隙

注意:活塞环槽有积炭要予以清除。

(三)连杆检修方法

检视连杆杆身是否有裂纹、断裂、弯曲变形、扭曲变形。如有裂纹应更换,如连杆杆身出现弯曲、扭曲变形,现今在汽修店一般不做校正,都予以更换。

检视杆身与连杆下端盖接合平面是否平整,接触面是否贴合良好,是否有缝隙,且缝隙是否超过规定值。检视连杆螺纹有无裂纹,螺纹应部分完整且无滑牙和拉长等现象。

(四)连杆轴承(轴瓦)检修方法

检视轴瓦是否有磨损,合金层是否烧毁、脱落,黏着要死,与座孔配合是否松动等情况,如是应考虑更换。

思考与练习

一、填空题

1. 活塞环包括_____和_____两种。
2. 在安装气环时,各个气环的切口应该_____,构成_____封气装置。
3. 油环分为_____和_____两种,组合油环一般由_____和_____组成。
4. 在安装扭曲环时,还应注意将其内圈切槽向_____,外圈切槽向_____,不能装反。
5. 在安装气环时,三道环的发动机每道环间隔_____。
6. 在安装气环时,四道环的发动机第二环与第一环间隔_____,第三环与第二环间隔_____,第三环与第四环间隔_____。
7. 安装活塞环时,一般都采用_____,以免将环折断。
8. 活塞环的常见损伤有_____、_____、_____等。
9. 为了加强密封、加速磨合、减小泵油及改善润滑,除了合理地选择材料和加工艺外,在结构上还应采用不同断面形状的气环。如_____、_____、_____、_____。
10. 气环的开口有_____、_____、_____和带防转销钉槽切口四种形式。
11. 活塞的正常磨损主要是_____的磨损、_____的磨损和_____的磨损等。
12. 活塞的异常磨损主要是_____、_____等。

二、判断题

1. 活塞环在自然状态下是一个封闭的圆环形。( )
2. 扭曲环是内圈上边缘切槽或外圈下边缘切槽,不能装反。( )
3. 活塞环的泵油作用,可以加强对汽缸上部的润滑,因此是有益的。( )

三、简答题

1. 简述活塞环三隙的含义是什么?

2. 简述检测活塞环方法项目有哪些?

3. 简述活塞环常见的损伤主要有哪些?损伤有何危害?活塞环磨损有何特点?

4. 简述活塞有哪些损伤?(至少列出5条)

5. 简述检测活塞的内容有哪些?

6. 简述连杆轴承的损伤有哪些?

项目十一　曲轴飞轮组的结构原理认知

学习目标

完成本项目学习后，你应能：
1. 用简要语句说明曲轴飞轮组的工作原理；
2. 说出曲轴飞轮组的安装位置及关联部件；
3. 正确说出曲轴飞轮组的各组成部件名称、结构、作用和安装位置；
4. 正确选择和使用工具，规范拆装曲轴飞轮组件。

建议学时
4 学时。

曲轴飞轮组是曲柄连杆机构组成结构之一，主要由曲轴和飞轮以及其他不同作用的零件和附件组成。

一、曲轴飞轮组的作用、组成

1. 作用
曲轴飞轮组用来承受活塞连杆组传来的力，对外输出动力，并为其他机构提供动力。

2. 组成
曲轴飞轮组主要由曲轴、飞轮等组成，如图 11-1 所示。

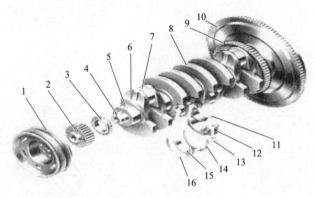

图 11-1　曲轴飞轮组的组成

1-曲轴皮带轮；2-曲轴正时齿轮皮带轮；3-曲轴链轮；4-曲轴前端；5-曲轴主轴颈；6-曲柄；7-曲柄销（连杆轴颈）；8-平衡重；9-转速传感器脉冲轮；10-飞轮；11-主轴瓦；12-主轴承盖；13-螺母；14-止推垫片；15-主轴瓦；16-止推垫片

二、曲轴飞轮组的安装位置及连接关系

曲轴飞轮组在发动机中的安装位置及连接关系可参看图11-1。曲轴安装在缸体下部，安装时把缸体下部朝上放置，用主轴承盖固定(图11-2)；飞轮用螺栓固定在曲轴后端面上(图11-3)，飞轮后端面用螺栓固定离合器(手动变速器车)，如图11-4所示；曲轴前端安装正时齿轮由链条或齿形皮带连接并驱动凸轮轴正时齿轮，如图11-5所示。

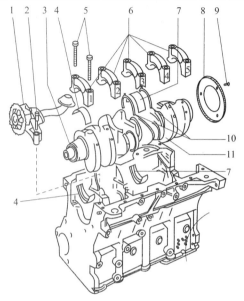

图11-2 曲轴安装位置

1-机油泵；2-15Nm；3-链轮；4-1，2，4，5道主轴瓦；5-65Nm，拧紧后再拧；6-轴承盖；7-第三道主轴瓦；8-传感器盘；9-10N·m，拧紧后再拧90°；10-密封条；11-曲轴

图11-3 曲轴飞轮组安装位置

图11-4 飞轮后端安装离合器

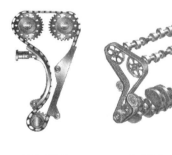

a)链传动机构　　b)齿形带传动机构

图11-5 曲轴前端正时齿轮连接

三、曲轴飞轮组的工作过程

曲轴飞轮组工作过程如图11-6所示，将活塞连杆组的直线运动转换为曲轴的旋转运动，曲轴由此获得旋转力矩。通过曲轴后端将获得的力矩传递给飞轮，再输出到汽车传动

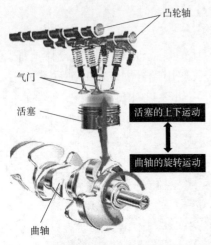

图11-6 曲轴飞轮组工作过程

系。曲轴前端将获得的力矩驱使其他机构工作。

四、曲轴飞轮组各组件结构

(一) 曲轴

1. 功用

曲轴用来把活塞连杆组传来的气体压力转变为力矩对外输出。同时,驱动配气机构和其他辅助装置,如风扇、水泵、空调压缩机、发电机等。

2. 工作条件及要求

在发动机工作时,曲轴承受周期性变化的气体压力、旋转产生的离心力和往复运动产生的惯性力的共同作用,使曲轴易产生弯曲与扭转变形。因此,要求曲轴具有足够的刚度和强度,耐磨损且润滑良好,还必须有很高的动平衡要求。

3. 材料

曲轴一般用中碳钢或中碳合金钢模锻而成,轴颈表面经高温淬火或渗氮处理,并经精磨加工。也有部分发动机采用高强度的稀土球墨铸铁来铸造曲轴。

4. 分类

曲轴按结构形式可分为整体式和组合式两大类。整体式曲轴是将曲轴做成一个整体零件。组合式曲轴是将曲轴分成若干个零件分别进行加工,然后组装在一起,构成完整的曲轴。以下主要介绍整体式曲轴。

5. 结构

(1) 组成。

如图11-7所示,整体式曲轴一般由前端(自由端)、主轴颈、曲柄、平衡重、连杆轴颈(曲柄销)和后端(动力输出端)组成。由一个连杆轴颈和左右两个曲柄及前后两个主轴颈组成一个曲拐。直列式发动机曲轴的曲拐数等于汽缸数;V形发动机曲轴的曲拐数等于汽缸数的一半。

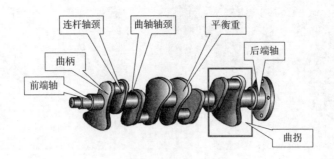

图11-7 曲轴

(2) 支撑形式。

主轴颈是曲轴的支撑部分,通过主轴承支撑在曲轴箱的主轴承座中。按照曲轴的主轴颈数,可以把曲轴分为全支撑曲轴和非全支撑曲轴两种。全支撑曲轴是曲轴的主轴颈数比汽缸数目多一个,即每一个连杆轴颈两边都有一个主轴颈,如图11-8所示。这种支撑方式曲轴的强度和刚度都比较好,并且减轻了主轴承的负荷,减小了磨损,缺点是曲轴长度较长使发动机机体长度增加,柴油机和大部分汽油机多采用这种形式。非全支撑曲轴的主轴颈数比汽缸数目少或与汽缸数目相等,如图11-9所示。

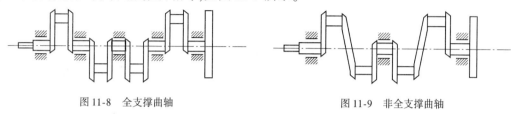

图11-8　全支撑曲轴　　　　　　　图11-9　非全支撑曲轴

(3) 平衡重。

如图11-7,曲柄处铸有(或紧固有)平衡重。平衡重的作用是平衡连杆大头、连杆轴颈和曲柄等产生的离心惯性力和离心力矩,及平衡活塞连杆组的往复惯性力及其力矩,还可以减小曲轴轴承的负荷,从而使曲轴旋转平稳。一般四缸发动机设置四块平衡重;六缸发动机可设置四块、六块、八块平衡重,甚至在所有曲柄下均有平衡重。曲轴是否加平衡重,要视具体情况。

(4) 主轴承(主轴瓦)。

主轴承的作用是保护曲轴主轴颈。主轴承和连杆轴承相同均由上、下两轴承对合而成。每一片轴承是由钢背和减磨合金层或钢背、减摩合金层和软镀层构成,前者称为两层结构轴承,后者称为三层结构轴承(图11-10)。主轴承安装在主轴承盖与曲轴箱下部对合而成的轴承座孔中,安装时要注意油孔和定位唇对正轴承座孔上的相应位置,如图11-11所示。

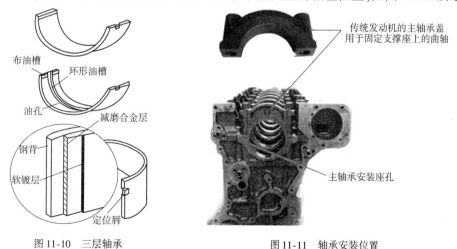

图11-10　三层轴承　　　　　　　图11-11　轴承安装位置

(5) 曲轴的密封。

曲轴油封(图11-12)安放在曲轴的前端(图11-13)和飞轮端(功率输出端,图11-14)。其作用是防止内燃机机体内的机油外溢和水(气)与灰尘进入机体内。安装油封时有方向要求,有槽的一面应安装朝向曲轴箱内。

图 11-12　油封实物

图 11-13　曲轴前端油封

图 11-14　飞轮端油封

（6）曲轴的轴向定位。

发动机工作时，曲轴因受离合器施加于曲轴上的轴向力以及在上、下坡行驶或突然加速、减速时出现的轴向力作用而有轴向窜动的趋势。曲轴窜动将破坏曲柄连杆机构各零件的正确相对位置，曲轴必须有轴向定位，以保证曲柄连杆机构的正常工作。曲轴轴向定位通常是在曲轴的前部、中部或后部安装止推装置实现的，只能有一处设置轴向定位装置。

止推装置有翻边轴瓦、推力片、推力环和轴向止推球轴承等多种形式。推力片安装时油槽一面应朝向外端（朝向曲柄），如图 11-15、图 11-16 所示。推力片与推力环广泛用于内燃机曲轴止推，翻边轴瓦工艺复杂，成本高，现已很少采用。

图 11-15　推力片安装位置

第七挡主轴承盖上安装止推片时，要确保泄油槽一面朝向外端。

图 11-16　推力片安装方向

(7) 曲轴的工作循环。

曲轴的形状和各曲拐的相对位置取决于汽缸数、汽缸排列方式和发火顺序。在安排多缸发动机的发火顺序时,应使连续做功的两缸相距尽可能远,以减轻主轴承的载荷,同时避免可能发生的进气重叠现象(即相邻两缸进气门同时开启)以免影响充气;发火间隔(以曲轴转角表示,称为发火间隔角)应力求均匀,在发动机完成一个工作循环的曲轴转角内,每个汽缸应做功一次。对缸数为 i 的四冲程发动机而言,发火间隔角为 $720°/i$ 时,即曲轴每转 $720°/i$ 时,就应有一缸做功,以保证发动机运转平稳。

常用的多缸发动机曲拐布置和发火顺序如下:

直列四缸四冲程发动机发火顺序——发火间隔角应为 $720°/4=180°$。其曲拐布置如图 11-17 所示,四个曲拐布置在同一平面内。发火顺序有两种可能的排列法,即 1-2-4-3 或 1-3-4-2,它们的工作循环见表 11-1、表 11-2。

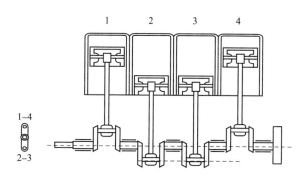

图 11-17 直列四缸四冲程发动机曲拐布置简图

工作顺序 1-3-4-2　　　　　　　　　　　表 11-1

曲轴转角(°)	第 一 缸	第 二 缸	第 三 缸	第 四 缸
0~180	做功	排气	压缩	进气
180~360	排气	进气	做功	压缩
360~540	进气	压缩	排气	做功
540~720	压缩	做功	进气	排气

工作顺序 1-2-4-3　　　　　　　　　　　表 11-2

曲轴转角(°)	第 一 缸	第 二 缸	第 三 缸	第 四 缸
0~180	做功	压缩	排气	进气
180~360	排气	做功	进气	压缩
360~540	进气	排气	压缩	做功
540~720	压缩	进气	做功	排气

直列六缸四冲程发动机曲轴曲拐的布置如图 11-18 所示。各缸的工作顺序为 1-5-3-6-2-4,曲拐均匀布置在互成 120° 的三个平面内,做功间隔角为 $720°/6=120°$,工作循环见表 11-3。

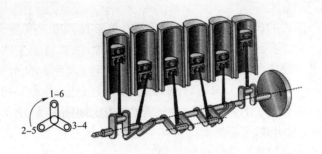

图 11-18 直列六缸四冲程发动机曲拐布置简图

直列六缸工作顺序 1-5-3-6-2-4　　　　　　　　　　　表 11-3

曲轴转角（°）		第一缸	第二缸	第三缸	第四缸	第五缸	第六缸
0~180	60	做功	排气	排气	做功	压缩	进气
	120						
	180			压缩	排气	做功	
180~360	240	排气	进气				压缩
	300						
	360			做功	进气		
360~540	420	进气	压缩			排气	做功
	480						
	540			排气	压缩		
540~720	600	压缩	做功			进气	排气
	660						
	720		排气	进气	做功	压缩	

V 形六缸四冲程发动机曲轴曲拐的布置如图 11-19 所示,左右相应序列的汽缸共用一个连杆轴颈。各缸的工作顺序为 R1-L3-R3-L2-R2-L1,曲拐均匀布置在互成 120°的三个平面内,做功间隔角为 720°/6 = 120°,工作循环见表 11-4。面向发动机前端,左边的汽缸序号依次为 L1、L2、L3。右边的汽缸序号依次为 R1、R2、R3。

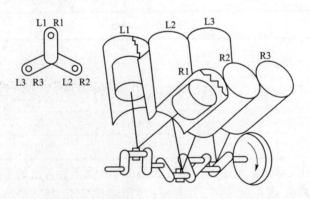

图 11-19　V 形六缸四冲程发动机曲拐布置简图

V6 四冲程发动机（工作顺序 R1-L3-R3-L2-R2-L1）   表 11-4

曲轴转角（°）		R1	R2	R3	L1	L2	L3
0~180	60	做功	排气	排气	做功	进气	压缩
0~180	120	做功	排气	压缩	排气	进气	压缩
0~180	180	做功	排气	压缩	排气	进气	压缩
180~360	240	排气	进气	压缩	排气	压缩	做功
180~360	300	排气	进气	做功	进气	压缩	做功
180~360	360	排气	进气	做功	进气	压缩	做功
360~540	420	进气	压缩	做功	进气	做功	排气
360~540	480	进气	压缩	排气	压缩	做功	排气
360~540	540	进气	压缩	排气	压缩	做功	排气
540~720	600	压缩	做功	排气	压缩	排气	进气
540~720	660	压缩	做功	进气	做功	排气	进气
540~720	720	压缩	排气	进气	做功	排气	压缩

（二）曲轴扭转减振器

在发动机工作过程中，连杆作用在曲轴上的力呈周期性变化，这样就会使质量较小的曲拐相对于质量较大的飞轮有扭转摆动（曲拐转速较飞轮转速忽快忽慢），这就是曲轴的扭转振动。当这种扭转振动的自振频率与连杆传来的呈周期性变化的激振频率成整数倍关系时，曲轴便会产生共振。这种现象既损失发动机的功率，也会破坏曲轴和装在上面的驱动齿轮、链轮、链条等附件，严重时甚至将曲轴扭断。为尽量避免这种现象，曲轴前端装有扭转减振器，如图 11-20 所示。

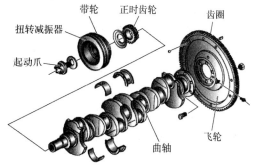

图 11-20　曲轴前端安装扭转减振器

汽车发动机最常用的曲轴扭转减振器是摩擦式扭转减振器，其可分为橡胶式扭转减振器及硅油式扭转减振器两类，如图 11-21 所示。

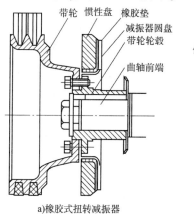
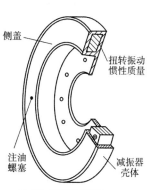

a）橡胶式扭转减振器　　　b）硅油式扭转减振器

图 11-21　橡胶式扭转减振器、硅油式扭转减振器

扭转减振器还有干摩擦式、黏液式及双重减振器（它是在皮带轮的外圆柱面和内侧端面分别用橡胶与一个扭振减振体和一个弯曲减振体硫化成整体，可抑制曲轴的扭转振动和弯曲振动）。扭振减振器常安装在扭振振幅最大的曲轴自由端，为节省空间或传动上的方便，很多小轿车内燃机上常利用皮带轮作为减振体，如图11-22所示。

图11-22 皮带轮作为减振体

（三）飞轮

1. 功用

飞轮是一个转动惯量很大的圆盘，安装在曲轴后端，如图11-23所示。其主要功用是将在做功行程中输入给曲轴的功的一部分储存起来，用以在其他行程中克服阻力，带动曲柄连杆机构越过上、下止点，保证曲轴的旋转角速度和输出力矩尽可能均匀，并使发动机有可能克服短时间的超载荷。飞轮还用作摩擦式离合器的驱动件。

2. 材料

飞轮多采用灰铸铁制造，当轮缘的圆周速度超过50m/s时，要采用强度较高的球墨铸铁或铸钢制造。

3. 结构

如图11-24所示，飞轮外缘上压有一个齿圈，可与起动机的驱动齿轮啮合，供起动发动机用。飞轮上通常刻有第一缸发火正时记号，以便校准发火时间，装配时飞轮上的记号要对准变速器壳体上的一缸正时记号（此时一缸处于压缩行程上止点）。有的发动机飞轮上的正时记号是一圆孔，曲轴箱壳体上靠近飞轮处也有一圆孔作为一缸正时记号，装配时用插销从曲轴箱正时圆孔插入飞轮的正时圆孔即对正了正时记号，但装配完毕后一定要记住拔出插销。为了在保证在足够的转动惯量的前提下尽可能减小飞轮的质量，应使飞轮的大部分质量都集中在轮缘上，因而轮缘通常做得宽而厚。

图11-23 飞轮安装位置　　　　图11-24 飞轮

在部分高档轿车上采用了双质量飞轮，可以平衡在发动机中产生的振动，使发动机工作更加平稳，双质量飞轮结构如图11-25所示。

飞轮与曲轴装配后应进行动平衡试验，所以，在某些发动机飞轮上和曲轴上能看到有钻过的孔。如不进行动平衡试验，在旋转时因质量不平衡而产生离心力将引起发动机振动并加速主轴承的磨损。为了在拆装时不破坏它们的平衡状态，飞轮与曲轴之间应有严格的相对位置，用定位销或不对称布置螺栓予以保证。

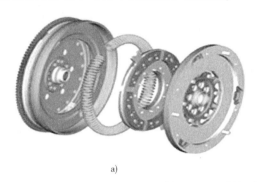
a)

b)

图 11-25　双质量飞轮结构

五、曲轴的拆装

拆卸曲轴飞轮组件时，应在拆卸发动机外围部件、缸盖、离合器后进行。

1. 转动发动机翻身架

转动发动机翻身架，使汽缸体平行于垂线的位置，如图 11-26 所示。

注意：转动翻身架需注意安全，转到位置后锁死翻身架。

图 11-26　缸体位置

2. 拆卸飞轮

（1）用橡胶木槌把塞在旋松飞轮螺栓时曲轴转动反方向的曲轴和缸体之间，如图 11-27 所示。

（2）用扭力扳手按对角线顺序拧松飞轮螺栓（图 11-28），再用棘轮扳手拆下飞轮螺栓，最后取下飞轮摆好。拆飞轮螺栓时需两人配合，一人扶紧飞轮，防止掉落伤人。

图 11-27　木槌把塞在缸体间　　　　图 11-28　拆飞轮紧固螺栓

3. 拆卸曲轴后端盖

拆卸时先用内六角扳手旋松曲轴后端盖紧固螺栓，再用棘轮扳手拆下曲轴后端盖紧固螺栓，最后用螺丝刀取下曲轴后端盖摆好，如图 11-29 所示。

a)拆端盖　　　　　　　　　　　　　　　b)取端盖

图 11-29　拆卸曲轴后端盖

4．拆卸曲轴

（1）拆卸曲轴主轴承端盖螺栓时先用扭力扳手按先"两边后中间"的顺序预松螺栓，如图 11-30 所示。

（2）再用摇杆旋出各螺栓，如图 11-31 所示。

图 11-30　预松曲轴螺栓　　　　　　　图 11-31　拆曲轴螺栓

（3）然后把住两螺栓左右摇晃，直到提起各轴承盖，如图 11-32 所示，重复此操作取下所有轴承盖、主轴承及推力片，拆下的主轴承与主轴承盖须按原配套位置摆放在一起，且按顺序放好，如图 11-33 所示。

注意：如果主轴承盖上没有编号，也须按顺序摆放主轴承盖及主轴承，或做好标记。

图 11-32　提起曲轴轴承盖　　　　　　　图 11-33　轴承盖顺序放好

(4)最后取下曲轴竖直地摆放在飞轮上,防止弯曲变形。

5.安装曲轴

(1)清洁:飞轮、后端盖、曲轴、主轴承、曲轴油孔、轴承盖、曲轴螺栓、螺栓孔。

(2)曲轴主轴承表面涂机油,如图11-34、图11-35所示。

图11-34　轴承盖轴瓦涂机油

图11-35　曲轴孔轴瓦涂机油

(3)推力片表面涂机油后放在中间一道轴颈两侧,安放轴承盖并用螺丝刀拨正推力片,如图11-36、图11-37所示。

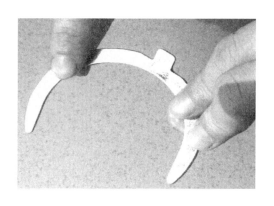

图11-36　推力片涂机油

图11-37　安装推力片

(4)用摇杆按先中间一道轴颈后两边轴颈顺序预紧端盖螺栓。

注意:安装主轴承时,主轴承的定位凸起与主轴承盖上的槽要贴合。

(5)再用扭力扳手分几次拧紧螺栓。

注意:拧紧螺栓时需要按规定力矩拧紧,严格按螺栓拧紧顺序。

(6)端盖螺栓每紧固完1次需要转动曲轴一圈,以检查曲轴转动情况是否正常,如图11-38所示。

6.安装后端盖

放好后端盖,先用内六角扳手预紧曲轴后端盖紧固螺栓,再用扭力扳手按力矩均匀拧紧后端盖紧固螺栓,如图11-39所示。

汽车发动机构造与维修

图 11-38　检查曲轴转动情况

图 11-39　预紧端盖螺栓

7. 安装飞轮

（1）安装飞轮时用锤把塞在旋松飞轮螺栓时曲轴转动反方向的曲轴和缸体之间。

（2）按原位置在曲轴后端放好飞轮，用棘轮扳手按对角预紧飞轮螺栓。

（3）再用扭力扳手按对角分几次拧紧飞轮螺栓，按力矩拧紧。

思考与练习

一、填空题

1. 曲轴飞轮组主要由_____和_____以及其他不同作用的零件和附件组成。
2. 曲轴的曲拐数取决于发动机的_____和_____。
3. 曲轴按支撑形式的不同分为_____和_____。
4. 曲轴前端装有驱动配气凸轮轴的_____。
5. 曲轴一般由_____、_____、_____、_____、_____和_____组成。
6. 直列四冲程六缸发动机曲轴各曲拐之间的夹角是_____。
7. 直列式发动机曲轴的曲拐数等于_____。
8. V形发动机曲轴的曲拐数等于_____。
9. 直列式发动机的全支撑曲轴的主轴径数等于_____。
10. 曲轴的形状和各曲拐的相对位置取决于_____、_____和_____。
11. 汽车发动机最常用的曲轴扭转减振器是_____，其可分_____、_____、_____。
12. V形发动机的全支撑曲轴，其主轴颈总数为_____。
13. V8发动机的汽缸数为_____缸；V8发动机全支撑式曲轴的主轴颈数为_____，连杆轴颈数为_____。
14. 对缸数为 i 的四冲程发动机，点火间隔角为_____。四冲程四缸发动机点火间隔角为_____。
15. 四缸四冲程发动机的点火顺序有_____和_____两种。
16. 曲轴轴向定位装置一般采用_____，其形式有_____、_____和_____。
17. 飞轮边缘一侧有指示汽缸活塞位于上止点的标志，用以作为调整和检查_____

正时和_____正时的依据。

18. 曲轴按结构形式分为_____和_____两种。

19. 曲轴飞轮组在内燃机中属于_____机构。

20. 曲轴链轮用于驱动_____。

二、选择题

1. V形发动机曲轴的曲拐数等于(   )。
   A. 汽缸数　　B. 汽缸数的一半　　C. 汽缸数的一半加1　　D. 汽缸数加1

2. 直列式发动机的全支撑曲轴的主轴颈数等于(   )。
   A. 汽缸数　　B. 汽缸数的一半　　C. 汽缸数的一半加1　　D. 汽缸数加1

3. 曲轴在工作中会发生轴向移动，为此曲轴设置有定位装置，把曲轴的轴向移动限制在一定范围。定位装置设置在(   )。
   A. 最后一道主轴颈
   B. 第一道主轴颈
   C. 最后、中间、第一道主轴颈均可

4. 按1-2-4-3顺序工作的发动机，当一缸压缩到上止点时，二缸活塞处于(   )行程下止点位置。
   A. 进气　　B. 压缩　　C. 做功　　D. 排气

5. 下述各零件属于曲轴飞轮组的是(   )。
   A. 气门弹簧　　B. 凸轮轴　　C. 气门弹簧座　　D. 曲轴

三、判断题

1. 对多缸发动机来说，所有汽缸的工作行程都是同时进行的。　　(   )
2. 曲轴正时齿轮是由凸轮轴正时齿轮驱动的。　　(   )
3. 凸轮轴的转速比曲轴的转速快1倍。　　(   )
4. 由于曲轴一定是顺时针转动的，凸轮轴则一定是逆时针转动的。　　(   )
5. 曲轴不需要轴向定位。　　(   )

四、简答题

1. 简述曲轴的功用。

2. 简述飞轮的作用。

3. 简述曲轴飞轮组的工作过程。

4. 简述平衡重的作用。

汽车发动机构造与维修

五、看图 11-40 填写各序号对应的零部件名称

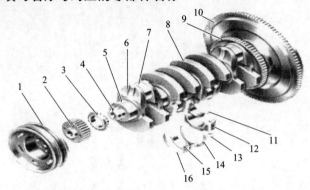

图 11-40　曲轴飞轮组的组成

项目十二　曲轴飞轮组的检修

学习目标

完成本项目学习后,你应能:
1. 说出曲轴飞轮组的常见损伤形式及原因;
2. 正确选择和使用工、量具,规范检测曲轴磨损、变形、曲轴轴向间隙、曲轴径向间隙。

建议学时
4 学时。

曲轴飞轮组是发动机的关键组件,它将活塞连杆组传来的力对外输出到传动系和其他机构。曲轴飞轮组受力复杂,其技术状况的好坏对发动机工作的正常与否有着明显影响。在发动机大修中,曲轴飞轮组的检修是重要环节之一。

一、曲轴飞轮组的常见损伤形式

(一) 曲轴的常见损伤及原因

曲轴的常见损伤形式有轴颈磨损、轴颈表面擦伤和烧伤、弯扭变形、裂纹与折断等。

1. 轴颈磨损

(1) 磨损特点。

主轴颈和连杆轴颈的磨损是不均匀的,沿着径向呈椭圆形,沿着轴向呈锥形。连杆轴颈的最大磨损靠近主轴颈一侧,主轴颈的椭圆形磨损与结构有关,连杆轴颈的磨损速度比主轴颈的快。

(2) 磨损原因。

连杆轴颈径向的不均匀磨损是由于作用在轴颈上的力沿圆周方向分布不均匀引起的,由于连杆大头压紧在连杆轴颈内侧,所以,内侧磨损最大。

主轴颈径向的不均匀磨损主要是受连杆、连杆轴颈和曲柄离心力的影响,使靠近连杆轴颈一侧的轴颈与轴承间发生的相对磨损较大。

连杆轴颈轴向也呈不均匀磨损。由于连杆轴颈的油道是倾斜的,曲轴旋转时,与油道相背的一侧轴承间隙形成涡流,使机械杂质偏积在连杆轴颈的一端而形成磨料磨损,加剧了轴颈的磨损使连杆轴颈磨损呈锥形。此外,由于连杆弯曲、连杆大头不对称结构等原因,也会造成不均匀磨损。

2. 轴颈表面擦伤和烧伤

轴颈表面也可能出现擦伤和烧伤(图 12-1)。擦伤主要是由于机油不清洁,较大的机械杂质在轴颈表面划成沟痕。烧瓦后,轴颈表面会出现严重的擦伤划痕,轴颈表面烧灼后变成蓝色。

图 12-1 曲轴烧伤

3. 弯扭变形

若曲轴主轴颈的同轴度误差大于 0.05 mm,则称为曲轴弯曲。若连杆轴颈分配角误差大于 0°30′,则称为曲轴扭曲。

曲轴产生弯曲和扭曲变形,是由于使用不当和修理不当造成的。例如发动机在爆燃和超负荷等条件下工作,个别汽缸不工作或工作不均衡,各道主轴承松紧度不一致,主轴承座孔同轴度偏差增大等,都会造成曲轴承载后的弯扭变形。曲轴弯曲变形后,将加剧活塞连杆组和汽缸的磨损以及曲轴和轴承的磨损,甚至加剧曲轴的疲劳折断。

4. 裂纹

曲轴的裂纹多发生在曲柄与轴颈之间的过渡圆角处及油孔处,如图 12-2 所示。前者是径向裂纹,严重时将造成曲轴断裂(图 12-3),如有裂纹应更换曲轴;后者多为轴向裂纹,沿斜置油孔的锐边顺轴向发展,必要时也应更换曲轴。

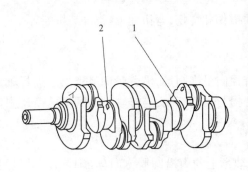

图 12-2 曲轴常见裂纹部位
1-曲柄与轴颈间圆角处;2-油孔

图 12-3 曲轴折断

裂纹主要是应力集中引起的,曲轴变形和修磨不慎也会使过渡区的应力增加,加剧曲轴的疲劳断裂倾向。

(二)飞轮的常见损伤及原因

1. 飞轮的常见损伤

飞轮为不易损坏的零件,飞轮常见的损伤主要是飞轮齿磨损、打坏;飞轮螺孔损伤和端面打毛;飞轮与离合器摩擦片接触的工作表面磨损、起槽、刮痕、烧灼;因铆钉露头将飞轮工作表面划磨成沟槽等,如图 12-4 所示。

2. 飞轮损伤的原因

飞轮损伤的原因有飞轮在制造加工时,未达到图纸要求的加工质量,平衡性能不良,飞轮端面轴向圆跳动或圆周径向跳动量过大,使两个平面不能平整地接合,摩擦不均匀,使飞轮工作面呈波浪状;飞轮旋转时,由于离合器在分离和结合的瞬时与飞轮平面存在转速差,造成两者相对滑动,使飞轮工作表面产生磨损;飞轮平面因高速摩擦所产生的高温而局部烧蚀结硬。飞轮安装到曲轴上后,若飞轮对曲轴主轴中心线的端面跳动量过大,将加速曲柄连杆机构及相关传动件

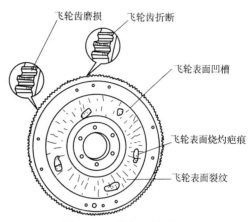

图 12-4 飞轮常见的损伤

的磨损。另外离合摩擦片磨损减薄,铆钉头超出摩擦片平面,将飞轮工作面刮伤形成沟槽;摩擦片破损,铆钉松脱,引起飞轮平面损伤;驾驶操作不当;无自由行程,或离合器压盘压力不足,使离合器与飞轮经常处于半离合状态等原因加剧了飞轮接触面的磨损。

(三) 主轴承损伤

曲轴主轴承和连杆轴承损伤形式相同。

二、曲轴飞轮组的检修

(一) 曲轴外观检查

清洁曲轴后,目视检查曲轴是否有裂纹、擦伤、烧蚀及明显的形变。曲柄与轴颈之间的过渡圆角处及油孔处应着重检查。

(二) 曲轴的检测

1. 曲轴轴颈磨损的检测

曲轴各轴颈的磨损程度用外径千分尺测量,主要测量轴颈的圆度和圆柱度以及最小尺寸,以确定是否需要进行大修及确定修理级别,测量部位如图 12-5 所示。桑塔纳 2000AJR 曲轴的修理尺寸见表 12-1。

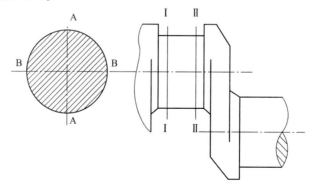

图 12-5 曲轴轴颈圆度、圆柱度测量位置

桑塔纳 2000AJR 曲轴的修理尺寸　　　　　　　　　　表 12-1

尺　寸	曲轴主轴承轴颈/mm	连杆轴颈/mm
标准尺寸	54.00 $\begin{array}{l}-0.022\\-0.042\end{array}$	47.80 $\begin{array}{l}-0.022\\-0.042\end{array}$
第一次缩小尺寸	53.75 $\begin{array}{l}-0.022\\-0.042\end{array}$	47.55 $\begin{array}{l}-0.022\\-0.042\end{array}$
第二次缩小尺寸	53.50 $\begin{array}{l}-0.022\\-0.042\end{array}$	47.30 $\begin{array}{l}-0.022\\-0.042\end{array}$
第三次缩小尺寸	53.25 $\begin{array}{l}-0.022\\-0.042\end{array}$	47.05 $\begin{array}{l}-0.022\\-0.042\end{array}$

测量时,如图 12-6 所示用外径千分尺先在油孔 A-A、B-B 两侧测量,然后旋转 90°再测量,Ⅰ-Ⅰ、Ⅱ-Ⅱ同一截面最大直径与最小直径之差的 1/2 为圆度误差,轴颈Ⅰ-Ⅰ、Ⅱ-Ⅱ两端测得的四个直径值,最大值减最小值差的 1/2 为圆柱度误差。曲轴主轴颈和连杆轴颈的圆度、圆柱度误差标准值 <0.01mm,维修极限值为 0.02mm。当曲轴主轴颈与连杆轴颈的圆度和圆柱度误差大于标准值时,应按修理尺寸法进行磨削修整或进行振动堆焊、镀铬,然后再磨削至规定尺寸。

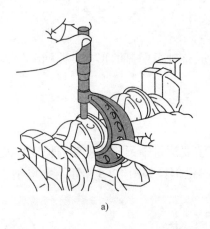

a)　　　　　　　　　　　　　　b)

图 12-6　用千分尺测量轴颈直径

2. 曲轴弯曲的检测

检验弯曲应以两端主轴颈的公共轴线为基准,检查中间主轴颈的径向圆跳动误差。检验时,将曲轴两端主轴颈分别放置在检验平板上的 V 形块上,并将百分表触头垂直地抵在中间主轴颈上(与两端主轴颈相比较,由于中间主轴颈两侧的汽缸进气阻力最小,中间主轴颈的负荷最大,因而在此处的弯曲度最大),如图 12-7 所示。慢慢转动曲轴一圈,百分表指针所示的最大值即为中间主轴颈的径向圆跳动误差值,若该值大于 0.03mm,则应进行压力校正;若低于此限值则可通过磨削主轴颈予以修正。

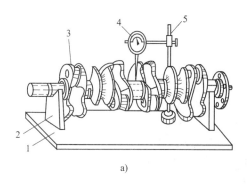
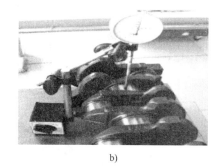

图 12-7 曲轴弯曲的检测

1-检验平板；2-V形块；3-曲轴；4-百分表；5-磁性表座

3. 曲轴轴向间隙检测

曲轴轴向间隙的作用是保证汽车曲轴受热膨胀后能正常工作。

若轴向间隙过大，曲轴在工作时会来回窜动，引起活塞、缸套的偏磨，油耗增加及飞轮端的油封漏油；还会造成连杆弯曲变形，曲轴箱压力增加，导致漏机油和烧机油；还会影响配气相位和离合器的正常工作。如轴向间隙过小，会增加摩擦阻力，消耗发动机功率，增加曲轴颈端与主轴承凸缘的磨损，严重时还会"烧瓦"，还会使机件因受热膨胀而卡死。为了适应发动机机件正常工作的需要，曲轴必须留有合适的轴向间隙。轴向间隙过小或过大时，应更换或对止推垫片进行调整。

曲轴轴向间隙的检测通常有两种方法（以桑塔纳 2000AJR 发动机为例）。

(1) 塞尺检测法。

把曲轴主轴承安装在汽缸体与主轴承盖上。在操作中，不要用手触摸主轴承的工作表面和背面，也不要触摸汽缸体和主轴承盖上的主轴承安装表面。将曲轴推力片装到汽缸体上（注意不要在推力片上涂机油），并把曲轴放置在汽缸体上，用标准力矩紧固主轴承盖螺栓。将曲轴撬向一侧，用塞尺检查第三道主轴承另一侧的轴向间隙（配合间隙），如图 12-8 所示。AJR 型发动机曲轴轴向间隙为 0.07~0.21mm，磨损极限值为 0.30mm。轴向间隙超过极限值时，应更换第三道主轴承两侧的半圆形推力片，磨损严重时应及时更换曲轴。

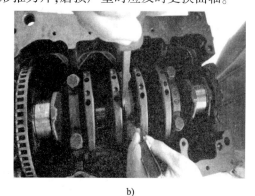

图 12-8 塞尺检测

(2) 百分表检测法。

将百分表组装在磁性表座，百分表触头垂直顶在曲轴端面上，用撬棒前后撬动曲轴，观察表针摆动数值,最大最小数值之差即为曲轴轴向间隙,如图 12-9 所示。技术资料标准同上。

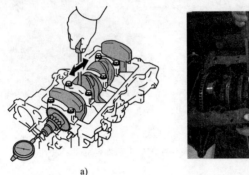

a)　　　　　　　　　　b)

图 12-9　百分表检测曲轴轴向间隙

4. 曲轴主轴承、连杆轴承径向间隙检测

曲轴主轴承、连杆轴承径向间隙的作用同样是保证汽车曲轴受热膨胀后能正常工作。曲轴径向间隙过小会使阻力增大,加重磨损,使轴瓦划伤。曲轴径向间隙太大,曲轴会上下敲击,并使润滑油压力降低,曲轴表面过热并与轴瓦烧熔到一起。

检测曲轴主轴承径向间隙(以桑塔纳 2000AFE 发动机为例),已装好的发动机可用测隙规纸封刻度(图 12-10)配合塑料间隙测量片检查径向间隙。塑料间隙测量片的测量范围见表 12-2。连杆轴承径向间隙的检测方法同此。

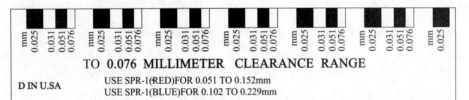

图 12-10　测隙规纸封刻度

塑料间隙测量片的测量范围　　　　　　　　　　表 12-2

测量范围	色　别	型　号
0.025~0.076mm	绿	SPG-1
0.051~0.152mm	红	SPR-1
0.102~0.229mm	蓝	SPB-1

(1)拆下曲轴轴承盖,清洁曲轴轴承和曲轴轴颈。

(2)将塑料间隙测量片(或软金属丝)放在轴颈或轴承上(避开油孔),如图 12-11 所示。

(3)装上曲轴主轴承盖,并用 65N·m 力矩紧固,不得使曲轴转动。

(4)如图 12-12 所示,拆下曲轴主轴承盖,用测隙规纸封刻度测量挤压过的塑料间隙测量片的厚度。新主轴承径向间隙应为 0.01~0.04mm,磨损极限值为 0.15mm。超过磨损极限时,应对相应轴承进行更换。

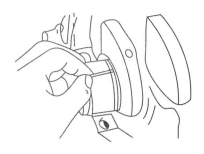
图 12-11 安放塑料间隙测量片

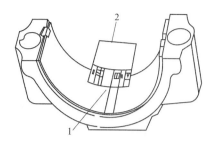
图 12-12 测主轴承径向间隙
1-被压塑料间隙测量片;2-测隙规纸封刻度

(三)飞轮的检修

1. 外观检查

目视检查是否有飞轮齿磨损、打坏,飞轮螺孔损伤和端面打毛;飞轮与离合器摩擦片接触的工作表面磨损、起槽、刮痕、烧灼,或因铆钉露头将飞轮工作表面划磨成沟槽等现象。当有以下现象时应对飞轮进行调整。损伤的飞轮如图 12-13 所示。

(1)飞轮齿圈的齿面磨损后,可将齿圈翻面再用。当轮齿连续损坏崩齿三个以上,或齿圈已双面严重磨损,应更新齿圈或飞轮组件。齿圈与飞轮是过盈配合,过盈量一般是 0.3~0.6mm。齿圈加热(约 400℃),热压于飞轮外圈凸缘上。

(2)当飞轮端面磨损成波浪形或起槽深度超过 0.5mm 时,应采用车削或磨削的方法修平,否则会加剧磨损和打滑并撞坏离合器摩擦片。工作面修平后飞轮的总厚度一般不得减小 1.2mm,平面度误差 <0.10mm;飞轮与曲轴装配后的端面圆跳动误差 <0.15mm。

2. 飞轮端面跳动的检测

如图 12-14 所示,将百分表架装在飞轮壳上,表头垂直靠在飞轮的光滑端面上,旋转表盘使"0"位对正指针,转动飞轮一圈,百分表的读数差即为端面圆跳动量,一般不大于 0.15mm。飞轮跳动量超过 0.50mm 时,应予光磨修整。

图 12-13 损伤的飞轮

图 12-14 百分表检测飞轮端面跳动

3. 曲轴、飞轮、离合器三者组装后进行动平衡试验

动不平衡量应不大于原厂规定:东风、解放牌汽车不大于 100g·cm,国产轻型货车、客车及进口货车一般不大于 70g·cm,轿车不大于 30g·cm。在更换飞轮或齿圈、离合器压盘或总成及修整飞轮工作平面之后,都应重新进行组件的动不平衡试验。

(四) 主轴承外观检查

曲轴主轴承和连杆轴承外观检查相同。

思考与练习

一、填空题

1. 百分表分度值为_____。
2. 曲轴一般由_____、_____、_____、_____、_____和_____组成。
3. 飞轮常见的损坏主要是飞轮齿_____、_____、_____和端面打毛。
4. 飞轮与离合器摩擦片接触的工作面磨损、起槽、刮痕或因铆钉露头将飞轮工作表面划磨成_____。
5. 飞轮边缘一侧有指示汽缸活塞位于上止点的标志,用以作为调整和检查_____正时和_____正时的依据。
6. 在更换飞轮或齿圈,离合器压盘或总成及修整飞轮工作平面都应该重新进行组件的_____。
7. 曲轴主轴颈和连杆轴颈磨损是不均匀的,沿着径向磨成_____,沿着轴向磨成_____。连杆轴颈的最大磨损靠近_____一侧,主轴颈的椭圆形磨损与结构有关,连杆轴颈的磨损速度比主轴颈的_____。
8. 曲轴的裂纹多发生在曲柄与轴颈之间的_____处及_____处,前者是_____裂纹,严重时将造成曲轴断裂,如有裂纹应更换曲轴;后者多为_____裂纹,沿斜置油孔的锐边顺轴向发展,必要时也应更换曲轴。裂纹主要是_____引起的。
9. 曲轴各轴颈的磨损程度用_____测量,主要测量轴颈的_____和_____以及最小尺寸,以确定是否需要进行大修及确定修理级别。
10. 检验曲轴弯曲应以两端主轴颈的公共轴线为基准,检查_____主轴颈的_____圆跳动误差。

二、判断题

1. 曲轴轴向间隙的作用是保证汽车曲轴受热膨胀后能正常使用。( )
2. 轴向间隙过小,不会增加摩擦阻力,不会烧瓦。( )
3. 飞轮往往用作摩擦式离合器的驱动件。( )
4. 正在进行飞轮端面圆跳动量检测时,飞轮转动一圈,百分表的读数差,就是端面圆跳动量。( )
5. 飞轮安装时必须使飞轮定位圆内孔的中心线与曲轴轴线的中心在规定的同轴度公差范围内。( )
6. 曲轴主轴承与轴径的配合间隙过大,则机油压力下降,油膜难以形成。所以,配合间隙越小,油膜越易形成。( )
7. 发动机在爆燃和超负荷等条件下工作,个别汽缸不工作或工作不均衡,各道主轴承松紧度不一致,主轴承座孔同轴度偏差增大等,都会造成曲轴承载后的弯扭变形。( )
8. 与两端主轴颈相比较,由于中间主轴颈两侧的汽缸进气阻力最小,中间主轴颈的负荷

最大,因而在此处的弯曲度最大。 ( )

三、简答题

1. 简述曲轴损伤的原因有哪些?

2. 简述曲轴弯曲的检测方法。

3. 简述曲轴轴向间隙有何作用?间隙过大过小有何影响?

4. 简述百分表检测飞轮端面跳动的方法。

5. 简述曲轴主轴承径向间隙的检测方法。

项目十三 配气机构的基本结构原理认知

> **学习目标**
>
> 完成本项目学习后,你应能:
> 1. 正确说出配气机构的基本结构;
> 2. 正确描述配气机构的作用和类型特点;
> 3. 正确说出配气机构的工作过程;
> 4. 正确描述配气机构配气相位及其作用。
>
> **建议学时**
>
> 4学时。

一、配气机构的基本结构

(一)配气机构的作用和要求

1. 配气机构的作用

配气机构,如图13-1所示,按照发动机每个汽缸内所进行的工作循环和点火次序的要求,定时开启和关闭汽缸的进、排气门,使新鲜可燃混合气(汽油机)或空气(柴油机)得以及时进入汽缸,废气得以及时从汽缸排出。在压缩与做功行程中,关闭气门保证燃烧室的密封。

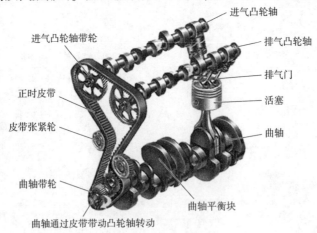

图13-1 配气机构示意图

2. 对配气机构的要求

对配气机构的要求是结构参数和形式有利于减少进气和排气阻力,而且进、排气门的开启时刻和延续的开启时间比较适当,使进气和排气都尽可能充分,以得到较大的功率转矩和排放性能。

新鲜混合气或空气充满汽缸的程度,用充气效率来表示。充气效率越高,表明进入汽缸内的新鲜空气或可燃混合气质量越大,燃烧混合气可能发出的热量越大,发动机的功率越大。在进气行程中,充气效率等于实际进入汽缸内的新鲜空气或可燃混合气的质量与在进气系统进口理想状态下充满汽缸工作容积的新鲜空气或可燃混合气的质量之比,记作 η_v。

$$\eta_v = \frac{m}{m_o}$$

式中:m——进气过程中,实际进入气缸的新气的质量;

m_o——在理想状态下,充满气缸工作容积的新气质量。

对一定容积的发动机而言,进气质量与进气终了时的温度和压力有关,进气的温度和压力越低,进气质量越大,充气效率越高。但由于进气系统对气体造成阻力使进气终了时的汽缸内压力下降,又因为上一轮循环中残余的高温废气,使进气终了气体温度升高,实际进入气体的质量总小于在理想状态下的充满汽缸气体的质量。也就是说,充气效率总小于1。一般为 0.8~0.9。

(二)配气机构的类型及特点

配气机构可以从不同角度分类。

1. 按照气门布置形式分类

配气机构按气门布置形式可分为气门顶置式、气门侧置式,如图 13-2 所示。

气门顶置式配气机构气道弯道少,进气阻力小,充气系数大,燃烧室紧凑,热损失少,可获得较高的压缩比,动力性和经济性指标均较高;侧置式气门配气机构的特点是零件少,结构简单,但充气系数低,气道转弯处多,进气阻力大,燃烧室紧凑,热损失大,压缩比提高受限制,所以,侧置式配气机构的动力性和经济性指标都比较低。

2. 按照凸轮轴的传动形式分类

配气机构按凸轮轴的传动形式可分为:链条传动式、齿带传动式和齿轮传动式,如图 13-3a)、图 13-3b)和图 13-3c)所示。

a)气门侧置式　　b)气门顶置式

图 13-2　气门侧置式和顶置式配气机构

a)链条传动式　　　　　b)齿带传动式　　　　　c)齿轮传动式

图 13-3　配气机构按凸轮轴的传动形式分类

链条传动可靠性高,耐久性好,噪声大,造价高,多用于凸轮轴上置式的配气机构;齿带式传动成本低,工作性能好,可靠性和耐久性略差,多用于凸轮轴上置式配气机构;齿轮传动工作可靠,啮合平稳,噪声小,但要求精度高,成本高,不适用于距离较大的两轴间传递动力,多用于凸轮轴下置或中置式的配气机构。

3. 按照每缸气门数分类

配气机构按每缸气门数可分为二气门式、四气门式和五气门式,如图13-4a)、图13-4b)和图13-4c)所示。

a)二气门式

b)四气门式

c)五气门式

图13-4 配气机构按每缸气门数分类

发动机的多气门化是实现提高升功率、提高发动机的动力性和灵敏性,并同时改善油耗率和降低排气污染的有效措施之一。首先,多气门的进、排气截面积增大了。以四气门为例,如与二气门比较,四气门进气面积可增加30%左右,排气面积约增加50%。另外,两个进气门引起较合适的空气运动,从而改善了混合气形成,降低了CO和HC的排放量,由于燃烧持续期缩短,因而减少了NO_x的形成。减轻每个气门的质量可使发动机转速增加。采用多气门后充气效率增加,燃烧速度增加,改善充气效率和提高发动机转速的结果使发动机功率输出最高可增加45%,升功率也得以提高。

通常多气门发动机仅能增加高速时的功率,而在低速时因为进气流速低,其流速还不如二气门发动机。但是,如果采用可变的配气相位和可变的进气系统,使低速时进气流速有所增加,再通过改进燃烧室和进、排气道形状,燃烧得以改善,这样从低速到高速的性能都可以超过原来的二气门发动机。

气门个数的确定与缸径有关。气门数多于五个后,一方面使得气门驱动机构更趋复杂化,而另一方面,对于性能的提高已不大明显,所以,极少有五气门以上的发动机。

4. 按照凸轮轴的布置位置分类

配气机构按凸轮轴的布置位置可分为凸轮轴上置式、凸轮轴中置式和凸轮轴下置式。其中凸轮轴上置式又可以分为单顶置凸轮轴式(SOHC)和双顶置凸轮轴式(DOHC)。单顶置凸轮轴式又可分为无摇臂总成、一列气门式,单摇臂轴、两列气门式,双摇臂轴、两列气门式和浮动摇臂、一列气门式。

(1)凸轮轴上置式配气机构。

凸轮轴上置式(凸轮轴位于缸盖上)配气机构如图13-5所示。这种结构中,凸轮轴直接驱动摇臂或气门,不仅省去了挺柱和推杆,而且使往复运动质量大为减小,因此,适用于高速发动机。但正时传动机构更为复杂,且拆装缸盖也较困难。由于凸轮轴离曲轴较远,一般都采用链传动或带传动。一汽奥迪 100 型、一汽大众捷达和上海桑塔纳等轿车的配气机构均采用此种结构。

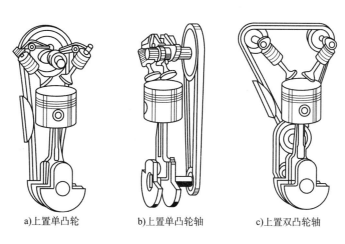

a) 上置单凸轮　　b) 上置单凸轮轴　　c) 上置双凸轮轴

图 13-5　上置式凸轮轴

凸轮轴上置式配气机构根据凸轮轴数通常分为单顶置凸轮轴式和双顶置凸轮轴式两种。双凸轮轴布置适用于多气门式发动机,特点是使用两个凸轮轴分别驱动进气门和排气门。在凸轮轴驱动气门的方法上,双顶置凸轮轴与单凸轮轴结构是相仿的,但由于使用两根凸轮轴,使凸轮轴与气门的距离变小了,因此,使传动用的摇臂变短,有的甚至可以省去摇臂,直接使用凸轮轴驱动气门。两根凸轮轴分别驱动的布置形式还加大了气门布置的自由度,使火花塞很容易布置在两根凸轮轴之间,即布置在汽缸的中央。双凸轮轴结构有利于布置更多的气门,气门数多,能提高发动机的进、排气效率,可以进一步提高压缩比,提高发动机的转速。这种双凸轮轴多气门的配气机构,是高速现代汽车发动机配气机构的主要形式。

① 单顶置凸轮轴式配气机构。

单顶置凸轮轴式配气机构有很多的布置形式,但都是用一根安装在汽缸盖上的凸轮轴,通过挺杆直接(无摇臂总成)或间接(有摇臂总成)驱动所有汽缸的进气门或排气门。

a. 单顶置凸轮轴、无摇臂总成、一列气门式配气机构示意图,如图 13-6 所示。

凸轮轴通过液力挺杆直接驱动气门开启,气门传动组不但没有推杆,也取消了摇臂总成,使配气机构更简单,这种结构形式在轿车发动机上应用越来越广泛。

捷达(AMQ)轿车单顶置凸轮轴、无摇臂总成、一列气门式配气机构组成如 13-7 所示。

b. 单顶置凸轮轴、单摇臂轴、两列气门式配气机构如图 13-8 所示。

c. 单顶置凸轮轴、双摇臂轴、两列气门式配气机构,如图 13-9 所示。

有些发动机的配气机构,进、排气门与排成两列,但采用单顶置凸轮、双摇臂轴、两列气门式配气机构,示意图如图 13-9 所示。

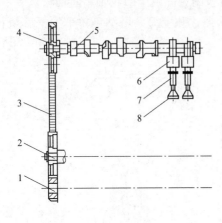

图13-6 单顶置凸轮轴无摇臂总成一列气门式配气机构
1-凸轮轴正时带;2-中间轴正时带;3-正时带;4-凸轮轴正时带;5-凸轮轴;6-液力挺杆;7-气门弹簧;8-气门

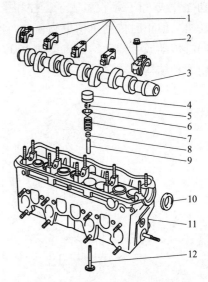

图13-7 捷达(AMQ)配气机构组成
1-凸轮轴承盖;2-螺母;3-凸轮轴;4-液力挺杆;5-气门锁块;6-气门弹簧座;7-气门弹簧;8-气门杆油封;9-气门导管;10-油封;11-缸盖;12-气门

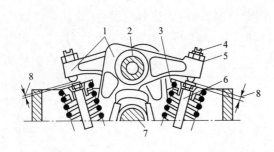

图13-8 单顶置凸轮单摇臂轴两列气门式配气机构示意图
1-摇臂;2-摇臂轴;3-气门弹簧;4-气门间隙调整螺钉;5-锁止螺母;6-气门;7-凸轮轴;8-气门间隙

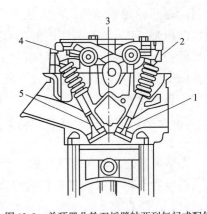

图13-9 单顶置凸轮轴双摇臂轴两列气门式配气机构示意图
1-排气门;2-排气摇臂;3-凸轮轴;4-进气摇臂;5-进气门

d. 单顶置凸轮轴、浮动摇臂、一列气门式配气机构如图13-10所示。

②双顶置凸轮轴配气机构。

双顶置凸轮轴配气机构示意图如图13-11所示。双顶置凸轮轴配气机构的特点是用两根凸轮轴分别驱动排成两列的进气门和排气门,此结构形式多用在多气门发动机上,与单顶置凸轮轴式配气机构类似,可通过凸轮轴直接驱动气门,也可通过摇臂间接驱动气门。

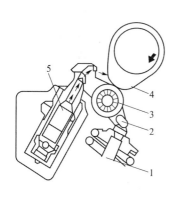

图13-10 单顶置凸轮浮动摇臂一列气门式配气机构示意图
1-气门;2-摇臂;3-滚动轴承;4-凸轮轴;5-液力挺杆

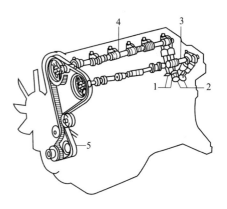

图13-11 双顶置凸轮轴配气机构示意图
1-排气门;2-进气门;3-进气凸轮轴;4-排气凸轮轴;5-正时齿形带

奥迪A6、帕萨特B5和捷达(AHP)等轿车均采用这种形式的配气机构,如图13-12所示。

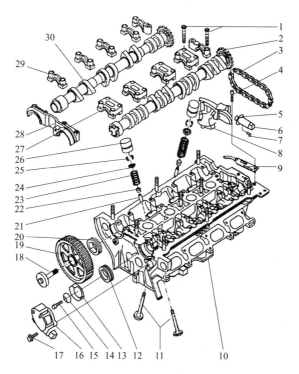

图13-12 奥迪A6、帕萨特B5和捷达(AHP)等轿车的配气机构组成
1、4、15、17-螺栓;2-进气凸轮轴;3-驱动链;5-O形圈;6-凸轮轴正时调节阀门;7-螺钉;8-凸轮轴正时调节器;9-密封垫;10-汽缸盖;11-气门;12、20-油封;13-挡圈;14-垫圈;16-霍尔传感器;18-凸轮轴同步齿形带轮螺栓;19-凸轮轴同步齿形带轮;21-气门导管;22-气门油封;23-气门弹簧;24-气门弹簧上座;25-气门锁片;26-桶形液力挺杆;27-进气凸轮轴承盖;28-双轴承盖;29-排气凸轮轴承盖;30-排气凸轮轴

(2)凸轮轴中置式配气机构。

凸轮轴中置式配气机构推杆长度较短,甚至有些发动机省去了推杆,而由凸轮轴经过挺杆直接驱动摇臂,减小了气门传动机构的往复运动质量。中置凸轮轴距曲轴较远,一般采用链传动或带传动,有的也采用齿轮传动。凸轮轴中置式配气机构组成示意图如图 13-13 所示。

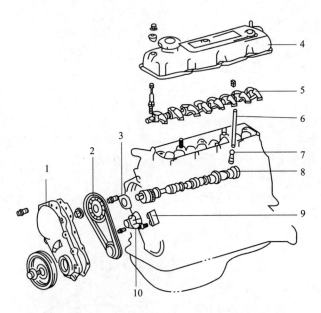

图 13-13　凸轮轴中置式配气机构示意图

1-正时链罩;2-正时链和链轮;3-凸轮轴止推缘;4-汽缸盖罩;5-摇臂轴总成;6-推杆;7-液力挺杆;8-凸轮轴;9-张紧链减振器;10-链张紧装置

(3)凸轮轴下置式配气机构。

凸轮轴下置式配气机构示意图如图 13-14 所示。其特点是凸轮轴装在汽缸下部的曲轴箱内,位置与曲轴靠近,用一对分别安装在凸轮轴和曲轴前端的正时齿轮驱动,传动装置比较简单,润滑比较方便,但凸轮轴远离气门,需要用较长的推杆来传动。

二、配气机构的组成及工作原理

(一)配气机构的组成

发动机配气机构的基本组成可分为两部分:气门组和气门传动组,其中气门组包括挺柱体、气门锁片、上气门弹簧座、气门弹簧、气门油封、气门导管、进气门座、进气门、排气门座、排气门;气门传动组包括曲轴齿形带轮、正时齿形带、凸轮轴正时齿形带轮、凸轮轴正时齿形带轮、凸轮轴油封、半圆键、凸轮轴。如图 13-15 所示。

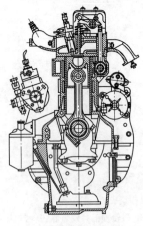

图 13-14　凸轮轴下置式配气机构示意图

项目十三　配气机构的基本结构原理认知

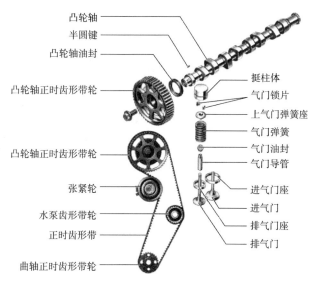

图 13-15　配气机构

（二）配气机构工作原理

发动机工作时，曲轴通过正时齿轮驱动凸轮轴旋转，当凸轮轴上的凸轮凸起部分通过挺柱和挺杆推动摇臂绕摇臂轴转动，摇臂的另一端便向下推开气门，并使气门弹簧进一步压缩。当凸轮的顶点转过挺杆后便逐渐减小对挺杆的推力，气门在其气门弹簧弹力的作用下，开度逐渐减小，最后直至关闭。气门传杆组如图 13-16 所示。

为防止发动机工作中，配气机构零件受热膨胀而导致气门关闭不严，摇臂与气门尾端有一定的间隙（气门间隙）。在装有液力挺柱的配气机构中，不需要预留气门间隙，液力挺柱本身就有自动补偿间隙的作用。

由于四冲程发动机每完成一个工作循环，曲轴转两周，而各缸只进、排气一次，即凸轮轴只需要转一圈，所以，曲轴与凸轮轴的传动比为 2∶1。

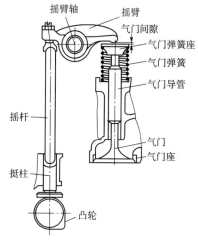

图 13-16　气门传动组

三、配气相位

在实际的发动机工作过程中，为使进气充分，排气干净，进气门和排气门均存在早开晚关的现象，进气门和排气门的开启持续时间也都大于 180°曲轴转角。发动机进、排气门实际开启或关闭的时刻和开启持续时间称为配气相位，通常用曲轴转角来表示，如图 13-17 所示。

汽车发动机在排气行程接近终了，活塞到达上止点之前，进气门便开始开启。从进气门开始开启到上止点所对应的曲轴转角称为进气提前角（或早开角）。进气提前角用 α 表示，α 一般为 10°~30°。

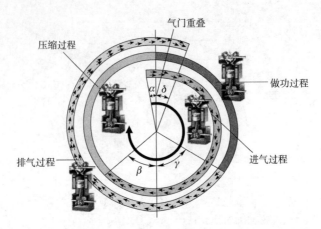

图 13-17　配气相位图

从排气门开启到下止点曲轴转过的角度称作排气提前角,记作 γ,一般为 $40°\sim80°$。

在进气行程下止点过后,活塞又重新上行一段,进气门才关闭。从下止点到进气门关闭所对应的曲轴转角称为进气迟后角(或晚关角),又称进气迟闭角或进气滞后角,用 β 表示,β 一般为 $40°\sim80°$。

从上止点到排气门关闭曲轴转过的角度称作排气迟后角,记作 δ,一般为 $10°\sim30°$。

1. 气门早开晚关

活塞到达进气下止点时,由于进气吸力的存在,汽缸内气体压力仍然低于大气压,在大气压的作用下仍能进气;另外,此时进气流还有较大的惯性。由此可见,进气门晚关可以增加进气量。

进气门早开,可使进气一开始就有一个较大的通道面积,可增加进气量。在做功行程快要结束时,排气门打开,可以利用做功的剩余压力使废气高速冲出汽缸,排气量约占废气总量的50%,排气门早开,势必造成功率损失,但因气压低,损失并不大,而早开可以减少排气所消耗的功,又有利于废气的排出,所以,总功率仍是提高的。

由此可见,气门具有早开晚关的可能,那么气门早开晚关对发动机实际工作又有什么好处呢?

进气门早开:增大了进气行程开始时气门的开启高度,减小进气阻力,增加进气量。

进气门晚关:延长了进气时间,在大气压和气体惯性力的作用下,增加进气量。

排气门早开:借助汽缸内的高压自行排气,大大减小了排气阻力,使排气干净。

排气门晚关:延长了排气时间,在废气压力和废气惯性力的作用下,使排气干净。

2. 气门重叠

由于进气门早开,排气门晚关,势必造成在同一时间内两个气门同时开启。把两个气门同时开启时间相当的曲轴转角叫作气门重叠角。进气门的重叠角为 $\alpha+\delta$;排气门的重叠角为 $\gamma+\beta$。在这段时间内,可燃混合气和废气是否会乱窜呢?不会的,这是因为:a. 进、排气流各自有自己的流动方向和流动惯性,而重叠时间又很短,不至于混乱,即吸入的可燃混合气不会随同废气排出,废气也不会经进气门倒流入进气管,而只能从排气门排出;b. 进气门附近有降压作用,有利于进气。

3. 可变配气相位

在发动机使用中,已确定的配气相位是不能改变的。自然发动机性能只有在某常用转速下最好,而在其他转速下工作时,发动机性能较差。为解决上述问题,在有些汽车发动机上采用了可变配气相位控制机构。

由于进气门配气相位对发动机性能的影响比排气门大,所以,各种发动机装用的可变配气相位一般只控制进气门配气相位(也有同时控制的),以免使配气机构过于复杂。此外,变换驱动凸轮或改变凸轮轴与曲轴相对位置,均可实现配气相位的调节。

思考与练习

一、填空题

1. 发动机配气机构的作用是按照发动机每个汽缸内所进行的_____和_____的要求,定时开启和关闭汽缸的进、排气门,使新鲜可燃混合气(汽油机)或空气(柴油机)得以及时进入汽缸,_____得以及时从汽缸排出。

2. 气门开闭的直接动力来自_____。

3. 配气机构包括进气门、排气门、挺杆、_____、_____以及正时链(或正时皮带)。

4. 凸轮轴的传动可分为两种方式,链传动和_____。

5. 配气机构可分为两大部分,气门组和_____,其中气门组包含的部件有_____、_____、气门锁片,_____、_____、_____。

6. 对于四冲程发动机,当发动机的转速为 4000r/min 时,凸轮轴的转速是_____r/min。

7. 发动机配气机构的进、排气门存在早开晚关的现象,主要是要使_____、_____。

8. 根据图 13-18,回答下列问题。

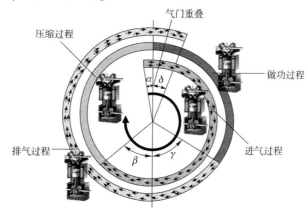

图 13-18　配气相位

(1) 进气门打开的角度是_____。
(2) 排气门打开的角度是_____。
(3) 气门重叠的角度是_____。

二、选择题

1. 配气机构中的进气门和排气门都关闭的活塞行程是(　　)。

A. 进气行程　　　　B. 压缩行程　　　　C. 做功行程　　　　D. 排气行程
2. 配气机构的作用包括(　　)。
　　A. 输出发动机功率　B. 润滑凸轮轴　　　C. 定时打开进排气门　D. 使发动机降温
3. 在高速发动机上一般采用(　　)式凸轮轴布置方案。
　　A. 下置　　　　　　B. 中置　　　　　　C. 上置　　　　　　D. 侧置
4. 配气机构中,直接负责进、排气门的定时开启和关闭的部件是(　　)。
　　A. 正时皮带　　　　B. 凸轮轴　　　　　C. 气门弹簧　　　　D. 气门导管
5. 双顶置凸轮轴配气机构的英文缩写是(　　)。
　　A. SOHC　　　　　　B. DOHC　　　　　　C. ABS　　　　　　D. VVT
6. 下列组件中不属于配气机构的气门组的是(　　)。
　　A. 气门导管　　　　B. 气门弹簧　　　　C. 凸轮轴　　　　　D. 挺柱
7. 由于配气相位的存在,导致了进气门和排气门存在同时打开的现象,根据图13-5分析,进气门和排气门同时开启的持续角度是(　　)。
　　A. $\gamma+\beta$　　　　　　B. $\alpha+\delta$　　　　　　C. β　　　　　　D. δ
8. 配气相位是发动机在设计时就设计好的,不同车型的配气相位不同,发动机生产出来之后就确定了,但发动机在不同的工况下所需要的"呼吸"也是不一样的,为解决这个问题,许多发动机采用了(　　)技术。
　　A. ABS　　　　　　B. 可变配气相位　　C. 缸内直喷　　　　D. 分层燃烧

三、简答题

1. 请描述配气机构的作用。

2. 请你描述配气相位中进、排气门早开的好处。

3. 请你简述凸轮轴上置式发动机的特点。

4. 怎样提高配气机构的充气效率?

项目十四　气门组的结构原理认知

学习目标

完成本项目学习后,你应能:
1. 正确说出气门组的基本组成;
2. 正确描述气门组零件作用和特点;
3. 正确说出气门组的工作过程;
4. 正确描述气门间隙的定义及其作用。

建议学时

4 学时。

一、气门组的基本组成和作用

气门组的结构主要由气门、气门弹簧、气门锁夹等组成,其作用是根据气门传动机构的控制,保证对进、排气道的密封和及时的开启和关闭进、排气道。如图 14-1 和图 14-2 所示。通常情况下,进气口的直径要大于排气口,主要是为了增加进气量,来提高燃烧效率,从而获得更好的动力输出。

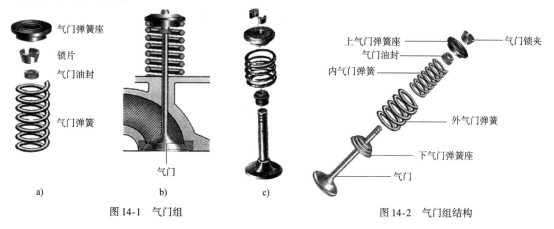

图 14-1　气门组　　　　　　　　图 14-2　气门组结构

二、气门组各零部件作用和特点

(一) 气门

气门是由头部和杆部组成的,如图 14-3 所示。头部用来封闭汽缸的进、排气通道,杆部则主要为气门的运动导向。

1. 气门的工作条件

气门的工作条件非常恶劣。首先,气门直接与汽缸内燃烧的高温气体接触,受热严重,而热量主要靠头部落座时由气门座传递散失,其次通过与杆部接触的气门导管传递散失,因此散热很困难,工作温度较高,排气门由于高温废气的冲刷温度可达 800~1100K,进气门由于新鲜气体的冲刷冷却,温度较低,但也可达 600~700K;其次,气门承受气体力和气门弹簧力的作用,以及由于配气机构运动件的惯性力使气门落座时受到冲击;第三,气门在润滑条件很差的情况下以极高的速度开闭并在气门导管内做高速往复运动。此外,气门与高温燃气中有腐蚀性的气体接触会受到腐蚀,气门如图 14-4 所示。

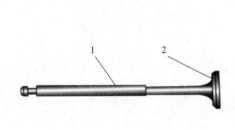

图 14-3 气门组成
1-杆部;2-头部

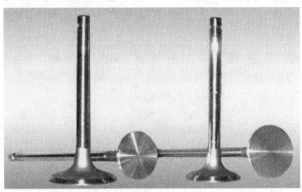

图 14-4 气门

2. 气门的材料

进、排气门的安装位置如图 14-5 所示,进气门一般用中碳合金钢制造,如铬钢、铬钼钢和镍铬钢等。排气门则采用耐热合金钢制造,如硅铬钢、硅铬钼钢、硅铬锰钢等。

图 14-5 进气门和排气门

3. 气门的构造

(1)气门构造。

如图 14-6 所示,汽车发动机的进、排气门均为菌形气门,由气门头部和气门杆两部分构成。

如图 14-7 所示,气门顶面有平顶、凹顶和凸顶等形状。目前应用最多的是平顶气门,其结构简单,制造方便,受热面积小,进、排气门都可采用。凸顶式的也称为球面顶,其强度高,排气阻力小,废气的清除效果好,但球形面受热面积大,质量和惯性力大,加工较为复杂,适用于排气门。凹顶式也称漏斗形,其质量小、惯性小,头部与杆部有较大的过渡圆弧,使气流阻力小,以及具有较大的弹性,对气门座的适应性好(又称柔性气门),容易获得较好的磨合,但受热面积大,易存废气,容易过热及受热变形,所以仅用作进气门。

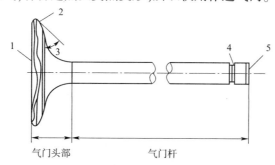

图 14-6 气门结构
1-气门顶面;2-气门锥面;3-气门锥角;4-气门锁夹槽;5-气门尾端面

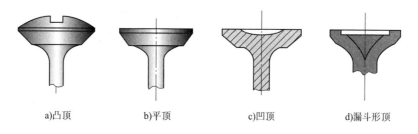

a)凸顶　　b)平顶　　c)凹顶　　d)漏斗形顶

图 14-7 气门顶部形状

(2)气门锥角。

气门与气门座或气门座圈之间靠锥面密封。气门锥面与气门顶面之间的夹角称为气门锥角。气门锥角就像锥形塞子可以塞紧瓶口一样,能获得较大的气门座合压力,以提高密封性和导热性,而且气门落座时有自动定位作用,气门锥角能够避免使气流拐弯过大而降低流速。有了锥角,气门落座时能挤掉接触面的沉积物,即有自洁作用。

如图 14-8 所示。常用的气门锥角一般为 45°或 30°,进、排气门的气门锥角一般均为 45°,只有少数发动机的进气门锥角为 30°。

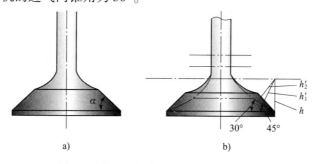

图 14-8 气门锥角(气门锥角 α;气门座高 h)

(3)气门头部直径。

气门头部直径越大,气门口通道截面就越大,进、排气阻力就越小。由于最大尺寸受燃烧室结构的限制,考虑到进气阻力比排气阻力对发动机性能的影响大得多,为尽量减小进气阻力,进气门直径应大于排气门。另外,排气门稍小些,还不易变形。气门头部接受的热量一部分经气门座圈传给汽缸盖;另一部分则通过气门杆和气门导管传给汽缸盖,最终都被汽缸盖水套中的冷却液带走。为了增强传热,气门与气门座圈的密封锥面必须严密贴合。为此,二者要配对研磨,研磨之后不能互换。

(4)气门杆部。

气门杆部具有较高的加工精度和较低的粗糙度,与气门导管保持有正确的配合间隙,以减小磨损和起到良好的导向、散热作用。气门杆的尾部结构与弹簧座的固定和气门的防脱装置,以及有时与气门的机油防漏装置有关,气门尾端形状及构造如图14-9和图14-10所示。

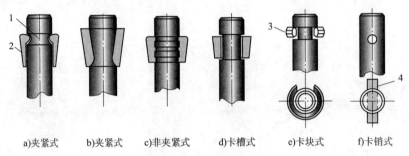

图14-9 气门尾端形状

1-气门尾端;2-气门锁夹;3-卡块;4-圆柱销

有些发动机的气门,在杆部锁片槽下面另有一条切槽装一卡环,如图14-10所示,以防万一气门弹簧折断时气门有落入汽缸发生捣缸的危险。

(5)气门油封。

发动机高速化后,进气管中的真空密度显著地增高,气门室中的机油会通过气门杆与导管之间的间隙吸入进气管和汽缸内,除增加机油的消耗外,还会在气门和燃烧室产生积炭。为此,发动机的气门杆上部都设有机油防漏装置,气门油封如图14-11所示。

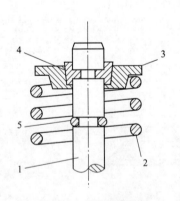 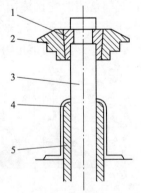

图14-10 气门尾端形状

1-气门杆;2-气门弹簧;3-弹簧座;4-锁片;5-卡环

图14-11 气门油封

1-锁片;2-弹簧座;3-气门杆;4-油封;5-气门导管

(二)气门座

进、排气道口与气门密封锥面直接贴合的部位称为气门座,如图14-12所示。气门座与气门头部一起对汽缸起密封作用,同时接受气门头部传来的热量,起到对气门散热的作用。气门座的形式有直接成形式和镶座式两种。

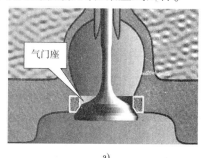 

图 14-12 气门座

直接成形式:直接在缸盖(或缸体)上加工出来。该种形式修复困难,且不经济。

镶座式:可节省材料,提高使用寿命,便于更换修理。大多数发动机的气门座使用耐热合金钢或合金铸铁单独制成座圈,然后压入汽缸盖(体)中。但是这种方式传热差,如镶座式排气门温度相比其他排气门可高出 50~60℃,如果装配不当,还会发生松脱或与缸盖配合不好,影响散热等状况。

(三)气门导管

气门导管的功用是给气门提供运动导向,为气门杆传热。由于润滑较困难,导管一般用含石墨较多的铸铁或粉末冶金制成,以提高自润滑性能,气门导管如图 14-13 所示。

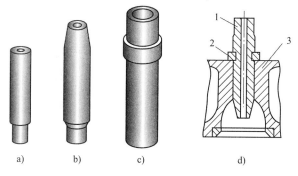

图 14-13 气门导管
1-气门导管;2-卡环;3-汽缸盖

1. 防脱落结构

(1)一般外表面为无台肩的圆柱形,如图 14-13a)~图 14-13c)所示。其外表面加工精度较高,与缸盖(体)过盈配合,以保证良好的传热性能和防止松脱。

(2)带凸台和带卡环的导管过盈量较小,因气门弹簧下座将凸台或卡环压住,使导管轴向定位可靠,不致脱落。铝合金缸盖常用带凸台和卡环的导管,其过盈量较小,便于拆装。

2. 导管伸入进、排气歧管的深度

(1)深度过深:气流阻力大,对排气门来说,还因废气对导管的冲刷面积加大,提高了工作温度,而影响气门的散热。

(2)深度过浅:气门杆受热面积加大,加大了气门杆的温度,会影响气门头部的散热。

(3)措施:为解决这一矛盾,有的导管加大了压入深度,而将伸入端的内孔做成锥形,这样既减少了废气对气门杆的冲刷,也避免了导管高温部分与气门杆的接触。伸入端的外圆做成锥形是为了减小气流阻力。带凸台和卡簧的导管自然地控制了压入深度。

(四)气门弹簧

1. 作用

(1)保证气门自动回位关闭而密封;
(2)保证气门与气门座的座合压力;
(3)吸收气门在开启和关闭过程中传动零件所产生的惯性力,以防止各种传动件彼此分离而破坏配气机构正常工作。

2. 要求

因气门弹簧承受着频繁的交变载荷,为保证气门弹簧可靠地工作,要求气门弹簧:

(1)具有合适的弹力;
(2)具有足够的强度,如抗疲劳强度;
(3)采用优质冷拔弹簧钢丝制成,钢丝表面经抛光或喷丸处理;
(4)弹簧的两端面经磨光并与弹簧轴线相垂直。

气门弹簧是圆柱形螺旋弹簧,如图14-14所示,其一端支撑在气缸盖(体)上,而另一端则压靠在气门杆端的弹簧座上,弹簧座用锁片固定在气门杆的末端。

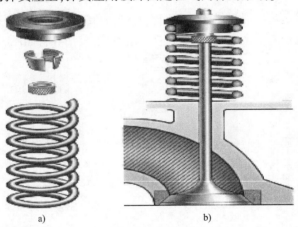

图14-14 气门弹簧

3. 气门弹簧防共振的结构措施

当气门弹簧的工作频率与其固有频率相等或成某一倍数时,将会发生共振,造成气门反跳、落座冲击,并可使弹簧折断。为此,采取如下几种结构措施:

(1)提高气门弹簧的固有频率。即设法提高气门弹簧的刚度,如加粗钢丝直径或减小弹簧的圈径。这种方法较简单,但由于弹簧刚度大,增加了功率消耗和零件之间的冲击载荷。

(2)采用双气门弹簧。每个气门装两根直径不同、旋向相反的内外弹簧。由于两弹簧的固有频率不同,当某一弹簧发生共振时,另一弹簧可起减振作用。旋向相反,可以防止一根弹簧折断时卡入另一根弹簧内,导致好的弹簧被卡住或损坏。另外,当某根弹簧折断时,另一根弹簧仍可保持气门不落入汽缸内。

(3)采用不等螺距弹簧,如图14-15b)所示。这种弹簧在工作时,螺距小的一端逐渐叠合,有效圈数逐渐减小,固有频率也就逐渐提高,使共振的可能性降到最低。

不等螺距的气门弹簧安装时,螺距小的一端应朝向气门头部。这是因为弹簧工作时,承受气门杆尾端传来的冲击力,此冲击力向弹簧另一端传递时因要克服弹簧本身的惯性而需要一定的时间,所以弹簧的变形,朝向气门杆尾部的一端,先于且往往大于另一端,发动机转速越高,差别越大。若将螺距小的一端朝向气门杆的尾部,当发动机高速运转时,此端可能首先叠合在一起,此后弹簧的有效圈数基本不再变化,而且叠合后成为刚性质量而参加弹簧的振动,使振动的当量质量增加,弹簧反而容易疲劳折断。螺距小的一端朝向气门头部时,情况相反,先在螺距大的一端变形,减缓了螺距小的一端的叠合速度,可使有效圈数在整个工作过程中不断变化。而且叠合端是弹簧的静止端,不参加振动,减少了上述弊病。不同形式的气门弹簧如图 14-15 所示。

(4)采用等螺距的单弹簧,在其内圈加一个过盈配合的阻尼摩擦片来减少共振,如图 14-16 所示。

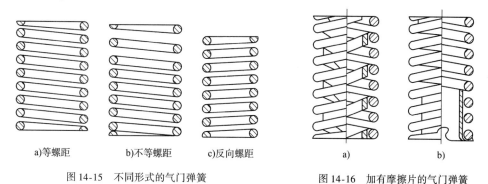

图 14-15　不同形式的气门弹簧　　　　图 14-16　加有摩擦片的气门弹簧

三、气门组的工作过程

如图 14-17 所示,发动机工作时,曲轴通过正时齿轮驱动凸轮轴旋转,凸轮轴上的凸轮凸起部分通过挺柱压缩气门弹簧,并使气门向下运动,气门头部与气门弹簧座分离,进、排气道与汽缸连通。当凸轮的顶点转过挺杆后便逐渐减小对挺杆的推力,气门在其气门弹簧弹力的作用下,开度逐渐减小,最后直至关闭,进、排气道与汽缸的通道也随之关闭。

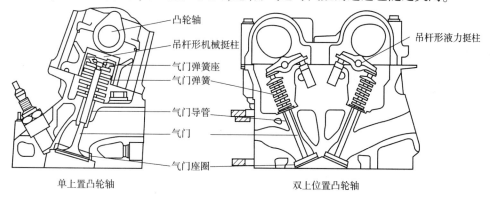

图 14-17　配气机构

为防止发动机工作中,配气机构零件受热膨胀而导致气门关闭不严,摇臂与气门尾端有一定的间隙(气门间隙)。在装有液力挺柱的配气机构中,不需要预留气门间隙,液力挺柱本身就有自动补偿间隙的作用。

四、气门间隙

1. 气门间隙的定义

在发动机冷态装配时,在气门及其相邻传动机构之间留有适当的间隙,以补偿气门受热后的膨胀量,如图 14-18 所示,这一间隙就称为气门间隙。

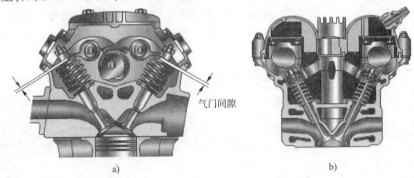

图 14-18　气门间隙

2. 气门间隙的影响

因厂家设计不同,进、排气门间隙存在不一致,通常进气门间隙在 0.2~0.25mm 之间,而排气门间隙由于受热膨胀比进气门侧的大,所以间隙更大些,一般在 0.29~0.35mm 之间。发动机气门摇臂与气门之间经过长久的运动及磨耗,间隙会越变越大,所以,需要对气门间隙进行调整。然而并非所有汽车均需要调整气门间隙,有些车辆气门间隙属于油压自动调整,就不需要调整气门间隙。

图 14-19　测量气门间隙

(1)气门间隙过大、过小对发动机的影响。

测量气门间隙如图 14-19 所示,气门间隙的大小必须适当。过大,则会出现气门开度减小(升程不够),进、排气阻力增加,充气量下降,从而影响动力性;同时会增加气门传动零件之间的冲击和磨损,对 D16 发动机而言,陶瓷滚轮容易敲击破碎,排气摇臂的横桥支架从根部折断,严重话还会引起排气门弹簧折断,气门掉入缸内的危险。过小,在气门热状态下会出现气门关闭不严,造成汽缸漏气,工作压力下降,从而导致功率下降的现象;同时,气门也易于烧蚀。

(2)气门间隙对排烟的影响。

气门间隙过大的影响:进气门间隙过大,会造成进气不足,燃油燃烧不完,多余的燃油就会随着废气一块排除,出现排气管发红、冒黑烟的现象;排气门间隙过大,会造成废气排不净。

气门间隙过小的影响:进气门或排气门间隙过小,都会造成汽缸漏气,压缩力下降,燃油燃烧效果不好,燃油燃烧不完,多余的燃油就会随着废气一块排除,出现排气管发红、冒黑烟的现象;但是进气门间隙过小,在排气行程中,由于进气门关闭不严,还会出现废气倒流,进气管发烫,空气滤清器滤芯发黑,影响进气效果等现象。

思考与练习

一、填空题

1. 气门组的结构主要由_____、_____、气门锁夹等组成,其作用是根据_____的控制,保证对进排气道的_____和及时的_____进排气道。
2. 为了使排气顺畅和进气顺利,一般情况下,排气门直径要稍微_____进气门。
3. 气门锥角的作用有_____、_____、_____和_____。
4. 气门头部接受的热量一部分经气门座圈传给汽缸盖;另一部分则通过气门杆和气门导管也传给_____,最终都被汽缸盖水套中的_____带走。
5. 气门座的形成有直接形成式和_____两种方式。
6. 气门弹簧的作用是保证气门自动回位关闭而密封,_____、吸收气门在开启和关闭过程中传动零件所产生的惯性力,以防止各种传动件彼此分离而破坏配气机构正常工作。
7. 气门头部的形状有凹顶、_____、_____和漏斗形顶,目前应用的最多的是_____。
8. 气门锥角一般有_____°和_____°两种,其中运用比较广泛的是_____°的。
9. 气门杆部具有导向和_____的作用。

二、选择题

1. 气门是由头部和杆部组成的,头部用来封闭汽缸的进、排气,杆部则主要为气门的( )。
   A. 导向运动　　　B. 密封作用　　　C. 传力作用　　　D. 支撑作用
2. 以下部件不属于气门组的组成零件的是( )。
   A. 凸轮轴　　　　B. 气门锁片　　　C. 气门座　　　　D. 气门弹簧
3. 气门的工作条件不包括( )。
   A. 高温高压　　　B. 润滑困难　　　C. 受气体腐蚀　　D. 干净
4. 为了防止气门弹簧在工作中发生共振现象,现代发动机采取的方式是( )。
   A. 提高气门弹簧的固有频率
   B. 采用双气门弹簧
   C. 采用不等螺距弹簧
   D. 采用等螺距的单弹簧
5. 下列组件中不属于配气机构的气门组的是( )。
   A. 气门导管　　　B. 气门弹簧　　　C. 凸轮轴　　　　D. 挺柱
6. 气门升入汽缸的程度由( )决定。
   A. 气门导管　　　B. 气门弹簧　　　C. 凸轮轴　　　　D. 气门杆部
7. 一发动机的空气滤清器滤芯发黑,进气管发烫,可能的原因是( )。
   A. 进气门间隙过大
   B. 排气门间隙过大
   C. 进气门间隙过小
   D. 排气门间隙过小

三、简答题

1. 简述气门组的作用。

2. 简述气门间隙过大和过小对发动机的影响。

3. 简述气门组中气门的工作环境以及其对气门的影响。

4. 简述气门弹簧的作用及对气门弹簧的要求。

四、看图填空题

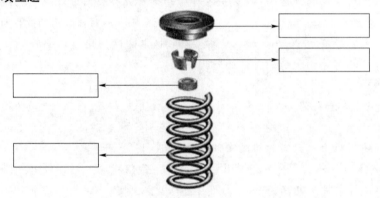

图14-20 气门弹簧

项目十五　气门组的检修

> **学习目标**
>
> 完成本项目学习后,你应能:
>   1. 正确描述气门组件常见故障及原因;
>   2. 正确描述气门组件的检修方法。
>
> **建议学时**
>
> 4 学时。

一、气门组件常见故障及原因

发动机工作时,气门受冲击性交变载荷,气门出现跳动。当配气机构间隙过大时,载荷将显著增加。在高机械负荷下,易造成气门杆及气门头部变形、漏气及严重磨损。特别是排气门还承受高热负荷。气门组件常见损坏形式有:气门磨损、气门烧损、气门断裂、气门盘部裂纹和碎落、气门卡死、气门弹簧断裂、气门弹簧弹力不足等。

(一) 气门磨损

气门磨损如图 15-1 所示,气门磨损是指气门与气门座的配合锥面在高温下受到冲击载荷作用,并且受到气体中固体颗粒及燃气的化学腐蚀作用,造成气门密封锥面严重磨损、产生麻点或锈蚀等现象。

进气门磨损一般表现为气门下陷量大,气门接触环带明显变宽,并形成环沟。造成进气门磨损的主要原因是:汽缸中的空气夹杂着尘土颗粒,形成磨料磨损,再加上进气空气中无油气润滑,故导致磨损严重。

排气磨损一般表现为麻点和烧蚀现象比较严重。在排气过程中,由于燃烧不完全所结成的炭粒,随着废气被冲出汽缸而通过排气门时,有些炭粒被夹在密封锥面上,这种结炭在以后排气行程中又被高温燃气点燃,逐渐在密封锥面上烧出麻点。再加上燃气的化学腐蚀作用,使排气门密封锥面产生严重磨损。

燃烧过程不完善,产生较多积炭,如图 15-2 所示。此外,长时间超负荷运行,使热负荷过高等,均会加剧气门磨损。

气门磨损后,会产生密封不严的现象,使发动机性能下降。如不及时修复,很容易导致气门烧损等严重事故。当气门磨损较轻时,可直接采用配研法修复。当密封锥面出现较深凹痕或麻点斑痕时,则应采取磨修的方法进行修复或更换新气门。

图 15-1 气门密封锥面严重磨损

图 15-2 气门积炭

(二) 气门烧蚀

气门烧蚀如图 15-3 所示,气门烧损是指在气门颈部、密封锥面和盘端面处,初始出现烧蚀麻点,继而被温湿燃气冲刷成沟槽的现象。气门烧蚀会导致气门密封性完全被破坏,发动机无法正常运转。

造成气门烧损的主要原因是气门密封不严,使高温燃气从缝隙中窜出,将气门表面烧损。气门烧损现象主要发生在排气门,因为排气门直接在高温废气中工作,受热负荷作用易产生弯曲变形,造成密封不严而引起烧损。

(三) 气门断裂

气门断裂如图 15-4 所示,气门断裂是指在气门锁夹部及颈部与杆部交接处附近断裂。气门断裂后,往往落入汽缸内造成顶缸重大事故。在使用中应避免此类事故的发生。

图 15-3 气门烧蚀

图 15-4 气门断裂

造成气门断裂的主要原因有:气门安装位置不正使盘部扭曲而产生杆部弯曲应力,由于散热条件差,使气门上温度分布不均匀而产生热应力;气门卡死,造成活塞顶缸事故;超速、超负荷运行,使活塞惯性冲击力和热负荷急剧增大以及气门本身材料不合格或存在有加工裂纹等。

气门断裂前一般都出现较大的变形(盘部扭曲、杆部弯曲)现象,同时出现有裂纹,在拆检过程中应特别注意检查,如发现有异常现象时,应及时更换新气门,以防事故扩大。

(四) 气门盘部裂纹和碎落

气门盘部开裂碎落如图 15-5 所示,气门盘部裂纹和碎落是指在密封锥面上出现径向或切向裂纹，裂纹逐渐扩展致使整块金属从气门盘部碎落下来。

造成盘部裂纹和碎落的主要原因有：气门密封锥面落座位置不正或气门座发生变形，使气门局部位置处产生很大的附加应力以及气门落座时冲击力过大或出现反跳现象等。

气门盘部出现裂纹后，不仅直接破坏其密封性，而且很快便导致气门烧损和断裂等重大事故。在拆检中应特别注意，如发现盘部有裂纹迹象，必须更换新气门。

图 15-5 气门盘部开裂碎落

(五) 气门卡死

气门卡死是气门指卡滞在气门导管中，不能上下移动，如图 15-6 所示。

造成气门卡死的主要原因是气门杆部与气门导管配合间隙选择不当。间隙太小，使其润滑不良而产生干摩擦现象而咬死；间隙过大，易产生结炭现象而被堵塞。另外，气门杆部弯曲变形而卡死，以及在低温下起动时没有充分的预热，使气门导管内润滑油形成胶状物，将气门粘住（润滑油选用不当也容易出现类似现象）。

气门卡死不仅影响发动机正常运转，还往往造成驱动零件被顶坏或顶缸等事故，因此，使用过程中应严格防止气门卡死，如发现有气门移动不畅现象时，应立即进行拆检，排除故障因素。

(六) 气门弹簧断裂

气门弹簧断裂和变形如图 15-7 所示，气门弹簧断裂后，使气门不能恢复到密封位置，即使装有内、外弹簧时，其中一个弹簧断裂后，也会因弹力不足出现密封不严现象。此时，运行中的发动机会声音突变，并出现敲击声。严重时气门落入汽缸造成顶缸事故。

图 15-6 气门卡死

图 15-7 气门弹簧断裂和变形

造成气门弹簧断裂的主要原因是弹簧长期在高速下工作引起材料的疲劳破坏，弹簧材料不合格或表面存在有锈蚀、裂纹等缺陷。

防止气门弹簧断裂的主要措施是采用合格的弹簧，在使用过程中注意检查弹簧有无锈蚀、变形或裂纹现象。对发现问题的弹簧应及时更换。

(七) 气门弹簧弹力不足

气门弹簧弹力不足主要表现为气门密封不严，出现漏气现象，气门落座时有回跳现象。

造成气门弹簧弹力不足的主要原因是气门弹簧在较高温度下长时间工作，承受着交变负荷作用,使其弹力逐渐下降,高度减小。当气门弹簧弹力下降到一定数值后,一般不再修复使用,而更换新弹簧。

二、气门组件的检修

(一)气门检修(以普桑车型为例)

1. 气门参数

进、排气门的参数见表15-1,气门头部参数如图15-8所示。

气门参数   表15-1

图 示	气门尺寸	进 气 门	排 气 门
	a(气门头部直径)	(39.5 ± 0.15)mm	(32.9 ± 0.15)mm
	b(气门杆直径)	(6.98 ± 0.007)mm	(6.965 ± 0.007)mm
	c(气门长度)	91.85mm	91.15mm
	α(气门锥角)	45°	45°

图15-8中a'为气门接触面宽度,最大为3.5mm;b'为气门头厚度,最小为0.5mm。

2. 气门外观检查

目视检查气门磨损、损伤情况,视情修理或更换,气门如图15-9所示。

图15-8 气门头部参数　　图15-9 气门

3. 气门杆弯曲度检测

将气门杆放在V形铁上,百分表触头接触气门杆中部,如图15-10所示,缓慢转动气门杆,转动一圈后所得的最大数值即是气门杆弯曲度。气门杆的圆度误差使用极限为0.02mm,超过时应校正或更换气门。

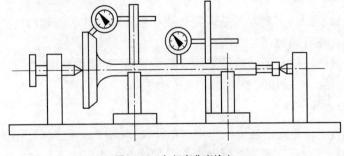

图15-10 气门弯曲度检查

4. 气门头部直径检测

用游标卡尺检测气门头直径是否在标准范围内，如图 15-11 所示。标准见表 15-1。

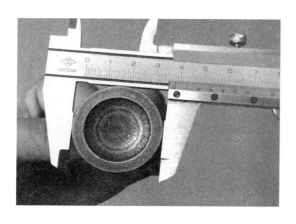

图 15-11　气门头部直径检查

5. 气门杆直径检测

标准见图 15-8、表 15-1，气门杆直径磨损极限为 0.05mm。如图 15-12 所示，用千分尺测量气门杆上、中、下部直径数据，若超过使用极限，则需更换气门。

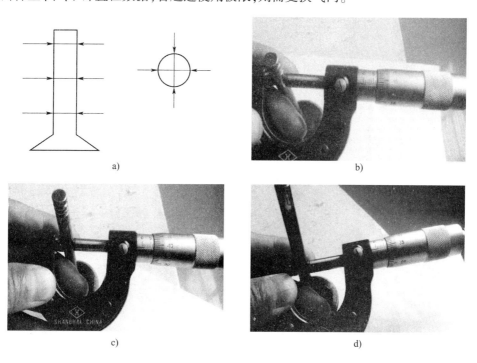

图 15-12　测量气门杆部直径

6. 气门杆长度检测

标准见表 15-1，磨损极限为 0.5mm。用游标卡尺测量各气门总长，若磨损在极限尺寸范围内应进行修理，若磨损超过极限，则更换气门，如图 15-13 所示。

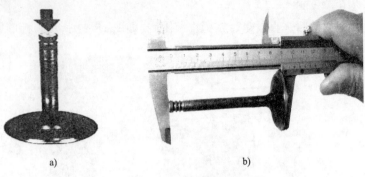

a)　　　　　　　　b)

图 15-13　测量气门杆长度

7. 检查气门头边缘厚度

用游标卡尺检查,标准:1mm。最小极限:0.5mm。当检测气门头部边缘厚度小于0.5mm时,需要更换气门,如图 15-14 所示。

a)　　　　　　　　b)

图 15-14　测量气门头边缘厚度

8. 检查气门与气门座接触面宽度

用游标卡尺测量气门与气门座接触环带宽度,如图 15-15 所示。接触面宽度标准:1.2~1.5mm。最大极限:3.5mm。超过最大极限时,更换气门。

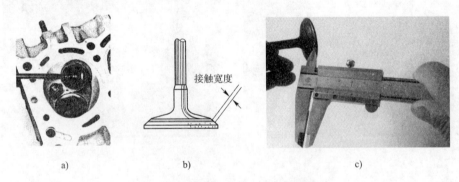

a)　　　　b)　　　　c)

图 15-15　测量气门与气门座接触面宽度

(二)气门弹簧检测

(1)用游标卡尺测气门弹簧自由长度(图 15-16),应不低于原值的 95%,否则更换。

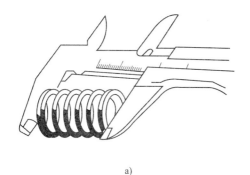
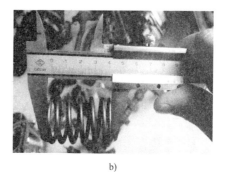

a)　　　　　　　　　　　　　　　　b)

图 15-16　测量气门弹簧自由长度

（2）用角尺和平板检查气门弹簧的垂直度（图 15-17），要求弹簧上端与角尺之间的间隙不能大于 1.6mm，否则更换。

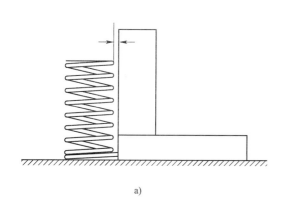
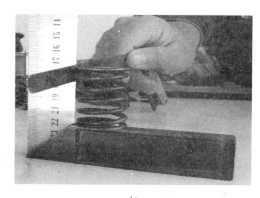

a)　　　　　　　　　　　　　　　　b)

图 15-17　测量气门弹簧工作面垂直度

（3）目测气门弹簧有无裂纹或断裂，若有则应更换。

(三) 气门与气门导管配合间隙检查

用磁力表座及百分表检查，如图 15-18 所示。操作：把气门插入导管（气门杆端部必须与导管端部相平齐）或气门头伸出缸盖表面 15mm 左右，将百分表触头抵在气门头部，垂直于触杆方向移动气门头部。百分表显示的最大值即是气门杆在气门导管内的最大摆动量。配合间隙标准：0.035~0.070mm。极限为进气导管配合间隙不得超过 1.0mm，排气导管配合间隙不得超过 1.3mm。

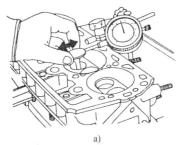
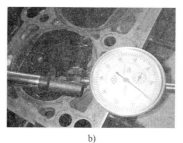

a)　　　　　　　　　　　　　　　　b)

图 15-18　气门与气门导管配合间隙检查

思考与练习

一、填空题

1. 气门接触面宽度，最大为＿＿＿＿＿mm。气门头部边缘厚度最小为＿＿＿＿＿mm。
2. 气门组件常见损坏形式有：＿＿＿＿＿、＿＿＿＿＿、气门断裂、＿＿＿＿＿、气门卡死、＿＿＿＿＿、气门弹簧弹力不足等。
3. 气门杆直径，标准为＿＿＿＿＿mm，磨损极限为＿＿＿＿＿mm，气门杆长度，标准为＿＿＿＿＿mm，磨损极限为＿＿＿＿＿mm。
4. 气门盘部裂纹和碎落是指在＿＿＿＿＿上出现径向或切向裂纹，裂纹逐渐扩展致使整块金属从气门盘部碎落下来。
5. 气门与气门座接触环带宽度，标准为＿＿＿＿＿mm，最大极限为＿＿＿＿＿mm，超过最大极限时，更换气门。
6. 气门弹簧断裂后，使气门不能恢复到密封位置，即使装有内、外弹簧时，其中一个弹簧断裂后，也会因弹力不足出现＿＿＿＿＿现象。此时，运行中的发动机声音突变，出现敲击声。严重时气门落入汽缸造成＿＿＿＿＿事故。
7. 气门弹簧的垂直度，要求弹簧上端与角尺之间的间隙不能大于＿＿＿＿＿mm，否则更换。
8. 造成气门弹簧弹力不足的主要原因是气门弹簧在＿＿＿＿＿下长时间工作，承受着交变负荷作用，使其＿＿＿＿＿逐渐下降，＿＿＿＿＿减小。当气门弹簧弹力下降到一定数值后，一般不再修复使用，而更换新弹簧。
9. 气门弹簧的垂直度，要求弹簧上端与角尺之间的间隙不能大于＿＿＿＿＿mm，否则更换。
10. 气门与气门导管配合间隙，配合间隙标准为＿＿＿＿＿mm。最大极限：进气导管为＿＿＿＿＿mm，排气导管为＿＿＿＿＿mm。
11. 气门卡死是指气门卡滞在＿＿＿＿＿中，不能上下移动。

二、选择题

1. 造成进气门磨损的主要原因是（　　）。
   A. 混合气有尘埃颗粒　　　　　　B. 润滑故障
   C. 燃烧不完全　　　　　　　　　D. 气门座圈变形
2. 以下选项不属于气门弹簧弹力不足表现的是（　　）。
   A. 气门密封不严　　B. 漏气　　C. 回跳现象　　D. 异响
3. 气门杆长度的最大磨损极限应小于（　　）mm。
   A. 0.5　　　　　　B. 0.7　　　　　　C. 0.15　　　　　　D. 2.5
4. 造成气门卡死的主要原因有（　　）。
   A. 气门杆部与气门导管间隙太小
   B. 气门杆部与气门导管间隙太大
   C. 气门杆部弯曲变形
   D. 低温下起动

5.气门杆弯曲度检测不需要用到的工具是( )。
　　A.百分表　　　　　B.千分尺　　　　C.游标卡尺　　　　D.磁力表座
6.以下选项不是导致气门断裂的主要原因的是( )。
　　A.气门卡死　　　　B.材料不合格　　　C.高负荷运行　　　D.气门锁片变形

三、简答题

1.请简述造成气门裂纹和碎落的主要原因。

2.请你描述气门异常磨损的表现及原因。

3.描述气门有哪些项目需要检查？用什么量具？如何检查？

4.描述气门弹簧有哪些检查项目？用什么量具？简述如何检查？

项目十六　气门传动组的结构原理认知

学习目标

完成本项目学习后,你应能:
1. 准确说出气门传动组的基本结构;
2. 结合动画描述气门传动组件工作过程;
3. 准确描述挺柱的分类及工作原理;
4. 正确描述凸轮轴驱动气门开闭的运动规律;
5. 正确描述气门传动组的拆装流程。

建议学时
4 学时。

一、气门传动组的基本结构

(一)气门传动组的作用及基本结构

气门传动组主要包括凸轮轴正时齿轮、凸轮轴、挺杆及其导管,气门顶置式配气机构中有的还有推杆、摇臂等,如图 16-1 所示。气门传动组的作用是使进、排气门能按配气相位规定的时刻开闭,并保证有足够开度。

(二)气门传动组的工作过程

气门打开:由曲轴通过正时齿轮驱动凸轮轴旋转,使凸轮轴上的凸轮凸起部分通过挺柱、推杆、调整螺钉,推动摇臂摆转,摇臂的另一端便向下推开气门,同时使弹簧进一步压缩。

气门关闭:当凸轮的凸起部分的顶点转过挺柱以后,气门在其弹簧张力的作用下,开度逐渐减小,直至最后关闭,进气或排气过程即告结束。压缩和做功行程中,气门在弹簧张力作用下严密关闭,使汽缸密闭。

二、凸轮轴

(一)凸轮轴工作条件及材料要求

凸轮轴外观如图 16-2 所示,凸轮轴配置有各缸的进、排气凸轮,使得气门按照一定的工作次序和配气相位及时的开闭,同时它又承受周期性的冲击载荷。凸轮与挺柱之间的接触应力很大,相对滑动速度也很高,因此,凸轮工作表面的磨损比较严重。

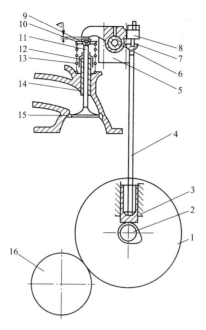

图 16-1 气门传动组

1-凸轮轴正时齿轮;2-凸轮轴;3-挺柱;4-推杆;5-摇臂轴座;6-摇臂轴;7-气门间隙调整螺钉及锁紧螺母;8-摇臂;9-气门锁夹;10-气门弹簧座;11-气门;12-防油罩;13-气门弹簧;14-气门导管;15-气门座圈;16-曲轴正时齿轮

由于凸轮轴工作环境的影响,要求凸轮轴表面耐磨,有足够的韧性和刚度;凸轮轴的材料要求使用优质碳钢或者合金钢锻造,或者用合金铸铁或球墨铸铁铸造;凸轮轴的表面需经热处理后磨光。

(二)凸轮轴构造

凸轮轴是通过凸轮轴轴颈支撑在凸轮轴轴承孔内的,因此,凸轮轴轴颈数目的多少是影响凸轮轴支撑刚度的重要因素。如果凸轮轴刚度不足,工作时将发生弯曲变形,这会影响配气定时。顶置式凸轮轴每隔 1~2 个汽缸设置一个凸轮轴轴颈,如图 16-3 所示。

图 16-2 凸轮轴外观

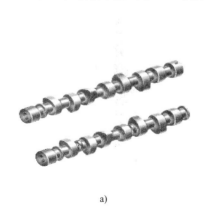

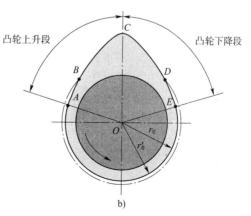

图 16-3 凸轮轴

进、排气门开启和关闭的时刻、持续时间以及开闭的速度等分别由凸轮轴上的进、排气凸轮控制。转速较低的发动机，其凸轮轮廓由几段圆弧组成，这种凸轮称为圆弧凸轮。高转速发动机则采用函数凸轮，其轮廓由某种函数曲线构成。O 点为凸轮轴回转中心，也是以 r_0 为半径的实际基圆和以 r_0' 为半径的理论基圆的圆心，凸轮轮廓上的 AB 段和 DE 段为缓冲段，BCD 段为工作段。挺柱在 A 点开始升起，在 E 点停止运动，凸轮转到 AB 段内某一点处，气门间隙消除，气门开始开启。此后随着凸轮继续转动，气门逐渐开大，至 C 点气门开度达到最大。再后气门逐渐关闭，在 DE 段内某一点处气门完全关闭，接着气门间隙恢复。气门最迟在 B 点开始开启，最早在 D 点完全关闭。由于气门开始开启和关闭落座时均在凸轮升程变化缓慢的缓冲段内，其运动速度较小，从而可以防止强烈的冲击。

凸轮轴上各同名凸轮（各进气凸轮或各排气凸轮）的相对角位置与凸轮轴旋转方向、发动机工作顺序及汽缸数或做功间隔角有关，同名凸轮的相对位置如图 16-4 所示。如果从发动机风扇端看凸轮轴逆时针方向旋转，则工作顺序为 1-3-4-2 的四缸发动机其做功间隔角为 $720°/4 = 180°$ 曲轴转角，相当于 $90°$ 凸轮转角，即各同名凸轮间的夹角为 $90°$。对于工作顺序为 1-5-3-6-2-4 的六缸发动机，其同名凸轮间的夹角为 $60°$。

同一汽缸的进、排气凸轮的相对角位置即异名凸轮相对角位置。异名凸轮的夹角决定于配气定时及凸轮轴旋转方向，由于配气相位（图 16-5）的存在，其计算比较复杂，异名凸轮的夹角为 $\theta = 90° + \dfrac{1}{4}(\beta + \gamma - \alpha - \delta)$。

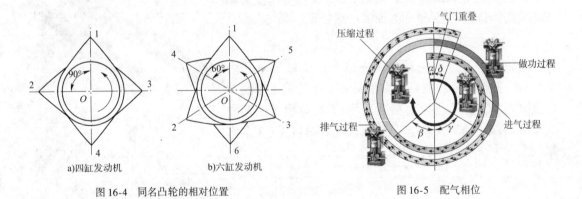

图 16-4 同名凸轮的相对位置
a）四缸发动机　b）六缸发动机

图 16-5 配气相位

(三) 凸轮轴轴承

中置式和下置式凸轮轴的轴承一般先制成衬套压入整体式轴承座孔内，再加工轴承内孔，使其与凸轮轴轴颈相配合。上置式凸轮轴的轴承多由上、下两片轴瓦对合而成，装入剖分式轴承座孔内，凸轮轴轴承如图 16-6 所示。

轴承材料多与主轴承相同，在低碳钢钢背上浇敷减磨合金层。也有的凸轮轴轴承采用粉末冶金衬套或青铜衬套。

(四) 凸轮轴的布置形式

凸轮轴布置形式有下置式、中置式和上置式三种，布置形式如图 16-7 所示。

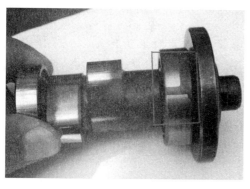

图 16-6　凸轮轴轴承

a)凸轮轴下置　　b)凸轮轴中置　　c)凸轮轴上置

图 16-7　凸轮轴的布置形式

（1）下置凸轮轴和中置凸轮轴。下置凸轮轴和中置凸轮轴的布置方式相似。采用这种布置方式的发动机低转速时的性能比较好，结构也比较简单，易于维修，所以，在以前很长的时间里一直被广泛采用。但目前已经很少有轿车发动机使用下置凸轮轴和中置凸轮轴，因为这种布置方式凸轮轴与气门之间的距离比较远，需要较长的挺杆配合摇臂等辅助部件来驱动气门，挺杆如图 16-8 所示，这就造成了发动机工作时的平顺性不佳，而且配气机构工作时还容易产生噪声。

这两种凸轮轴布置形式在发动机高转速工作时，较长的挺杆随着凸轮轴运动时的性能比较差，挺杆在较大载荷的作用下就容易出现弯曲变形，严重时会出现气门无法开启等严重故障。

（2）上置式凸轮轴。目前大多数轿车发动机采用顶置凸轮轴设计。这是因为将凸轮轴设置在发动机的上方可以缩短凸轮轴与气门之间的距离，省去了较长的气门挺杆，简化了配气机构，发动机的结构可以设计得更加紧凑。顶置凸轮轴通过摇臂或液压挺杆驱动气门，因此，提高了传动效率并降低了工作噪声。顶置凸轮轴也有一些缺点，那就是虽然顶置凸轮轴与气门之间的距离缩短了，但是凸轮轴与曲轴之间的距离却增加了，因此，凸轮轴与曲轴之间的传动金属链条或正时齿形胶带的长度会增加，导致传动机构的设计比下置凸轮轴的传动机构复杂。

对于上置凸轮轴式配气机构，通常气门的驱动有两种形式，一种是凸轮轴直接驱动气门，另一种是通过摇臂驱动气门。凸轮轴直接驱动气门又可分为有挺杆和无挺杆两种。上置凸轮轴式配气机构按凸轮轴数目的多少，一般可分为单顶置凸轮轴和双顶置凸轮轴两种比较常见，当然还有制作工艺更复杂的四顶置凸轮轴，双顶置凸轮轴如图 16-9 所示。

图 16-8　挺杆　　　　　　　　　图 16-9　双顶置凸轮

(五)凸轮轴的传动机构

凸轮轴由曲轴驱动,其传动机构有齿轮式、链条式及齿形带传动,如图 16-10a)、图 16-10b) 和图 16-10c) 所示。齿轮式传动机构用于下置式和中置式凸轮轴的传动。汽油机一般只用一对定时齿轮,即曲轴定时齿轮和凸轮轴定时齿轮。柴油机需要同时驱动喷油泵,所以增加一个中间齿轮。为了保证齿轮啮合平顺,噪声低,磨损小,定时齿轮都是圆柱螺旋齿轮并用不同的材料制造。曲轴定时齿轮用中碳钢制造,凸轮轴定时齿轮则采用铸铁或夹布胶木。为了保证正确的配气定时和喷油定时,在传动齿轮上刻有定时记号,装配时必须对正记号。

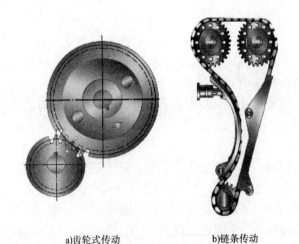

a)齿轮式传动　　　b)链条传动　　　c)皮带传动

图 16-10　凸轮轴传动机构

链传动机构用于中置式和上置式凸轮轴的传动,尤其是上置式凸轮轴的高速汽油机采用链传动机构的很多。链条一般为滚子链,工作时应保持一定的张紧度,不使其产生剧烈的振动和噪声。为此在链传动机构中装有导链板并在链条的松边装有张紧器,正时链条张紧器如图 16-11 所示。

齿形带传动机构用于上置式凸轮轴的传动。与齿轮和链传动机构相比具有噪声小、质量轻、成本低、工作可靠和不需要润滑等优点。另外,齿形带伸长量小,适合有精确定时要求的传动。因此,被越来越多的汽车发动机特别是轿车发动机所采用。齿形带由氯丁橡胶制成,中间夹有玻璃纤维,齿面黏附尼龙编织物。在使用中不能使齿形带与水或机油接触,否则容易引起跳齿。齿形带轮由钢或铁基粉末冶金制造。为了确保传动可靠,齿形带需要保持一定的张紧力,为此在齿形带传动机构中也设置有张紧轮与张紧弹簧组成的张紧器,如图 16-12,图 16-13 所示。

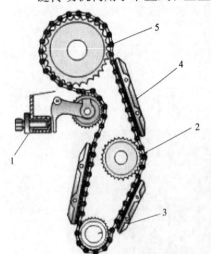

图 16-11　正时链条张紧器
1-液压张紧装置;2-驱动油泵的链轮;
3-曲轴链轮;4-导链板;5-凸轮轴链轮

图 16-12　正时皮带张紧器

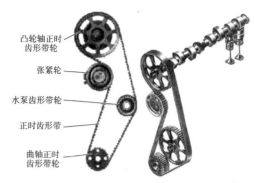

图 16-13　正时皮带

三、挺柱

(一) 挺柱的功用、材料及分类

挺柱是凸轮的从动件，其功用是将来自凸轮的运动和作用力传给推杆或气门，同时还承受凸轮所施加的侧向力，并将其传给机体或汽缸盖。制造挺柱的材料有碳钢、合金钢、镍铬合金铸铁和冷激合金铸铁等。

挺柱可分为机械挺柱和液力挺柱两大类，如图 16-14 所示，每一类中又有平面挺柱和滚子挺柱等多种结构形式。

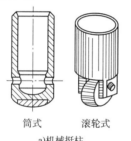

筒式　　滚轮式

a) 机械挺柱

b) 液力挺柱

图 16-14　机械式挺柱和液力式挺柱

(二) 液力挺柱

具有气门间隙的配气机构，虽然解决了材料热膨胀对气门工作的影响，但有了气门间隙，发动机工作时便会发生撞击而产生噪声。为了消除这一弊端，有些发动机尤其是轿车发动机采用液力挺柱，借以实现零气门间隙。气门及其传动件因温度升高而膨胀，或因磨损而缩短，都会由液力作用来自行调整或补偿。

采用液力挺柱，可减小配气机构中的间隙，减小各零件的冲击载荷和噪声，同时凸轮轮廓如果设计得比较陡一些，气门的开启和关闭会更快，以减小进、排气阻力，改善发动机的换气，提高发动机的性能，特别是高速性能。液力挺柱结构复杂，加工精度要求高，而且磨损后无法调整只能更换，所以，目前在一般载货车上用得较少，而在较高级的轿车上应用很广。液力挺柱实物如图 16-15 所示。

1. 组成

液力挺柱由挺柱体、柱塞、球座、柱塞弹簧、止回阀和止回阀弹簧等组成，如图 16-16 所示。挺柱体和柱塞上有油孔与发动机机体上相应的油孔相通。球座为推杆的支撑座。止回阀有片式和球式两种。

挺柱体内装有柱塞,柱塞上端压有球座作为推杆的支撑座,同时将柱塞内腔堵住,液压挺柱的结构如图16-16所示。弹簧用来将柱塞经常压向上方,卡簧用来对柱塞限位。柱塞下端止回阀架内装有碟形弹簧,用以关闭止回阀。

图16-15 液压挺柱实物图

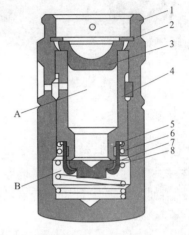

图16-16 液压挺柱的组成

1-挺柱体;2-卡簧;3-球座;4-柱塞;5-止回阀架;6-柱塞弹簧;7-止回阀;8-碟形弹簧;A-柱塞腔;B-挺柱体腔

2. 工作过程

发动机工作时,机油沿主油道供到气门挺柱。

①当气门关闭时,机油经挺柱体和柱塞上的油孔压进柱塞腔A内,并推开止回阀充入挺柱体腔B内。柱塞便在挺柱体腔内油压及弹簧的作用下上行,与气门推杆压紧。但此压力远小于气门弹簧张力,气门不会被打开,只是减小了整个配气机构中的间隙。与此同时,挺柱体腔B内油液也已充满,止回阀在碟形弹簧作用下关闭。如图16-16、图16-17所示。

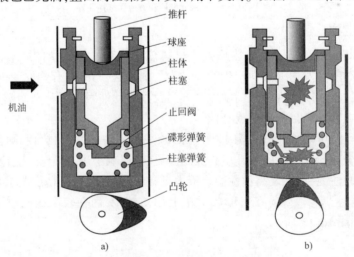

图16-17 液压挺柱工作示意图

②气门的开启：当凸轮转到工作面使挺柱上推时，气门弹簧张力便通过推杆作用在柱塞上，由于止回阀已关闭，柱塞便推压挺柱体腔 B 内油液使压力升高，而液体具有不可压缩性，挺柱便像一个整体一样推动气门开启。此过程中，由于挺柱体腔内油压较高，在柱塞与挺柱体的间隙处，将有少许油液泄漏而使"挺柱缩短"。

由于气门开启过程中，挺柱体腔内的油液会有少量泄漏，而且油液并非刚性，所以，挺柱工作时会被微量压缩，从而使气门开启持续角稍有减小，一般减小量只有几度凸轮转角。但当柱塞与挺柱体配合处磨损过甚、泄油过多时，配气相位将明显减小。

③气门的关闭：当凸轮转到非工作面时，解除了对推杆的推力，使挺柱腔内油压降低。于是，主油道的油压将再次推开止回阀，向挺柱体腔内充油，以补充工作时的泄漏，并且此油压又和弹簧一起使柱塞上推，如此始终保持了配气机构无间隙传力。

四、摇臂

1. 功用

气门摇臂如图 16-18 所示，气门摇臂将推杆或凸轮传来的力改变方向，作用到气门杆端压缩气门弹簧以推开气门。

图 16-18 气门摇臂

2. 结构

摇臂的结构如图 16-19 所示，它是一个以中间轴孔为支撑，两臂不等长的双臂杠杆（其比值约为 1.2∶1.8）结构。短臂一端装有气门间隙调整螺钉及锁紧螺母，长臂一端有用以推动气门的圆弧工作面。由于靠气门一端的臂长，所以，在一定的气门升程下，可减小推杆、挺柱的运动距离和加速度，从而减小了工作中的惯性力。

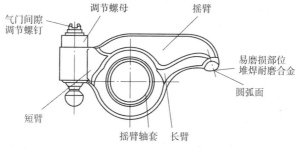

图 16-19 气门摇臂结构

五、气门传动组的拆装(以雪铁龙标致2.0发动机为例)

(一)气门传动组的拆卸

(1)先用开口扳手在如图16-20所示的位置A固定凸轮轴后,用扳手拧松凸轮轴螺栓,然后拆下排气凸轮轴正时齿轮3、进气凸轮轴正时齿轮4、正时齿轮室壳1、2。

(2)如图16-21所示由外到内,按顺序拧松凸轮轴轴承盖5,使其从接合面脱开几毫米,之后拆除凸轮轴轴承盖5、凸轮轴油封、凸轮轴(用木槌轻轻敲击侧边)。

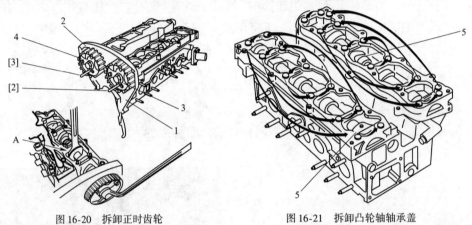

图16-20 拆卸正时齿轮　　　　图16-21 拆卸凸轮轴轴承盖

(3)如图16-22所示,取出液压挺柱6,并做上标记,标明其各自的位置。

(二)气门传动组的安装

(1)安装液压挺柱:用机油润滑液压挺柱,根据拆卸时标明的位置,分别装入液压挺柱,确保液压挺柱在汽缸盖中能活动自如。

(2)用机油润滑凸轮轴和轴承,按以下方向将凸轮轴安装在汽缸盖中,进气侧凸轮轴:切口"B"与曲轴线成60°夹角处。排气侧凸轮轴:切口"B"与曲轴线成30°夹角处,如图16-23所示。

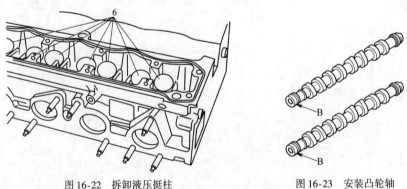

图16-22 拆卸液压挺柱　　　　图16-23 安装凸轮轴

(3)如图16-24所示,确保定位销6安装到位,在接合面C处均匀地涂上一圈密封胶,然后装上凸轮轴轴承盖。

(4)如图16-25所示,由内到外拧紧凸轮轴轴承盖螺栓。预紧螺栓预紧力矩2Nm。拧紧螺栓拧紧力矩10Nm。

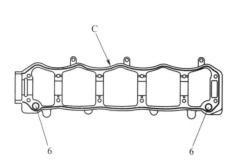

图16-24 接合面涂胶

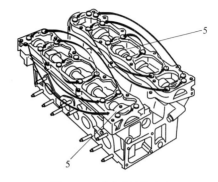

图16-25 安装凸轮轴承盖

（5）如图16-26所示,利用工具[9]安装凸轮轴油封。

（6）安装正时齿轮室壳2,拧紧力矩8Nm。套上正时齿轮,用开口扳手在如图16-27中A所示的位置固定凸轮轴,用80Nm的力矩拧紧正时齿轮螺栓,用工具[2]、[3]定位凸轮轴。

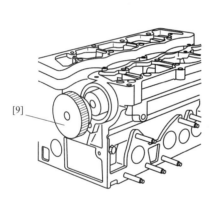

图16-26 安装凸轮轴油封

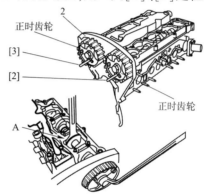

图16-27 安装凸轮轴正时齿轮

思考与练习

一、填空题

1. 气门传动组主要包括_____、凸轮轴、_____及其导管,气门顶置式配气机构中有的还有_____、_____等。

2. 气门传动组的作用是使进排气门能按_____规定的时刻开闭,并保证有足够开度。

3. 凸轮轴一般包括_____、_____,使得气门按照一定的_____、_____及时的开闭,同时它又承受周期性的_____。

4. 挺柱是凸轮的从动件,其功用是将来自_____的运动和作用力传给推杆或气门,同时还承受凸轮所施加的侧向力,并将其传给_____。

5. 气门摇臂的功用是将_____传来的力改变方向,作用到气门杆端压缩_____以推开气门。

6. 根据图16-28回答下列问题。

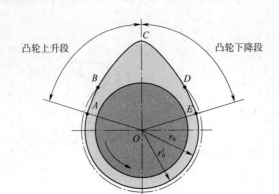

图 16-28 凸轮轴

(1) 气门打开的发生在_____段，气门关闭发生在_____段；

(2) 图中的 AB 段是_____，DE 段是_____；

(3) 气门开始打开的点是_____点，气门完全关闭的点是_____；

(4) 气门间隙的消除出现在_____段；气门间隙的恢复出现在_____段。

7. 对工作顺序为 1-5-3-6-2-4 的六缸发动机，其同名凸轮间的夹角为_____°。其中相邻的异名凸轮的夹角是_____°。

8. 挺柱可分为_____和_____两大类，每一类中又有平面挺柱和滚子挺柱等多种结构形式。

9. 液力挺柱由_____、柱塞、_____、_____、止回阀和止回阀弹簧等组成。

10. 安装液压挺柱时，应该先用_____润滑液压挺柱，根据拆卸时标明的位置，分别装入液压挺柱，确保液压挺柱在_____中能活动自如。

二、选择题

1. 下列气门传动组件中和气门有直接接触的是(　　)。
   A. 凸轮轴　　B. 挺杆　　C. 推杆　　D. 气门锁夹

2. 凸轮轴承受周期性的冲击载荷，而且与挺柱的接触应力又比较大，相对运动速度比较高，所以，以下不属于凸轮轴应满足的条件的是：(　　)。
   A. 制造凸轮轴需选用优质的碳钢或合金钢
   B. 凸轮表面足够耐磨
   C. 需增大凸轮与挺柱的摩擦
   D. 凸轮具备足够的刚性和韧性

3. 气门传动组拆装不需要用到的工具有(　　)。
   A. 开口扳手　　B. 梅花扳手　　C. 棘轮扳手　　D. 气门弹簧钳

4. 直接驱动凸轮轴的传动部件是(　　)。
   A. 曲轴　　B. 气门　　C. 推杆　　D. 正时皮带或正时链条

5. 以下选项不属于皮带传动的特点的是(　　)。
   A. 噪声比较低　　B. 成本比较低　　C. 不需要润滑　　D. 不需要更换

6. 以下选项属于影响凸轮轴支撑刚度的主要因素的是(　　)。
   A. 凸轮个数　　B. 凸轮长度　　C. 凸轮轴颈数目　　D. 凸轮轴直径

三、简答题

1. 请简述链条传动和皮带传动各自的特点。

2. 请你简述采用液力挺柱的优点。

3. 请简述气门传动组的工作过程。

4. 请简述气门传动组拆装的主要流程步骤。

四、看图填空

1. 在图 16-29 中的方框中填写相应的部件名称。

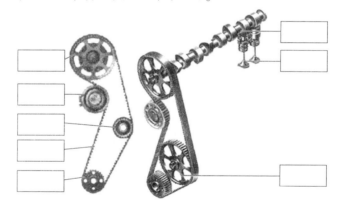

图 16-29　气门传动组

2. 在图 16-30 的方框中填写相应的名称。

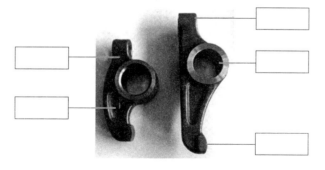

图 16-30　摇臂

项目十七　气门传动组的检修

学习目标

完成本项目学习后,你应能:
　1. 正确描述气门传动组的常见损伤形式;
　2. 正确描述气门传动组的主要检修方法。

建议学时
4 学时。

一、气门传动组组件常见故障及原因

气门传动组的主要功用是按照凸轮的外廓形状传递动力,使气门按时开启和关闭。气门传动组由挺柱、推杆、摇臂、摇臂轴、摇臂座及气门间隙调整螺钉组成。

(一) 凸轮轴常见故障及原因

凸轮轴的常见故障包括轴向窜动量过大、凸轮轴弯曲变形,异响以及断裂,轴颈和凸轮的磨损,齿轮磨损或损坏等故障,这些磨损和变形将使气门的最大开度和充气效率降低,配气相位失准,从而影响发动机的动力性、经济性,增大发动机的噪音。凸轮轴的外形如图 17-1 所示。

图 17-1　凸轮轴

1. 凸轮轴异常磨损

凸轮轴几乎位于发动机润滑系统的末端,因此润滑状况相对恶劣。机油泵因使用时间过长等原因出现供油压力不足;润滑油道堵塞造成润滑油无法到达凸轮轴;轴承盖紧固螺栓拧紧力矩过大造成润滑油无法进入凸轮轴间隙;凸轮轴的设计问题(使用材料、形状结构等)均会造成凸轮轴的异常磨损,如图 17-2 所示。

图 17-2 凸轮轴异常磨损

2. 凸轮轴异响

凸轮轴的异常磨损会导致凸轮轴与轴承座（图 17-3）之间的间隙增大，凸轮轴运动时会发生轴向位移，从而产生异响。异常磨损还会导致驱动凸轮与液压挺杆之间的间隙增大，凸轮与液压挺杆结合时会发生撞击，从而产生异响。

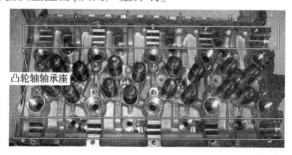

图 17-3 凸轮轴轴承座

其次，凸轮轴及其衬套间配合间隙大，衬套的转动及衬套合金烧毁或脱落也会造成凸轮轴异响，凸轮轴衬套如图 17-4 所示，另外凸轮轴的弯曲变形同样会使凸轮轴异响。

图 17-4 凸轮轴衬套

3. 凸轮轴断裂

凸轮轴断裂如图 17-5 所示，其常见原因有液压挺杆碎裂或严重磨损、严重的润滑不良、凸轮轴质量差，以及凸轮轴正时齿轮破裂。也有可能是其他的原因所致，例如爆燃，汽缸的冲击力过大造成气门挺柱向上冲击等。

4. 其他原因造成凸轮轴故障

有些情况下凸轮轴的故障是人为原因引起的，特别是维修发动机时对凸轮轴没有进行正确的拆装。例如拆卸凸轮轴轴承盖时用锤子强力敲击或用螺丝刀撬压，或安装轴承盖时将位置装错导致轴承盖与轴承座不匹配，或轴承盖紧固螺栓拧紧力矩过大等。安装轴承盖时应注意轴承盖表面上的方向箭头和位置号等标记,如图17-6所示,并严格按照规定力矩使用扭力扳手拧紧轴承盖紧固螺栓。

图17-5 凸轮轴断裂

图17-6 凸轮轴标记

(二)液压挺柱常见故障及原因

采用液压挺柱技术,挺柱可以通过机油压力自动调节气门间隙,保证零气门间隙,有利于减小冲击,降低噪声,延长零部件使用寿命并降低成本。气门挺柱的损伤形式有气门底部出现剥落、裂纹擦伤划痕、挺柱与导孔配合松旷等,液压挺柱除了外援产生磨损之外,其内部柱塞与挺柱体之间也有磨损,影响其密封性,导致气门升程减小。液压挺柱如图17-7所示。

图17-7 液压挺柱

1. 气门脚异响

液压挺柱能自动地减小气门间隙,减少发动机工作时的噪声,而且在发动机检修中无须调整气门间隙。这种发动机如果在运转中出现气门脚异响,说明液压挺柱(图17-8)有故障,其原因可能是:(1)发动机机油油面过高或过低,致使有气泡的机油进入液压挺柱中,形成弹性体而产生气门脚异响。(2)机油压力过低,液压挺柱中缺少润滑油,使空气进入液压挺柱中,产生气门脚异响。(3)发动机长期放置不用,使液压挺柱被过分压缩,重新起动后没有得到足够的机油补充而使空气进入,产生气门脚异响。(4)液压挺柱失效。当采用液压挺柱的发动机出现气门脚异响时,应先检查机油油面,若油面太低,应添加机油至标准高度。起动发动机,并使之运转至正常工作温度,然后以2000r/min的转速运转发动机约2min,若此时气门脚异响的现象消失,则可继续使用发动机,无须拆修。若气门脚异响的现象仍存在,则应拆检。对拆下的液压气门挺柱,可用手指捏住液压挺柱的上、下端面用力按压,如有弹性,则说明该液压已失效,应更换。

2. 单项阀门漏油

如果单项阀门不严密,当停车时阀内的油就会从阀门流出。如果发动机内的机油很脏,那么脏油就会通过液压挺柱壁上的油孔进入挺柱内部。脏油中的杂质就会在内部沉积,这样会加速挺柱内部件的摩擦磨损。

图 17-8　液压挺柱

二、气门传动组组件的检测

(一) 凸轮轴的检测

1. 凸轮轴外观检查

凸轮的表面如有击痕、毛刺及不均匀的磨损时,应用凸轮轴专用磨床进行修整,或根据标准样板予以细致的修理。凸轮高度因磨损减少至一定限度时,可进行合金焊条堆焊,然后进行光磨恢复原来的几何形状。

凸轮轴装正时齿轮固定螺母的螺纹若有损伤,应堆焊修复。正时齿轮键与键槽须吻合,否则应换新键。

2. 凸轮轴轴向间隙检查

如果轴向间隙过小,轴承容易发热,加速机件的磨损。如果轴向间隙过大,将导致凸轮轴轴承处有振动感,并发出钝重的"嗒嗒"声。做断缸试验时,声响没有变化,改变转速时,异响更明显;气门间隙忽大忽小,会造成发动机冒烟,功率下降。轴向间隙检查方法如下。

(1) 塞尺检查法。

用塞尺测量凸轮轴轴向定位处的间隙,标准 0.10~0.20mm。超过规定应更换标准厚度的止推凸缘或调整止推螺钉,如图 17-9 所示。

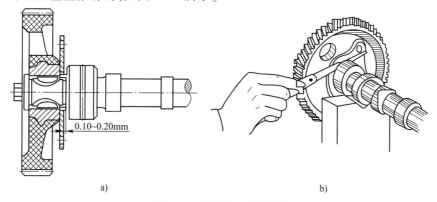

图 17-9　凸轮轴轴向间隙检测

(2) 百分表检查法。

测试前,拆下液压挺杆并安装好 1 号和 5 号轴承盖。

安装百分表及表架,用百分表垂直顶于凸轮轴一端,使测杆量头接触曲轴前端面,并保持 2mm 左右的预偏转值,左右拨动凸轮轴,在百分表读出凸轮轴的轴向窜动量。

如果大指针从起点处往两边偏摆,应将两边的偏摆量的绝对值相加才是最终结果。凸轮轴轴向间隙磨损极限为 0.15mm。如图 17-10～图 17-12 所示,当检测到的轴向窜动量超过磨损极限值时,建议更换标准厚度的止推凸缘或调整止推螺钉。

图 17-10　检测轴向间隙

图 17-11　轴向间隙检测实物(一)

3. 凸轮轴的弯曲度检查

凸轮轴弯曲会促使凸轮轴齿轮与轴承磨损,甚至会使齿轮工作时产生噪声或折断齿轮,从而加速凸轮轴颈的磨损。这些损坏不仅会影响配气机构工作的准确性,而且给气门间隙的调整带来困难。凸轮轴弯曲度检查方法如下。

(1)将工件被测表面擦拭干净。

(2)如图 17-13、图 17-14 所示,将待测凸轮轴前后两端轴颈置于 V 形铁上,V 形铁放在平板上。然后将百分表固定在表架上,以测杆端量头

图 17-12　轴向间隙检测实物(二)

抵住被测工件表面,并使量头产生一定位移,即使指针存在一个预偏转值(目的是减小量头与被测工件表面间可能存在的间隙所产生的测量误差)。该预偏转值的大小可根据实测项目定在 1～2mm 之间。

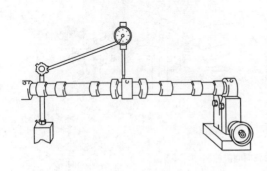

图 17-13　百分表弯曲度检测实物

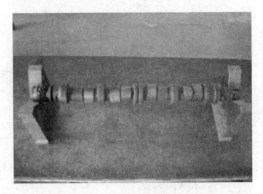

图 17-14　将凸轮轴两端轴颈置于 V 形铁上

为方便读数,此时可调整百分表外圆转盘,使大指针对正"0"刻度,或把大指针当前所指

示的刻线作为起点,然后观察测量过程中大指针偏转的格数,此格数即为最终得数。

(3)如图17-15所示,缓慢转动凸轮轴一周,使量头产生预偏转值。观察百分表大指针的偏转量,该偏转量即是凸轮轴的径向跳动量。

(4)如果大指针从起点处往两边偏摆,应将两边的偏摆量的绝对值相加,才是最终结果。

凸轮轴径向圆跳动量一般为0.01~0.03mm,允许极限一般为0.05~0.10mm。若超过极限值,应进行冷压校正修复。

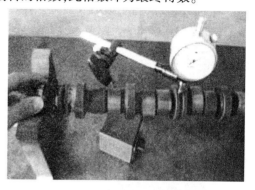

图17-15 使量头产生预偏转值

4.凸轮升程检测

凸轮轴磨损使凸轮的升程减小,直接影响发动机的进、排气门的开度,影响进、排气量,从而使发动机的功率下降。通过测量凸轮的最大高度 H 与基圆直径 D 的差可以衡量凸轮的磨损程度。凸轮升程减小0.40mm以上时,应更换新凸轮轴,如图17-16、图17-17所示。

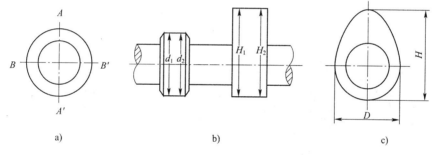

图17-16 凸轮升程测量示意图

a)凸轮高度检查　　　　　　　　　b)凸轮直径检查

图17-17 凸轮实物测量

5.凸轮轴圆度、圆柱度检测

圆度:是指工件的横截面接近理论圆的程度,即最大半径与最小半径之差值。

圆柱度:测出各给定横截面内零件回转一周过程指示表的最大示值与最小示值,并以所有各被测截面示值中的最大值与最小值的一半作为圆柱度误差值。

凸轮轴的圆度及圆柱度检测用千分尺,圆度及圆柱度的误差应不大于0.03mm,如图17-18、图17-19所示。

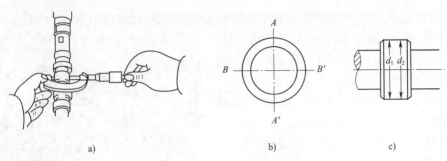

图 17-18　凸轮轴圆柱度测量

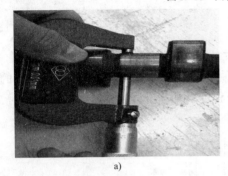

图 17-19　凸轮轴圆柱度实物测量

(二) 挺柱的检测

(1) 液压式气门挺柱的检修。

液压式气门挺柱可以自动补偿气门和挺柱之间存在的间隙,工作时噪声很小。

①清洗、清洁气门挺柱和挺柱孔座,如图 17-20 所示。

②检视气门挺柱表面是否有表面擦伤划痕,检视底部是否出现环形光环,如是,说明磨损不均匀,应尽早更换新件,损坏的液压挺柱如图 17-21 所示。

③根据挺柱外径选择合适量程的千分尺。

④如图 17-22 所示,在挺柱外表面测量相互垂直的两个挺柱直径。

图 17-20　清洁液压挺柱表面

图 17-21　损坏的液压挺柱

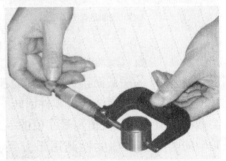

图 17-22　测量液压挺柱外径

⑤如图 17-23 所示,用内径百分表在挺柱孔内测量相互垂直的挺柱孔内径。

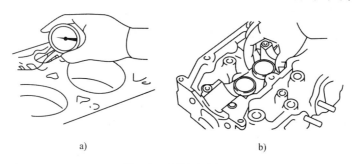

图 17-23 测量导孔内径

⑥计算挺柱与挺柱座孔配合间隙:挺柱孔内径减挺柱外径。
⑦挺柱与其座孔的配合间隙一般为 0.01~0.04mm,使用极限为 0.10mm。
⑧检查各部件有无损坏,应特别注意检查挺柱体外侧面及底部有无过度磨损。
⑨检查液力挺柱游隙,如图 17-24 所示。转动凸轮轴至待测挺柱的凸轮最高点,用塞尺检测凸轮与挺柱之间的间隙。若间隙大于 0.20mm,则应更换挺柱;若小于 0.10mm 或间隙很小,用楔杆略微向下按压,应能将 0.20mm 厚的薄规片塞入凸轮轴与挺杆之间,否则应该更换。

⑩检查液力挺柱是否有泄漏,回降时间是否在规定的时间之内。将液压气门挺柱浸入机油之中,抽动塞栓若干次,去除氧化膜及杂质,使塞栓灵活。通过推杆座排出空气,并用漏降测试装置在挺柱塞栓处施加 200N 的压力,压下 2mm 左

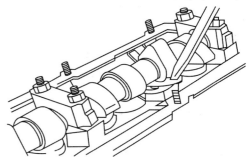

图 17-24 测量液力挺柱游隙

右以后,测量挺柱回位至 1mm 高度的漏降时间,在温度达 20℃ 时,应为 50s/mm(移动 1mm 的时间为 50s)左右。

注意:安装新液压挺柱时,发动机在 30min 之内不能起动,否则气门会撞击活塞而损坏。
(2)机械挺柱的检测。
①挺柱表面不应有裂纹、皱纹、黑点、刻痕、凹坑,及其他缺陷,如图 17-25 所示。在非磨光部分允许有黑点和加工痕迹。

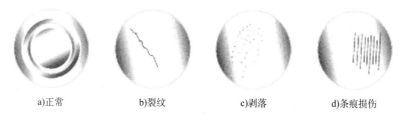

a)正常　　b)裂纹　　c)剥落　　d)条痕损伤

图 17-25 机械挺柱表面的检查

②挺柱上端螺纹(侧置式气门)应完整光洁,不得有凹坑、毛刺及黑皮等现象。
③挺柱的主要缺陷是挺柱球面(或平面)的磨损、挺柱直径的磨损、气孔及麻点。
④挺柱直径磨损可用千分尺测定。圆度、圆柱度及弯曲度误差均不应超过 0.01mm。径

向跳动量不应超过 0.05mm。气门挺柱轴承孔内径可用钢球式内径百分表检测。

⑤气门挺柱与轴承孔的配合间隙一般为 0.03～0.10mm，如超过 0.12mm 时，应采用电镀加大挺柱直径及铰大轴承孔的方法予以修复，或者视情更换挺柱和导孔支架。

思考与练习

一、填空题

1. 气门传动组的主要功用是按照_____的外廓形状传递动力，使_____按时开启和关闭。

2. 凸轮轴的磨损和变形将使气门的_____和_____降低，_____失准，从而影响发动机的动力性、经济性，增大发动机的噪声。

3. 液压挺柱除了外圆产生磨损之外，其内部柱塞与挺柱体之间也有磨损，影响其_____，导致_____减小。

4. 凸轮轴磨损使凸轮的升程减小，直接影响发动机的_____的开度，影响_____，会使发动机的功率下降。

5. 如果轴向间隙过小，轴承容易发热，加速机件的磨损。如果轴向间隙过大，将导致凸轮轴振动和异响，如果气门间隙忽大忽小，会造成_____，_____。

6. 凸轮轴断裂常见原因有液压挺杆碎裂或严重磨损、_____、凸轮轴质量差，以及凸轮轴正时齿轮破裂，也有可能是其他的所致。

7. 采用液压挺柱技术，挺柱可以通过机油压力自动调节气门间隙，保证_____，有利于减小冲击，降低噪声，延长零部件使用寿命并降低成本。

8. 凸轮轴径向圆跳动量一般为_____mm，允许极限一般为_____mm。若超过极限值，应进行冷压校正修复。

9. 凸轮轴的圆度及圆柱度检测用千分尺，圆度及圆柱度的误差应不大于_____mm。

10. 液压挺柱与其导孔配合间隙一般为_____mm，使用极限为_____mm。

二、不定项选择题

1. 凸轮轴常见的故障不包括(　　)。
   A. 轴向窜动量过大　　B. 凸轮轴变形弯曲　　C. 异响及断裂　　D. 积炭

2. 凸轮轴断裂的原因不包括(　　)。
   A. 润滑不良　　　　　　　　　　　　B. 混合气过浓
   C. 凸轮轴质量差　　　　　　　　　　D. 挺柱磨损严重

3. 造成凸轮轴异常磨损的原因有(　　)。
   A. 润滑油供油压力不足　　　　　　　B. 凸轮轴材料劣质
   C. 凸轮设计形状不达标　　　　　　　D. 使用劣质机油

4. 以下描述中，不属于造成气门脚异响的原因的是(　　)。
   A. 机油过多或过少　　　　　　　　　B. 发动机长时间不起动
   C. 使用的汽油太劣质　　　　　　　　D. 液压挺柱失效

5. 用百分表检查凸轮轴的轴向间隙，允许的最大极限是(　　)mm。
   A. 0.20　　　　　　B. 0.15　　　　　　C. 0.10　　　　　　D. 0.25

三、简答题

1. 请你描述凸轮轴常见的故障现象。

2. 请你分析凸轮轴异响的故障原因。

3. 请你描述气门脚异响的故障原因。

四、看图填空题

1. 图 17-26 表示的气门传动组故障是_____。

图 17-26　气门传动组故障

2. 图 17-27 表示的气门传动组的故障是_____。

图 17-27　气门传动组故障

3. 图 17-28 表示的液压挺柱故障是_____。

a)

b)

图 17-28　液压挺柱

项目十八　配气正时机构的结构原理认知

学习目标

完成本项目学习后,你应能:
1. 正确说出配气正时机构的基本结构、作用和类型;
2. 正确描述配气相位的作用;
3. 正确描述可变配气相位的原理,技术条件和类型;
4. 正确描述桑塔纳 AJR 发动机外围部件的拆装。

建议学时
4 学时。

一、配气正时机构的作用、类型和组成

(一) 配气正时机构的组成和作用

正时是发动机进、排气系统的一个名词,正时的意思是气门在正确的时间打开和关闭,正时即为"正确的时间",就是气门开闭相对于曲轴转角的时刻。

目前最普遍的正时构造一般由曲轴通过正时皮带或正时链条驱动位于缸盖上的凸轮轴,再由凸轮轴驱动挺杆,挺杆位于气门正上方,使气门上下往复运动,以实现气门的开闭。

正时系统是发动机配气机构的重要组成部分,是保障发动机"呼吸"顺畅的重要因素之一。正时系统通过控制气门的开闭时刻,准确地实现定时开启和关闭相应的进气门和排气门,使充足的新鲜空气得以及时进入汽缸,废气得以及时排出汽缸,从而保证发动机具有正常、良好的动力输出表现。

正时系统通常由曲轴正时齿轮,凸轮轴正时齿轮,正时皮带、张紧轮、水泵等附件组成。如图 18-1 所示,水泵上面挂有正时皮带,正时张紧器推动张紧轮从而张紧正时皮带。这也就是通常说的正时附件,不同的车型会有不同的附件组成,但其功能都是一样的。

正时的作用就是当发动机运转时,活塞的行程、气门的开启与关闭、点火的顺序,在"正时"的连接作用下,时刻要保持"同步"运转。通过发动机的正时机构,让每个汽缸做到:活塞向上正好到上止点时、气门正好关闭、火花塞正好点火。发动机工作过程中,在汽缸内不断发生进气、压缩、做功、排气四个过程,并且,每个步骤的时机都要与活塞的运动状态和位置相配合,使进气与排气及活塞升降相互协调起来,正时皮带在发动机里面扮演了一个"桥梁"的作用,在曲轴的带动下将力量传递给相应机件。

项目十八　配气正时机构的结构原理认知

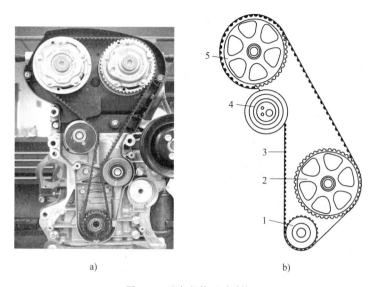

图 18-1　配气机构正时系统

1-曲轴正时齿带轮；2-中间轴正时齿带轮；3-正时齿形带；4-张紧轮；5-凸轮轴正时齿带轮

(二)配气正时机构的类型

按照驱动凸轮轴的方式的不同,配气正时机构分为齿轮传动、链条传动和同步齿形带传动三种。

(1)齿轮传动。

凸轮轴下置的配气机构都采用正时齿轮传动,一般从曲轴到凸轮轴的传动只需要一对正时齿轮,若齿轮直径过大,可在中间加装一个惰轮。齿轮传动系统如图 18-2 所示,为了啮合平稳,减小噪声,正时齿轮多用斜齿轮。在中、小功率发动机上,曲轴正时齿轮用钢来制造,而凸轮轴正时齿轮则用铸铁或夹布胶木制造,以减小噪声。齿轮传动的优点是比较平稳;配气正时控制精度高;不需要张紧装置,摩擦损失小,在使用中不需要过多地调整和保养。但缺点是齿轮传动的传力零件比较多,发动机损失功多,振动和噪音较大。

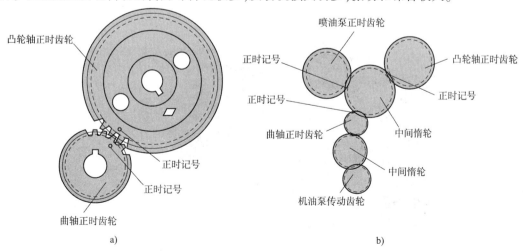

图 18-2　齿轮传动系统

(2) 链条传动。

链条与链轮的传动特别适用于凸轮轴上置、中置的配气机构。为使在工作时链条有一定的张力而不至脱链,通常装有导链板、张紧装置等,如图18-3所示。链传动无弹性滑动和打滑现象,平均传动比准确,工作可靠,效率高;传递功率大,过载能力强,相同工况下的传动尺寸小;所需张紧力小,作用于轴上的压力小;能在高温、潮湿、多尘、有污染等恶劣环境中工作。

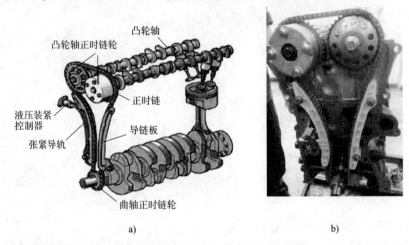

图18-3 链条传动系统

链条与链轮传动的主要缺点是仅能用于两平行轴间的传动;成本高,易磨损,易伸长,传动平稳性差;运转时会产生附加动载荷、振动、冲击和噪声;不宜用在急速反向的传动中,其传动性能在取决于链条的制造质量。

(3) 同步齿形带传动。

近年来,在高速发动机上还广泛采用齿形带来代替传动链,它不需要经常润滑,工作噪声低,结构质量轻,制造成本低。这种齿形带用氯丁橡胶制成,中间夹有玻璃纤维和尼龙织物,以增加强度。为确保齿形带传动的可靠性,齿形带传动也需要张紧装置,齿形带传动系统如图18-4所示。如齿形带过松,发动机工作过程中可能产生跳齿现象,使配气相位失准,影响发动机正常工作。

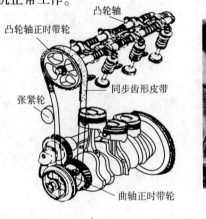

图18-4 齿形带传动系统

二、配气相位

(一)配气相位的定义及作用

配气相位用曲轴转角来表示进、排气门的开启时刻和开启延续时间,通常用环形图表示,如图18-5所示。

发动机在换气过程中,若能够做到排气彻底、进气充分,则可以提高充气系数,增大发动机的输出功率。四冲程的每个工作行程,其曲轴要转180°。现代发动机转速很高,一个行程经历的时间很短(如上海桑塔纳的四冲程发动机,其最大功率下发动机转速达5600r/min,一个行程的时间只有0.0054s),这样短时间的进气和排气过程往往会使发动机充气不足或者排气不净,从而使发动机功率下降。因此,现在发动机都延长进、排气时间,即气门的开启和关闭时刻并不正好是活塞处于上止点和下止点的时刻,而是分别提前或延迟一定的曲轴转角,以改善进、排气状况,从而提高发动机动力性。

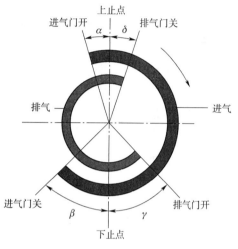

图18-5 配气相位

配气相位是否准确对发动机的动力性、经济性、环保性有很大的影响。配气相位不准,会导致进气不充分、排气不顺畅,将影响混合气的形成品质,造成燃烧不完全,使发动机的动力性下降,燃料消耗增加,排放污染加剧。在发动机转速条件下,通过合理改变配气相位角度,可以获得更佳的燃烧室进气效果,这一特性使发动机响应性能与功率都得到了提高。

那么气门早开晚关对发动机实际工作又有什么好处呢?进气门早开,增大了进气行程开始时气门的开启高度,减小进气阻力,增加进气量。进气门晚关,延长了进气时间,在大气压和气体惯性力的作用下,增加了进气量。排气门早开,可借助汽缸内的高压自行排气,大大减小了排气阻力,使排气干净。排气门晚关,延长了排气时间,在废气压力和废气惯性力以及进气作用下,使排气干净。

(二)配气相位角

1. 进气提前角 α

在排气冲程接近终了,活塞到达上止点之前,进气门便开始开启。从进气门开始开启到上止点所对应的曲轴转角称为进气提前角(或早开角)。进气提前角用 α 表示,α 一般为10°~30°。

进气门早开,使得活塞到达上止点开始向下运动时,因进气门已有一定开度,所以,可较快地获得较大的进气通道截面,减少进气阻力。同时也可以有一定进气惯性,推动废气排得更干净。

2. 进气迟后角 β

在进气行程下止点过后,活塞又上行一段,进气门才关闭。从下止点到进气门关闭所对应的曲轴转角称为进气迟后角(或晚关角)。进气迟后角用 β 表示,β 一般为 $40°\sim 80°$。

活塞到达下止点时,由于进气阻力的影响,汽缸内的压力仍低于大气压,进气门晚关,利用压力差可继续进气;同时活塞到达下止点时,进气气流还有相当大的惯性,进气门晚关,仍能继续进气。

下止点过后,随着活塞的上行,汽缸内压力逐渐增大,进气气流速度也逐渐减小,至流速等于零时,进气门便关闭的迟后角度为 β 角最适宜。若 β 过大便会将进入汽缸内的气体重新又压回进气管。由上可见,进气门开启持续时间内的曲轴转角,即进气持续角为 $\alpha+180°+\beta$。

3. 排气提前角 γ

在做功行程的后期,活塞到达下止点前,排气门便开始开启。从排气门开始开启到下止点所对应的曲轴转角称为排气提前角(或早开角)。排气提前角用 γ 表示,γ 一般为 $40°\sim 80°$。恰当的排气门早开,汽缸内还有约 $300\sim 500\text{kPa}$ 的压力,做功作用已经不大,可利用此压力使汽缸内的废气迅速地自由排出;提前排气,等活塞到达下止点时,汽缸内只剩约 $110\text{kPa}\sim 120\text{kPa}$ 的压力,使排气行程所消耗的功率大为减小;高温废气的早排,还可以防止发动机过热。

4. 排气迟后角 δ

在活塞越过上止点后,排气门才关闭。从上止点到排气门关闭所对应的曲轴转角称为排气迟后角(或晚关角)。排气迟后角用 δ 表示,δ 一般为 $10°\sim 30°$。

活塞到达上止点时,汽缸内的压力仍高于大气压,利用缸内外压力差可继续排气;废气气流有一定的惯性,利用惯性可继续排气。所以,排气门适当晚关可使废气排得较干净。由此可见,气门开启持续时间内的曲轴转角,即排气持续角为 $\gamma+180°+\delta$。

5. 气门重叠

由于进气门早开,排气门晚关,进气门在上止点前开启,而排气门在上止点后关闭,势必造成在同一时间内两个气门同时开启的现象。把两个气门同时开启时间相当的曲轴转角叫作气门重叠角($\alpha+\delta$),如图 18-6 所示。在这段时间内,可燃混合气和废气是否会乱窜呢?不会的,这是因为:a. 进、排气流各自有自己的流动方向和流动惯性,而重叠时间又很短,不至于混乱,即吸入的可燃混合气不会随同废气排出,废气也不会经进气门倒流入进气管,而只能从排气门排出;b. 进气门附近有降压作用,有利于进气。

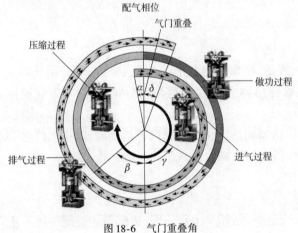

图 18-6　气门重叠角

三、可变配气相位

(一)可变配气相位的原理

四冲程发动机在工作过程中,吸入新鲜空气,排出高温废气。这种进气和排气的全过程,称为换气过程。在高速发动机中,每个循环的进、排气过程时间极短,在这极短的时间内,被吸入的可燃混合气越多,废气排的越干净、越彻底,发动机发出的功率就可能越大。反之,发出的功率就越小,发动机的动力性和经济性就会下降。因此,需要适时开启和关闭进、排气门。由内燃机原理可知,气门的开闭位置和活塞的位置有关,活塞的位置和曲轴的转角有关,用曲轴转角来表示气门的开闭时间,就是配气相位。从配气相位图中,可以看出,发动机的进、排气门分别提前打开和延迟关闭,以便争取最大的"时间断面"。发动机可变气门正时的原理就是根据发动机的运行情况,调整进、排气的量和气门开合时间及角度,使进入的空气量达到最佳,提高燃烧效率。

实验证明,在高转速时,气门重叠角大一些对发动机是十分有利的。就配气相位而言,气门重叠角的大小与发动机的转速有关,若发动机转速高,则气门重叠角就相应设置大些。在进、排气门开、闭的四个阶段中,进气门迟后角和进、排气门叠开角对发动机的充气效率有较大的影响,以进气门迟后角为例:当发动机转速较低时,进气门迟后角过大,新鲜充量被向上止点运动的活塞推回到进气管,这是因为活塞到下止点时,缸内压力与进气管压力相近;当发动机转速高时,允许有较大的进气门迟后角,这是因为活塞到下止点时缸内压力远低于进气管压力,可以获得较多的延迟充气量。改变进气门的迟后角可以改变充气效率随转速变化的趋势,用来调整发动机转矩特性,以满足不同的使用要求。如果进气迟后角加大,高转速时充气效率增加,有利于发挥最大功率,但对中、低速性能不利;反之,则对高速时最大功率的发挥不利。

由上述可知,配气相位与发动机的转速有关。原则上,一种配气相位只适合一种发动机转速。配气相位取决于凸轮轮廓的形状,配气相位对发动机的性能影响很大,凸轮型线的不同决定了发动机是高速性能还是低速性能。如果是高速性能的发动机,则在高转速范围功率很大,但在中低转速范围功率下降很多;反之,则在高转速范围功率下降很多。现代发动机要求在任何转速范围都能获得较大的功率,这就要求配气相位能够根据发动机的工作情况及时做出调整,因此,可变配气相位技术应运而生。

(二)可变配气相位技术条件

理想的配气相位应满足以下条件:

(1)低速时,采用较小的气门叠开角和较小的气门升程,防止汽缸内新鲜充量向进气系统倒流,以增加转矩,提高燃油经济性;

(2)高速时,应具有最大气门升程和进气门迟后角,最大限度地减小流动阻力,充分利用流动惯性,提高充气系数,以满足动力性要求;

(3)能够对进气门从开启到关闭持续地进行调整,以实现最佳的进气定时。

可变配气相位改变了配气相位固定不变的状态,在发动机运转工况范围内提供最佳的配气正时,提高了充气系数,较好地解决了高转速与低转速、大负荷与小负荷条件下动力性与经济性的矛盾,在一定程度上改善了废气排放、怠速稳定性和低速平稳性,降低了怠速转速。

(三)可变正时系统的类型

由于进气门的配气相位角及行程对发动机功率和油耗影响较大,因此,已有的配气相位及行程可变技术主要是针对进气门的。配气相位可变电子控制系统由发动机转速及其他有关的传感器、发动机控制系统电脑及配气相位调整执行机构组成。发动机控制系统电脑主要根据发动机转速传感器的信号,并参考发动机负荷、发动机温度及车速等传感器的信号,作出对配气相位及气门行程调整的判断,并输出控制信号,控制执行机构动作,实现对配气相位及气门行程的调节。配气相位及气门行程可变的调整机构有机械式、液压式、机液混合式和电动式等不同形式。

1. 机械式可变正时系统

所谓机械变化方式是指控制系统通过操纵一个机械装置的动作使进气门行程改变,从而实现配气相位的可控。机械变化方式有不同的结构形式,现举两例说明。

(1)宝马公司的进气门行程可变技术。

宝马轿车使用的是被称为阀门子的进气门行程可变技术,使进气门行程变化的机构是一个可绕旋转轴转动的中间连杆,进气凸轮通过中间连杆来驱动进气门摇臂(图18-7)。由于形状的原因,当中间连杆围绕旋转轴偏转一个角度时,气门行程就会发生变化。中间连杆的旋转则是由步进电机通过蜗轮蜗杆传动机构带动的偏心轮推动的。其进气门行程改变的过程为:电机在发动机控制系统电脑的控制信号作用下转动一个适当的角度,蜗杆(电机的输出轴)带动蜗轮转动,固定在蜗轮上的偏心轮一起转动,并推动中间连杆绕其旋转轴偏转一个角度(图18-7b),从而使进气门的行程发生改变。这种阀门子技术可使进气门行程在0~97mm之间连续变化。

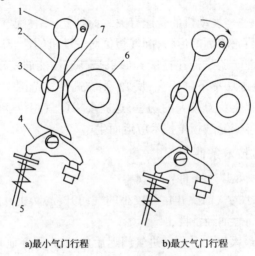

a)最小气门行程   b)最大气门行程

图18-7 宝马汽车的可变配气相位
1-蜗轮上的偏心凸轮;2-中间连杆;3-滚轮;4-摇臂;5-进气门;6-进气凸轮;7-旋转轴

(2)奔驰汽车公司的进气门行程可变技术。

奔驰汽车上的进气门可变机构由定位凸轮、滚轮及移动支架等组成,进气凸轮通过移动支架上的滚轮来驱动进气门摇臂(图18-8)。气门可变控制系统通过转动定位凸轮来推动移动支架,使移动支架上的滚轮位置发生变化,以此实现对进气门行程的控制。当定位凸轮转动一个角度,通过移动支架将滚轮向进气凸轮侧推进时,进气门的行程就会增大。由于定位凸轮的外形曲线是连续变化的,因此,进气门的行程改变也是连续的。

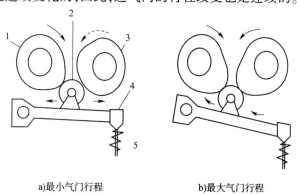

a)最小气门行程　　　　　　b)最大气门行程

图18-8 奔驰汽车的可变配气相位

1-进气凸轮;2-滚轮及移动支架;3-定位凸轮;4-滑轨及进气门顶(摇臂);5-进气门

这种机械变化方式可实现进气门行程及配气相位在一定的范围内连续变化,使得发动机在不同的转速下均可获得理想的进气门行程及配气相位,从而提高了发动机高转速时的动力性,降低了发动机低转速时的油耗。机械变化方式的主要缺点是使配气机构的结构变得更为复杂,发动机的制造成本较高。

2. 液压式可变正时系统

以菲亚特汽车使用的可变气门(图18-9)技术为例,其进气门行程的变化主要是通过液压装置实现。气门驱动机构主要由凸轮驱动的推杆、封闭的液压腔及推动气门的柱塞组成。发动机工作时,凸轮转动而驱动推杆,推杆通过液压腔的液压油推动柱塞,由柱塞的移动推动气门。

这种结构形式通过改变液压腔内的液压油量来改变柱塞的行程,也就是改变了进气门的行程,发动机控制系统电脑通过液量调节电磁阀实现对液压腔内液压油量的调节。液压腔内的液压油量可以连续变化,因此,进气门行程的改变量也是可以连续的。

液压变化方式的机械结构相对比较简单,但增加了液压控制装置。由于液压油具有一定的可压缩性及液压系统的密封问题,使高精确度的进气门行程控制难度相对较大。

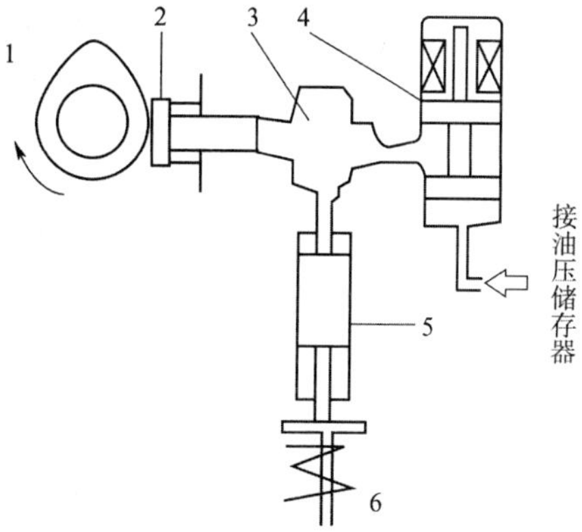

图18-9 菲亚特汽车的可变配气相位

1-凸轮;2-推杆;3-液压腔;4-电磁阀;5-柱塞;6-进气门

3. 机械液压式正时系统

以本田轿车上使用的可变气门配气正时和气门升程电子控制系统(Variable Valve Timing and Valve Life Electronic Control System,以下简称"VTEC")为例(图18-10),四气门的发动机每缸有3个进气摇臂,凸轮轴上有3个与之对应的凸轮。3个凸轮中,主凸轮外廓曲线有正常的高度,次凸轮高度很低,而中间凸轮则比主凸轮高,3个摇臂内部有1个由液压控制的活塞锁栓,由它完成不同凸轮之间的运动切换,从而改变气门开程和气门开闭持续时间。

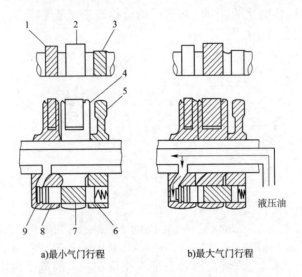

图18-10 本田汽车可变配气相位
1-主进气凸轮;2-中间凸轮;3-次进气凸轮;4-中间摇臂;5-次进气摇臂;6-阻挡活塞;7-同步活塞A;8-同步活塞B;9-正时活塞

在发动机低转速时,3个进气摇臂未被锁住(图18-10a),分别由3个凸轮驱动。其中主凸轮驱动主进气门按正常的高度打开;次凸轮驱动的次进气门则开度很小,主要是防止燃油阻塞进气口;中间凸轮则驱动中间摇臂,但对进气门的开启与关闭无任何影响。此时,进气门的行程和气门重叠角小,适应了发动机低转速工况的需要。在发动机高转速时,发动机控制系统电脑输出控制信号,打开VTEC电磁阀,使来自发动机机油泵的油压推动摇臂内部的活塞,将三摇臂锁住而一起运动(图18-10b)。这时,主、次进气门均由中间凸轮驱动,增大了气门的重叠角和两进气门的行程,使之适应于发动机高转速的需要。

这种气门可变技术控制方法比较简单,但气门的重叠角和两进气门的行程只适应于发动机低转速和发动机高转速两种状态,因而其控制精度比上述连续改变的要低。

4. 电动式可变正时系统

电动式可变正时系统用电磁线圈取代凸轮来驱动气门的开闭。以奔驰和宝马公司开发的电动气门控制系统为例,每个气门都有两个电磁线圈,与铁芯连为一体的盘形衔铁在上下两线圈的中间。其中上线圈通电使气门关闭,下线圈通电使气门开启最大,两线圈均不通电时,气门在复位弹簧力作用下处于半开的位置,工作原理如图18-11所示。

发动机控制系统电脑输出的控制脉冲直接控制电磁线圈驱动电路,由驱动电路通、断电磁线圈回路。电脑通过改变控制脉冲的相位和脉宽,即可改变气门早开和晚关的角度。进气门的行程可通过控制系统输出不同的控制脉冲改变,比如,电脑只输出上线圈脉冲信号,可使气门在行程较小(最大行程的一半)的状态下工作;如果电脑输出使上线圈和下线圈交替通、断电的控制信号,则可使气门在最大行程状态下工作。

项目十八　配气正时机构的结构原理认知

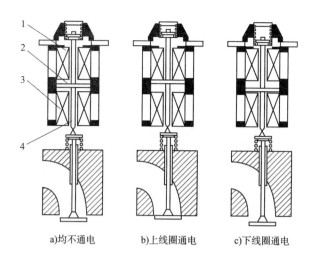

a)均不通电　　b)上线圈通电　　c)下线圈通电

图 18-11　电动气门工作原理
1-上电磁线圈；2-盘形衔铁；3-下电磁线圈；4-铁芯

电动气门无须调节配气相位的机械装置，使发动机结构得以简化。电动气门的缺点是电能消耗量大，且需要远高于 12V 电压的电源供电才能保证电磁线圈迅速驱动气门所需要的电功率。这也是电动气门目前很少使用的一个重要原因。宝马公司解决此问题的方式是用 1 台与起动机为一体的发电机作为气门驱动电源，其电源电压为 42V。

四、配气正时机构外围部件的拆装（以桑塔纳 AJR 发动机为例）

（一）拆卸发动机前端的多槽皮带

（1）发动机前端部件安装位置如图 18-12 所示。

（2）在传动带上标记多槽皮带的旋转方向后，用扳手按图 18-13 箭头所示方向旋转。张紧装置可用专用工具（型号：3090）固定，也可用 Φ4.5mm，长约 55mm 的铁棒固定，如图 18-14 所示。

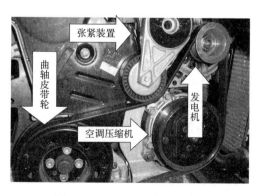

图 18-12　发动机前端部件结构图

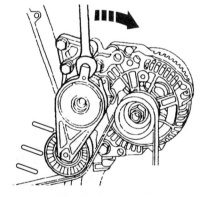

图 18-13　旋转张紧装置

（3）取下多槽皮带。

（4）拧出张紧装置与发动机的固定螺栓，拆下张紧装置，如图 18-15 箭头所示。

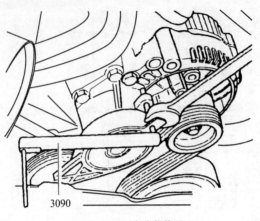

图 18-14　固定张紧装置

图 18-15　拆下张紧装置

(二) 拆空调压缩机

(1) 拧出空调压缩机与发动机的固定螺栓,如图 18-16 箭头所示。使压缩机脱离发动机。

(2) 将空调压缩机用铁丝固定在车身上,如图 18-17 所示。

图 18-16　拆空调压缩机固定螺栓

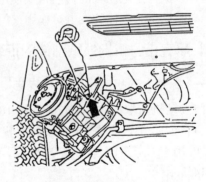

图 18-17　固定空调压缩机

注意:对装有动力转向叶轮泵的车辆,需要拧出动力转向叶轮泵处的助力转向工作液油管螺栓螺母,如图 18-17 中箭头所指,移开油管。注意收集助力转向工作液。如有必要,拆下油管。对有的车辆,也可将助力转向泵整体拆下,用铁丝挂在车身上。

(三) 拆卸正时齿带上防护罩

按图 18-18 所示拆卸正时齿轮上防护罩。

(四) 拆卸正时齿带中间及下防护罩

拆卸防护罩上的螺栓,注意螺栓位置及防护罩上的正时标记,拆卸正时齿形带中间及下防护罩,如图 18-19 所示。

图 18-18　拆卸正时齿轮上防护罩

项目十八 配气正时机构的结构原理认知

a)拆卸正时皮带中防护罩

b)拆卸正时下防护罩

图 18-19 拆卸正时齿带中间及下防护罩

(五)清洁零部件,识别配气正时机构部件

外部件拆卸完成后需要用毛巾清洁,并对拆卸的零部件进行外观检查,并识别配气正时机构的零部件,配气正时部件如图 18-20 所示。

(六)安装外部件时操作顺序与拆卸相反

(1)安装下防护罩上的螺栓,注意螺栓位置及防护罩上的正时标记,安装中防护罩的螺栓,拧紧力矩为 10N·m。

(2)发动机前端部件位置如图 18-21 所示。

(3)将空调压缩机安装到缸体相应位置上,拧紧图 18-22 箭头所示的固定螺栓(拧紧力矩:25N·m)。

图 18-20 配气正时机构

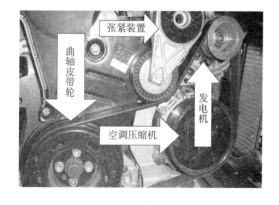
图 18-21 发动机前端部件位置

图 18-22 安装空调压缩机

(4)将专用工具(型号:VW558)固定在压盘上,如图 18-23 所示。

(5)安装多槽皮带带轮,旋入中心紧固螺栓,按 60N·m 力矩紧固,如图 18-24 箭头所示。

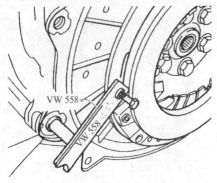

图 18-23　固定压盘

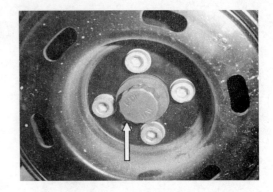

图 18-24　安装多槽皮带带轮

(6) 安装齿形皮带上护罩,用手指按下紧固卡,如图 18-25 所示。

(7) 安装多槽皮带张紧装置,螺栓不拧紧;按原旋转方向套上多槽皮带,用扳手按图 18-26 箭头所示方向旋转。张紧装置可用专用工具(型号:3090)固定,也可用 Φ4.5mm、长约 55mm 的铁棒固定,如图 18-27 所示。

图 18-25　安装齿形皮带上护罩

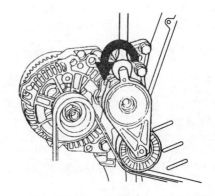

图 18-26　安装多槽皮带张紧装置(用扳手旋转)

(8) 拧紧张紧装置与发动机的固定螺栓(拧紧力矩:25N·m),如图 18-28 箭头所示。

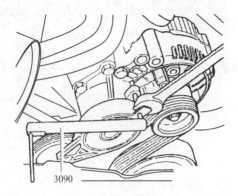

图 18-27　固定张紧装置

图 18-28　拧紧张紧装置与发动机的固定螺栓

(9) 安装发电机,旋入螺栓(图 18-29 箭头所指),并以 45N·m 力矩紧固。

图 18-29　安装发电机

（10）取下张紧装置时,一般是用手指捏在多槽皮带中间刚好可翻转 90°为宜。然后以 45N·m 力矩拧紧张紧轮的固定螺栓。转动曲轴两圈,若不合格再次检查,调整。

思考与练习

一、填空题

1. 正时是发动机进、排气系统的一个名词。正时的意思是_____在正确的时间打开和关闭,正时即为"正确的时间",就是气门开闭相对于_____的时刻。

2. 目前最普遍的正时构造一般由曲轴通过_____驱动位于缸盖上的凸轮轴,再由凸轮轴驱动_____,使气门上下往复运动,以实现气门的开闭。

3. 正时系统通常由曲轴正时齿轮,_____,正时皮带、_____、水泵等附件组成。

4. 发动机工作过程中,在汽缸内不断发生_____、_____、_____、_____四个过程,并且,每个步骤的时机都要与活塞的_____和位置相配合,使进气与排气及活塞升降相互协调起来。

5. 按照驱动凸轮轴的方式的不同,配气正时机构分为_____、_____和同步齿形带传动三种。

6. 四冲程发动机在工作过程中,吸入新鲜空气,排出高温废气。这种进气和排气的全过程,称为_____。

7. 由内燃机原理可知,气门的开闭位置和活塞的位置有关,活塞的位置和曲轴的转角有关,用曲轴转角来表示气门的开闭时间,就是_____。

8. 在进、排气门开、闭的四个阶段中,_____和_____对发动机的充气效率有较大的影响。

9. 理想的配气相位在发动机高速时,应具有_____和_____,最大限度地减小_____,充分利用流动惯性,提高_____,以满足动力性要求。

二、选择题

1. 下列配气正时组件中和正时皮带没有直接接触的是(　　)。
   A. 凸轮轴　　　B. 曲轴正时齿轮　　　C. 张紧轮　　　D. 凸轮轴正时齿轮

2. 以下不属于齿轮传动的优势的是(　　)。
   A. 传动比准确　　B. 过载能力强　　　C. 效率高　　　D. 噪声小

3. 以下选项不是链条传动的优势的是(　　)。
　　A. 传动比准确　　B. 过载能力强　　C. 效率高　　D. 噪声小
4. 直接驱动凸轮轴的传动部件是(　　)。
　　A. 曲轴　　B. 气门　　C. 推杆　　D. 正时皮带或正时链条
5. 设某发动机的进气提前角为 α，进气迟后角为 β，排气提前角为 γ，排气迟后角为 δ，则该发动机的进、排气门重叠角为(　　)。
　　A. $\alpha+\beta$　　B. $\alpha+\gamma$　　C. $\beta+\delta$　　D. $\alpha+\delta$
6. 气门的升程取决于(　　)。
　　A. 凸轮轴的轮廓　　B. 凸轮轴转速　　C. 配气相位　　D. 凸轮轴位置
7. 合理选择(　　)可以提高发动机的充气效率。
　　A. 进气迟开角　　B. 排气迟开角　　C. 排气早闭角　　D. 进气迟闭角
8. 气门传动组件磨损，配气相位的变化规律是(　　)。
　　A. 早开早闭　　B. 早开晚闭　　C. 晚开晚闭　　D. 晚开早闭

三、简答题

1. 请简述配气正时机构的作用。

2. 请简述为什么进排气门要早开晚关？

3. 请简述配气正时机构的组成部件及作用。

4. 请简述进气提前角的作用？

项目十九　配气正时机构的检修

学习目标

完成本项目学习后,你应能:
1. 正确描述正时皮带的作用和主要损伤形式;
2. 正确描述 AJR 发动机的正时规范拆装和检查。

建议学时
4 学时。

一、正时皮带的作用及损伤形式

汽车发动机工作过程中,在汽缸内不断发生进气、压缩、做功、排气四个过程,并且,每个步骤的时机都要与活塞的运动状态和位置相配合,使进气与排气及活塞升降相互协调起来,正时皮带在发动机里面扮演了一个"桥梁"的作用,正时皮带的作用就是连接曲轴和凸轮轴,以一定的传动比传递动力,同时保证进、排气时间的准确。其上部连接发动机的正时齿轮,正时齿轮连接的是凸轮轴,在凸轮轴上有凸轮,与凸轮接触的是气门挺柱,气门挺柱通过正时皮带的动力产生压力来顶开气门。当凸轮轴上的凸轮凸峰顶开进气门时,雾化的汽油进入缸体,顶起排气门时,废气排出缸体。当凸轮轴上的基圆接触气门挺柱时,进、排气门都关闭,火花塞跳火,点燃混合气,推动活塞作用产生动力,正时皮带如图 19-1 所示,正时皮带主要损伤形式如图 19-2 所示。

图 19-1　正时皮带

a)正时皮带断齿

b)正时皮带有油污

图　19-2

 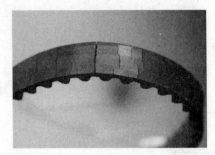

c)正时皮带背面断裂　　　　　　　　d)正时皮带龟裂

图19-2　正时皮带损伤形式

正时皮带属于橡胶部件,随着发动机工作时间的增加,正时皮带和正时皮带的附件,如正时皮带张紧轮、正时皮带张紧器和水泵等都会发生磨损或老化。因此,凡是装有正时皮带的发动机,厂家都会有严格要求,在规定的周期内定期更换正时皮带及附件,更换周期则随着发动机的结构不同而有所不同,一般在车辆行驶到6万~10万km时应该更换,具体的更换周期应该以车辆的维护手册说明为准。正时皮带一般是车辆行驶到8万km时考虑更换。即使车上备有正时皮带,一旦其发生断裂,自己也无法更换。因此,当总行驶路程到达8万km时,建议考虑更换之,正时皮带位于散热器风扇的后侧。

检查正时皮带时,应检查皮带的张紧度、张紧轮以及水泵的状况,发现问题要及时调整更换;查看皮带齿轮是否有磨损和剪切,皮带侧壁有无裂纹,皮带背面有无裂纹,有无被油脂、冷却液浸泡的痕迹,如果有上述的任何一种现象都要更换正时皮带。

正时皮带没有破裂,并不意味着它没有问题。随着皮带越用越旧,其拉伸的程度势必超过张紧装置能够补偿的范围。而轮齿磨损、有润滑油附着等因素也会导致打滑。检查时,如果皮带有硬度降低、磨蚀、纤维断裂或者裂纹、裂缝的现象,就表明皮带已破损,不可以继续使用。接下来,检查链轮故障。损坏的链轮能"烧毁"皮带材料,并加剧皮带齿磨损,同时链轮故障还可能使气门机构对正时皮带产生更大的阻力。

二、AJR型发动机正时机构的拆装及检修

AJR型发动机正时机构的拆装可按图19-3所示进行。

(一)正时齿形带的拆卸

(1)将曲轴转到第一缸的上止点位置,观察凸轮轴正时齿轮上的正时标记是否和防护罩上的标记对齐,如对不齐则说明此发动机正时不当,如图19-4和图19-5箭头所示。

(2)拆卸正时齿形带上防护罩,如图19-6所示。

(3)顺时针旋转曲轴,将凸轮轴正时齿形带轮上的标记对准正时齿带防护罩上的标记,如图19-6中箭头所示。

(4)使用工具固定曲轴中心螺栓,拆卸曲轴正时皮带盘,注意:正时皮带盘的缺口要固定地对正下护罩上的正时标记,凸轮轴正时齿轮的缺口标记要对正上护罩的正时标记,在后面的拆卸过程中要固定曲轴,不能让拆卸过程使这两个标记错位。如图19-7所示。

(5)拆卸防护罩上的螺栓,注意螺栓位置及防护罩上的正时标记,拆卸正时齿形带中间及下防护罩,如图19-8所示。

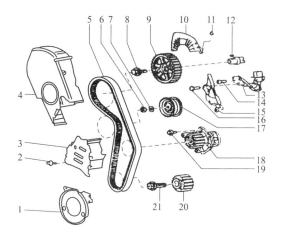

图19-3　正时齿形带及附件的分解图及部件拧紧力矩

1-正时齿形带下防护罩；2-中间防护罩螺栓（拧紧力矩10N·m）；3-正时齿形带中间防护罩；4-正时齿形带上防护罩；5-正时齿形带；6-张紧轮固定螺栓（拧紧力矩15N·m）；7-波纹垫圈；8-凸轮轴正时齿形带轮固定螺栓（拧紧力矩100N·m）；9-凸轮轴正时齿形带轮；10-正时齿形带后上防护罩；11-防护固定螺栓（拧紧力矩10N·m）；12-半圆键；13-霍尔传感器；14-螺栓（拧紧力矩10N·m）；15-正时齿形带后防护罩；16-螺栓（拧紧力矩20N·m）；17-半自动张紧轮；18-水泵；19-螺栓（拧紧力矩15N·m）；20-曲轴正时齿形带轮；21-曲轴正时齿形带轮螺栓（拧紧力矩90N·m+1/4圈）

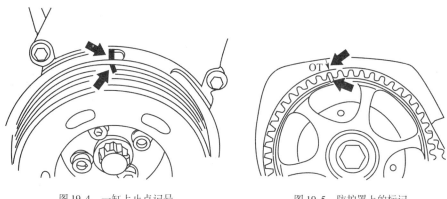

图19-4　一缸上止点记号　　　　　　图19-5　防护罩上的标记

图19-6　拆卸正时齿形带上防护罩

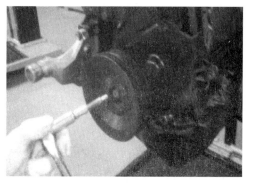

图19-7　拆卸曲轴皮带盘

a)
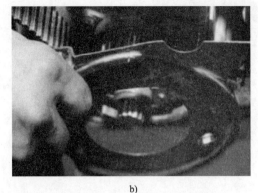
b)

图 19-8　拆卸正时齿形带中间及下防护罩

(6) 用记号笔在正时齿形带上做好正时皮带旋转方向的记号,一般标记(图 19-9)为发动机曲轴的旋转方向,防止安装时装反正时齿形带,并检查磨损情况,脏污情况,皮带上齿有没有断裂,缺齿情况,齿形带不得有扭曲,不得有油污的痕迹。

(7) 松开半自动张紧轮并拆下正时齿形带,注意张紧轮松开即可,如图 19-10 所示。

图 19-9　标记

图 19-10　松开张紧轮

(8) 对发动机正时系统检查,检查正时皮带的长度,裂纹,皮带拉伸的情况;检查张紧轮(图 19-11),用手转动张紧轮,观察转动是否正常,有无阻力、噪声和摆动,安装是否牢靠;检查正时齿轮,观察是否有杂物、脏污,用手轻微摇晃正时齿轮,测试正时齿轮配合间隙是否过大等,清洁正时相关部件。

(二) 正时齿形带的安装(调整配气相位)

正时齿形带的安装可参照图 19-12 所示进行,图 19-12 为拆去正时齿形带上、中防护罩后的视图。凡是进行过与正时齿形带相关的修理工作后,都要按下述步骤对正时齿形带进行调整。

(1) 转动凸轮轴,使曲轴不在上止点的位置,以免损坏气门及活塞。

(2) 将凸轮轴正时齿形带轮上的标记对准正时齿形带防护罩上的标记。

(3) 检查曲轴正时齿形带轮上止点记号与参考标记是否对准。

(4) 将正时齿形带安装到曲轴正时齿形带轮和水泵上,注意皮带的旋转方向必须正确,皮带的安装位置必须到位,并且皮带的旋转方向和拆之前的方向要一致。

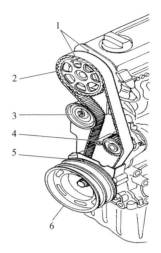

图 19-11 张紧轮

图 19-12 正时齿形带的安装
1-凸轮轴正时记号;2-凸轮轴皮带轮;3-半自动张紧轮;4-水泵;5-曲轴正时记号;6-曲轴皮带轮

(5)将正时齿形带安装到张紧轮和凸轮轴正时齿形带轮上。注意半自动张紧轮的位置,定位块必须嵌入汽缸盖上的缺口内,如图 19-13 箭头所示。

(6)将半自动张紧轮逆时针转动,直到可以使用专用工具(型号:Matra V159)操作为止,如图 19-14 中箭头所示。松开张紧轮,直到指针 1 位于缺口 2 下方约 10mm 处。旋紧张紧轮,直到指针 1 和缺口 2 重叠,将张紧轮上的锁紧螺母以 15N·m 的力矩拧紧。

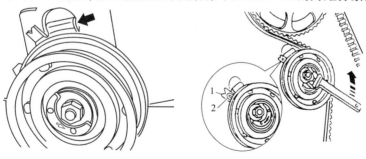

图 19-13 半自动张紧轮的位置

图 19-14 安装半自动张紧轮
1-指针;2-缺口

(7)使用套筒和接杆沿发动机正常工作时曲轴的旋转方向转动曲轴 720°,确定曲轴皮带盘上的标记和下护罩的正时标记对齐,此时观察凸轮轴上的正时齿轮与上护罩的正时标记是否对齐,如果对齐了即可以安装附件,若对不齐,那么需要重新检查并调整。

(8)安装正时齿形带下防护罩、曲轴正时齿形带轮。正时齿形带上部和中间防护罩。

(三)检查半自动张紧轮

正时齿形带已安装并张紧时,拆下正时齿形带上防护罩,用拇指用力弯曲正时齿形带,指针 2 应该移向一侧,如图 19-15 所

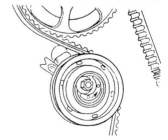

图 19-15 检查半自动张紧轮

示。当放松正时齿形带时,张紧轮应该回到初始位置(缺口1和指针2重叠),转动张紧轮时,不应该有异响、摆动、发卡等现象。

(四)发动机正时皮带的检查

正时皮带的检查:使用3~5kg的质量下压皮带,挠度为10~15mm,即能后往里压10~15mm之间为合适;翻转时,能翻转90°为合适;张力不足时,皮带很容易出现打滑,张力过大时,很容易损伤各种辅机的轴承,为此,应该把相关的调整螺母或螺栓拧松,把皮带的张力调整到最佳的状态。检查正时皮带的张紧度如图19-16所示。

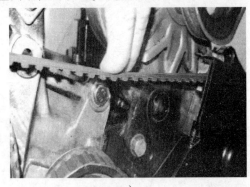
a)

b)

图19-16 检查正时皮带的张紧度

思考与练习

一、填空题

1. 汽车发动机工作过程中,在汽缸内不断发生_____、_____、_____、_____四个过程,并且,每个步骤的时机都要与活塞的运动状态和_____相配合。

2. 正时皮带的作用是连接_____和_____,以一定的_____传递动力,同时保证_____时间的准确。

3. 检查正时皮带时,应检查皮带的_____、_____以及水泵的状况,发现问题要及时_____。

4. 如果正时皮带出现硬度降低、磨蚀、_____、裂缝,那么说明皮带已经损坏了。

5. 检查正时齿形带时将曲轴转到第一缸的_____位置,观察凸轮轴正时齿轮上的正时标记是否和_____上的标记对齐,如对不齐则说明此发动机正时不当。

6. 拆卸正时皮带时,要用记号笔做皮带旋转方向的标记,目的是_____。

7. 对发动机正时系统检查,检查正时皮带的_____,_____,皮带拉伸的情况;检查张紧轮,用手转动张紧轮,观察转动是否正常,测试有无_____,安装是否牢靠;检查正时齿轮,观察是否有杂物、脏污,用手轻微摇晃正时齿轮,测试正时齿轮是否配合间隙过大等,清洁正时相关部件。

8. 检查正时安装情况时,使用套筒和接杆沿发动机旋转方向转动曲轴_____,确定曲轴皮带盘上的标记和下护罩的正时标记对齐,此时观察_____与上护罩的正时标记是否对齐,如果对齐了即可以安装附件,若对不齐,那么需要重新检查并调整。

二、选择题

1. 气门开闭的动力源头是(　　)。
   A. 曲轴　　　　B. 凸轮轴　　　　C. 正时皮带　　　　D. 液压挺柱
2. 正时皮带的检查更换里程一般是(　　)万 km。
   A. 3　　　　B. 1.5　　　　C. 8　　　　D. 10
3. 以下描述中,(　　)不能造成皮带的打滑。
   A. 齿轮磨损　　　　　　　　　B. 有润滑油附着
   C. 皮带长时间使用被拉长　　　D. 皮带方向装反
4. 张紧轮固定螺栓的拧紧力矩是(　　)Nm。
   A. 10　　　　B. 15　　　　C. 20　　　　D. 25
5. 一般情况下,从车头往车尾的方向看,发动机的旋转方向是(　　)。
   A. 顺时针　　B. 逆时针　　C. 不一定　　D. 无法确定
6. 检查张紧轮不需要检查的项目是(　　)。
   A. 摆动　　　　B. 旋转卡滞　　　　C. 噪声　　　　D. 大小
7. 正时皮带的安装位置在(　　)。
   A. 散热器风扇后　B. 散热器风扇前　C. 发动机内　D. 变速器后
8. AJR 发动机的正时皮带不经过(　　)。
   A. 水泵　　　　B. 张紧轮　　　　C. 曲轴正时齿轮　　　　D. 凸轮轴

三、简答题

1. 请描述正时皮带的作用。

2. 请简述正时系统的拆卸流程。

3. 请描述正时皮带张紧度的人工检查法。

项目二十　冷却系统的结构原理认知

> **学习目标**
>
> 完成本项目学习后,你应能:
> 1. 正确说出冷却系统的类型及作用;
> 2. 正确说出冷却系统的主要组成部件及作用;
> 3. 正确描述冷却系统的工作原理。
>
> **建议学时**
> 4学时。

一、冷却系统的类型及作用

如果一台发动机,冷却系统的维修率一直居高不下,往往会引起发动机其他构件损坏,特别是随着车辆行驶里程的增加,冷却系统的工作效率逐渐下降,对发动机的整体工作能力产生较大影响,冷却系统的重要性在于维护发动机常温下工作,犹如人体的皮肤汗腺,如果有一天,人体的汗腺不能正常工作,那么身体内的热量将无法散去,轻则产生中暑,重则休克,如图20-1所示。

(一)冷却系统的类型

图20-1　中暑

冷却系统根据采用的冷却介质不同,可分为风冷和水冷,如图20-2所示,车用发动机大多采用水冷系统进行冷却。风冷发动机的特点是结构简单,质量轻,维护使用方便,对气候变化适应性强,起动快,不需要散热器等。因此,它被一些军用汽车和个别载货汽车采用。风冷发动机大量用于摩托车,使摩托车不必安装散热器。风冷发动机还用于缺水地区,因为它不用水作冷却介质。其缺点是缸体和缸盖刚度差,振动大,噪声大,容易过热。水冷发动机的优点是冷却效果好、冷却均匀、工作可靠、不受环境影响、噪声低,缺点是构造复杂、成本较高、故障率高及维修复杂。由于有风扇、水泵等耗能装置,故水冷发动机功率损耗大。

(二)冷却系统的作用

冷却系统的功用是带走发动机因燃烧所产生的热量,如图20-3所示,使发动机维持在正常的运转温度范围内,既要防止发动机过热,也要防止发动机过冷。冷却系统还负责向车内提供取暖热源。

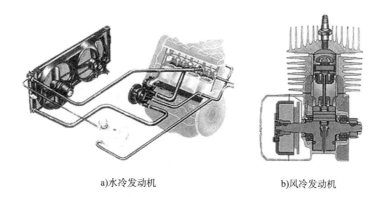

a) 水冷发动机　　b) 风冷发动机

图 20-2　水冷发动机和风冷发动机

二、冷却系统的组成及作用

冷却系统由水泵、散热器、百叶窗、节温器、冷却风扇、膨胀水箱、水套、温度指示,及报警装置等组成,如图 20-4 所示。

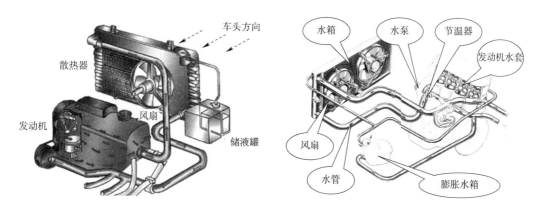

图 20-3　冷却系统的作用　　　　　　　　图 20-4　冷却系统的组成

(一) 散热器

1. 散热器类型

按照散热器中冷却液流动的方向可将散热器分为纵流式和横流式两种。纵流式散热器芯竖直布置,上接进水室,下连出水室,如图 20-5 所示,冷却液由进水室自上而下地流过散热器芯进入出水室。横流式散热器芯横向布置,左右两端分别为进、出水室,冷却液自进水室经散热器芯到出水室横向流过散热器。大多数新型轿车均采用横流式散热器,这可以使发动机罩的外廓降低,有利于改善车身前端的空气动力性。

散热器通常与空调冷凝器装在一起,散热器兼作储水及散热作用,在此之上还装有膨胀水箱。因为单纯依赖散热器有几个缺点:一是水泵吸水一侧因压力低而容易沸腾,水泵的叶轮容易穴蚀;二是气水分离会产生气阻;三是温度高冷却液容易沸腾。因此,设计师就加装了膨胀水箱,其上下两根水管分别与散热器上部和水泵进水口连接,防止上述问题的产生。

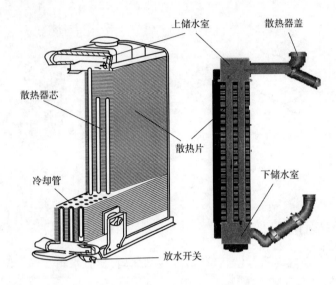

图 20-5 散热器

2. 散热器芯

散热器芯的构造形式有管片式、管带式和板式,常用的有管片式和管带式两种,如图 20-6 所示。

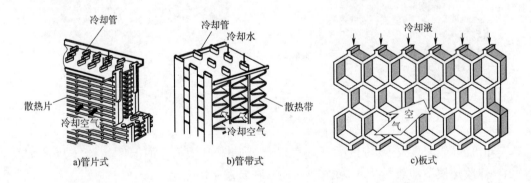

图 20-6 散热器芯结构

管片式由若干扁形或圆形冷却管组成。空气吹过扁形冷却管和散热片,使管内流动的水得到冷却。管片式散热器因结构刚度较好广为汽车发动机所使用。

管带式散热器芯由散热管及波形散热带组成。散热管为扁管并与波形散热带相间地焊在一起。为增强散热能力,在波形散热带上加工有鳍片。与管片式散热器芯相比,管带式的散热能力强,制造简单,质量轻,成本低,但结构刚度差。

板式散热器芯的冷却液通道由成对的金属薄板焊合而成。这种散热器芯散热效果好,制造简单,但焊缝多不坚固,容易沉积水垢且不易维修。

3. 散热器盖

散热器盖如图 20-7 所示,现代的汽车发动机强制循环水冷系统都用散热器盖严密地盖在散热器加冷却液口上,使水冷系统成为封闭系统,通常称这种水冷系统为闭式水冷系统。其优点有二:①闭式水冷系统可使系统内的压力提高 98～196kPa,冷却液的沸点相应地提高到120℃左右,从而扩大了散热器与周围空气的温差,提高了散热器的换热效率。由于散热器散热能力的增强,可以相应地减小散热器尺寸。②闭式水冷系统可减少冷却液外溢及蒸发损失。

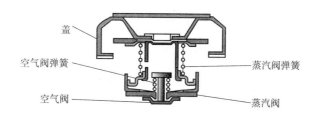

图 20-7 散热器盖

发动机热态正常时,两阀门关闭,将冷却系统与大气隔开。因水蒸气的产生使冷却系统内的压力稍高于大气压力,提高了冷却水的沸点,改善了冷却效能。当散热器内部压力达到 126～137kPa 时,蒸汽阀开启而使水蒸气从通气孔排出,如图 20-8 所示;当水温下降,冷却系统内部的真空度低于 10～20kPa 时,空气阀打开,空气从通气孔进入冷却系统,以防散热器及芯管被大气压瘪。

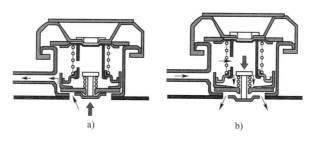

图 20-8 散热器盖及工作原理

(二) 水泵

1. 水泵的作用

发动机的冷却是由冷却液的循环来实现的,强制冷却液循环的部件是水泵,如图 20-9 所示,其作用是使冷却液不断地获得能量,使其在发动机冷却系统流道内循环流动;同时在散热器、风扇离合器、冷却风扇、节温器等部件的配合工作下,实现大小循环,调节冷却液的温度在一定的范围之内,保证发动机正常工作。水泵的泵水量很大,例如一台 V8 发动机的水泵,怠速时的泵水量约是 750L/h。

2. 水泵的结构

水泵的组成主要是由凸缘盘或皮带轮、轴连轴承、水封和叶轮等组成,如图 20-10 所示。

图 20-9 水泵

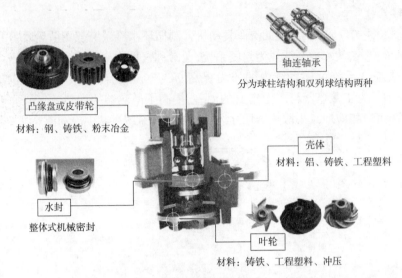

图20-10 水泵结构

① 壳体。

如图20-11所示,壳体是用来构成流体的通道,并连接其他零部件,通常由铸铁、铝材、钢板或其他材料制成。随着对发动机轻量化要求越来越高,更多的水泵采用了铸铝壳体,而且壳体尺寸越来越小,很多壳体已经不再具备水道功能。

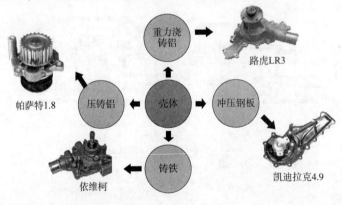

图20-11 水泵壳体

② 轴连轴承。

汽车水泵的轴承是水泵的重要组成部件,有相当一部分水泵的失效是由水泵轴承损坏引起的。随着发动机逐渐向大功率的方向发展,需要水泵轴承具有更高的热稳定性、更大的承载能力以及更好的密封。如图20-12所示,轴连轴承实际上是一种结构简化的双支承轴承并且免维护,承载能力相同的条件下,轴连轴承的尺寸比一般的轴承要小。

③ 水封。

如图20-13所示,水封的作用是密封冷却液防止泄漏,同时将冷却液与水泵轴隔离,以保护轴承。水封通常由旋转环(陶瓷环)、静止环(石墨环)、压紧原件和密封元件组成。旋转环在流体压力或者机械外弹力的作用下,两环保持贴合并相对滑动,从而防止冷却液渗漏。虽然水封的加工得到了不断的进步,但是水封损坏导致水泵漏水仍然是水泵失效的主要原因。

图 20-12 轴连轴承

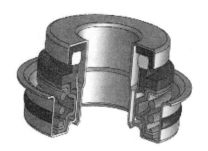
图 20-13 水封

④凸缘盘或皮带轮。

凸缘盘连接于轴承上,并将皮带轮的转动动力传递给轴承零件,从而带动泵腔内叶轮的旋转。皮带轮(图 20-14)可分为齿形带轮,V 形带轮、平带轮等几种。随着发动机上传动皮带越来越少,更多的水泵与发电机、空调压缩机以及助力转向泵等共用一根齿形带传动,因此,齿形带轮也越来越多。

⑤叶轮。

如图 20-15 所示,叶轮由中心辐射状直线形或圆弧形叶片与本体组成,利用轴承轴传入的旋转力矩,将冷却液送进发动机冷却循环系统中循环工作。叶轮按照材质分为塑料叶轮、铸铁叶轮和冲压叶轮。

图 20-14 皮带轮

a)

b)

图 20-15 叶轮

(三)节温器

冷却液对发动机的冷却,要根据发动机的工作情况而随时调节。当发动机温度低时,冷却液就在发动机本身内部做小循环;当发动机温度高时,冷却液就在发动机与散热器之间做大循环。实现冷却液做不同循环的控制部件是节温器。如图 20-16 所示,节温器的功用就是根据发动机负荷大小和水温的高低自动改变水的循环流动路线,从而控制通过散热器冷却水的流量。

图 20-16 节温器

节温器装在冷却水循环的通路中,一般装在汽缸盖的出水口。有蜡式和折叠式(膨胀筒式)两种,目前大多数发动机采用蜡式节温器,蜡式节温器工作原理如图 20-17 所示,在胶管和感应体之间的空间里装有石蜡,为提高导热性,石蜡中常掺有铜粉或铝粉。常温时,石蜡呈固态,主阀门压在阀座上。这时主阀门关闭通往散热器的水路,来自发动机缸盖出水口的冷却水,流入小循环管,经水泵又流回汽缸体水套中,进行小循环。当发动机水温升高时,石蜡逐渐变成液态,体积随之增大,迫使胶管收缩,从而对推杆上端头产生向上的推力。由于推杆上端固定,故推杆对胶管、感应体产生向下反推力,主阀门开启。当发动机水温达到82℃时,主阀门开始打开,来自汽缸盖出水口的冷却水流向散热器,而进行大循环。当温度升高到91～93℃时,主阀门完全打开。

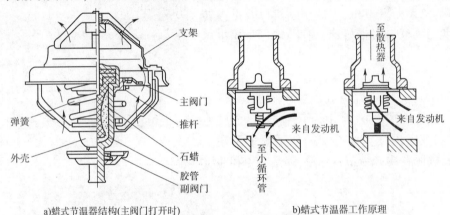

a)蜡式节温器结构(主阀门打开时) b)蜡式节温器工作原理

图 20-17 蜡式节温器结构与工作原理

(四) 散热风扇

为了提高散热器的冷却能力,在散热器后面安装有电子风扇强制通风,如图 20-18 所示。以前的轿车散热器风扇是由曲轴皮带直接带动的,发动机起动时散热器风扇会自动运转,不能视发动机温度变化而变化,为了调节散热器的冷却力,要在散热器上装上活动百叶窗以控制风力进入。现在已经普遍使用风扇电磁离合器或者电子风扇,当水温比较低时离合器与转轴分离,风扇不动,当水温比较高时由温度传感器接通电源,使离合器与转轴接合,风扇转动。同样,电子风扇由电动机直接带动,由温度传感器控制电动机运转。这两种形式的散热器电扇运转实际上都由温度传感器控制。

(五) 膨胀水箱

膨胀水箱的作用是把冷却系统变成永久封闭系统,减少了冷却液的损失,避免空气不断地进入对该系统造成氧化、穴蚀,使冷却系统中水、气分离,保持系统内压力稳定,提高水泵的泵水量。

膨胀水箱如图 20-19 所示,通过橡胶管与散热器通气管相连。当冷却液温度升高,散热器内的蒸汽压力升高到某一值时,散热器盖上的蒸汽阀打开,多余的冷却液蒸汽通过橡胶管进入膨胀水箱;当温度下降时,散热器内产生真空,膨胀水箱内的冷却液及时返回散热器。这样可以防止冷却液的损失。膨胀水箱上有"高"和"低"两个标记刻线,在使用中应保持膨胀水箱内的液面高度位于两刻线之间,驾驶员应经常检查膨胀水箱内的液面高度,缺少冷却液时应及时加注。

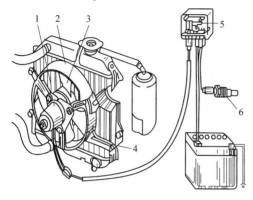

图 20-18 电子风扇
1-电动机;2-护风罩;3-风扇叶片;4-风扇框架;5-继电器;6-温度传感器

图 20-19 膨胀水箱

三、冷却系统的工作原理

冷却系统的结构如图 20-20 所示,发动机起动之后,混合气在汽缸内不停地剧烈燃烧,产生高温,如果高温不能有效控制,将会造成发动机早燃或爆震,充气效率低,功率下降,油耗增加;润滑油变质焦化,运动部件之间的油膜被破坏,机件磨损加剧;还会使连杆大小头轴承咬死,活塞环断裂、拉缸、爆缸,缩短发动机寿命,危及驾驶员的安全。

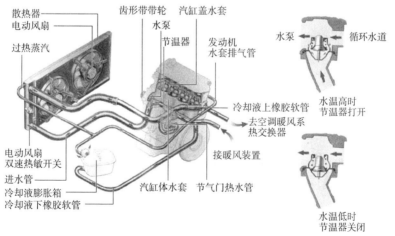

图 20-20 冷却系统结构

发动机冷起动需要使发动机迅速升到工作温度,如果发动机工作温度过低,会使燃料蒸发性差,雾化不好,油滴相对增多,形成各缸之间进气不匀,造成混合气偏稀,不易燃烧或使火焰传播速度减慢,使汽缸内的平均有效压力降低;缸盖、缸壁的传热损失增大,因而造成费油。而且低温容易造成润滑不良,部件磨损严重,发动机运转效率低。

所以冷却系统既不能阻碍发动机迅速升温也不能让发动机温度过高,冷却液经水泵加压之后,进入缸体中,由节温器控制冷却液从哪个途径进入水泵,或者从缸盖直接进入水泵,或者打开从散热器到水泵的通道,或者两者都打开,由此冷却液在发动机中的流动存在三种循环:大循环、小循环和混合循环。

1. 冷却液大循环

冷却液大循环如图20-21所示,当发动机冷却液温度上升高于105℃时,节温器主阀门完全开启、副阀门关闭。冷却液经节温器及散热器进水软管流入散热器,在散热器中,冷却液向流过散热器周围的空气散热而降温,最后冷却液经散热器出水软管返回水泵,进行大循环。

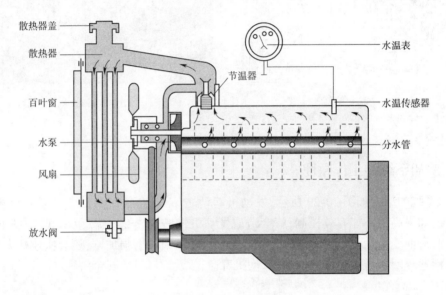

图 20-21 冷却液大循环

冷却液大循环时节温器主阀门需打开,冷却液流经散热器,为空调系统提供暖风热源,冷却液由缸套流向空调的热交换器,之后返回水泵,不受节温器的控制。

大循环散热效果明显,能有效地降低发动机的温度。当发动机温度达到80℃以上时,节温器主阀门开启,旁通阀关闭,一般到105℃时节温器主阀门完全打开。

2. 冷却液小循环

冷却液小循环如图20-22所示,当发动机冷却液温度低于85℃时,节温器主阀门关闭,副阀门打开。冷却液流经水泵增压后,冷却液从水套壁周围流过并从水套壁吸热而升温,然后向上流入汽缸盖水套,从汽缸盖水套壁吸热之后流经节温器,经小循环通道返回发动机机体水套,进行小循环。

3. 混合循环

混合循环如图20-23所示,当发动机冷却液温度处于大、小循环的温度范围内(85~105℃)时,节温器主阀门和副阀门都部分开启,冷却液大、小循环都同存在,以调节发动机温度基本稳定在最适宜的工作范围内。此时冷却液分为两路,一路沿着小循环的路线,另一路流经散热器。

项目二十　冷却系统的结构原理认知

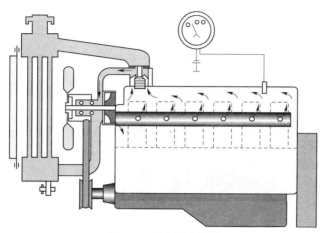

图 20-22　冷却液小循环

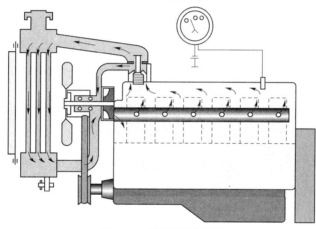

图 20-23　冷却液混合循环

思考与练习

一、填空题

1.冷却系统根据采用的冷却介质不同,可分为_____和_____两种。

2.发动机冷却液的最佳工作温度一般是_____℃。

3.按照散热器中冷却液流动的方向可将散热器分为_____和_____两种,按照散热器芯的结构不同又可以分为_____、_____和_____。

4.现代发动机的水冷系统主要采用闭式强制水冷系统,因为这种系统有两个优点,其一是使得系统内的压力提高,从而使冷却液的沸点升高,其二是_____。

5.水泵的组成主要是由凸缘盘或皮带轮、轴连轴承、水封和_____等组成。

6.根据发动机负荷大小和水温的高低自动改变水的循环流动路线,从而控制通过散热器冷却水的流量的部件是_____。

7.膨胀水箱的作用是把冷却系统变成永久_____,减少了_____的损失,避免空气不断地进入,使该系统内造成氧化、穴蚀,使冷却系统中水、气分离,保持系统内_____,提高水泵的泵水量。

8. 冷却系统的工作原理就是冷却液流经缸体的_____，把发动机的热量带出来，在_____中散热，经过散热后的冷却液在_____的作用下又流经缸体水套，循环地把发动机的热量带出来，从而使发动机冷却。

9. 发动机冷却液进行大循环时，冷却液主要由水套经_____、_____、_____而又流回水套，小循环时，冷却液主要由水套经_____、_____、_____流回水套。

10. 水冷系统的冷却强度主要可通过_____、_____、_____等装置来调节。

二、不定项选择题

1. 以下选项属于水冷发动机的优点的是（　　）。
   A. 质量轻　　　　B. 维修方便　　　　C. 冷却效果好　　　　D. 不需要散热器
2. 现代轿车上最常用的散热器类型是（　　）。
   A. 管片式　　　　B. 管带式　　　　C. 板式　　　　D. 不需要散热器
3. 水泵的结构部件中有密封冷却液防止泄漏，同时将冷却液与水泵轴隔离，以保护轴承的功能的是（　　）。
   A. 叶轮　　　　B. 凸缘盘　　　　C. 轴连轴承　　　　D. 水封
4. 节温器的主阀门全部打开，会使冷却液流经（　　）。
   A. 膨胀水箱　　　　B. 散热器　　　　C. 三通水管　　　　D. 蒸发器
5. 使冷却液在散热器和水套之间进行循环的水泵旋转部件是（　　）。
   A. 叶轮　　　　B. 风扇　　　　C. 壳体　　　　D. 水封
6. 如果节温器阀门打不开，发动机将会出现（　　）现象。
   A. 温升慢　　　　B. 热容量减少　　　　C. 不能起动　　　　D. 怠速不稳

三、名词解释

1. 冷却液小循环：
2. 冷却液大循环：

四、简答题

1. 水泵的作用是什么？

2. 发动机温度过高过低有哪些危害？

3. 请分别写出发动机大小循环的冷却液流经路线。

项目二十一　冷却系统的检修

学习目标

完成本项目学习后,你应能:
1. 正确描述冷却系统组件的常见损伤形式;
2. 正确描述冷却系统组件的主要检修方法。

建议学时

4 学时。

一、冷却系统常见故障及原因

发动机冷却系统常见故障有:冷却液温度过高、冷却液温度过低、冷却液泄漏、节温器损坏、冷却液消耗异常、发动机过热、发动机工作温度过低等,如图 21-1 所示。

(一)发动机冷却液温度过低

发动机冷却液温度过低是指发动机正常运转时冷却液温度表显示温度过低(85℃以下)。

1. 冷却液温度过低的危害

当发动机冷却液温度过低时,可燃混合气温度降低,使其点燃困难、燃烧迟缓,导致发动机功率下降,燃油消耗增加;润滑油的黏度增大,造成润滑不良,加剧了零件的磨损;燃烧后形成的水

图 21-1　冷却系统故障

蒸气易冷凝成水,与酸性气体形成酸,加重了零件的腐蚀;未汽化的燃料对摩擦表面上油膜的冲刷以及对润滑油的稀释加重了零件的磨损。

2. 冷却液温度过低的原因

发动机升温缓慢的故障是指发动机工作很长时间或者全部工作时间内,冷却水温度都达不到正常工作温度范围,低于 85℃。水温升高太慢会使发动机低温下长期工作,导致发动机磨损加快,行驶乏力,油耗增加。

引起发动机冷却系统温度过低的原因主要来自两个方面,一个是冷却系统的原因,比如节温器失效,超时间卡在常开位置;电动风扇损坏,随时高速运转;冷却液温度表或者冷却液温度传感器故障从而引发读数不准确等。另一个方面是使用环境因素,例如车辆长时间在低温环境并且逆风行驶同样会引起冷却系统温度过低。

(二)发动机冷却液温度过高

冷却液温度过高是指当汽车在运行过程中,冷却液温度表指针指在100℃以上,且散热器伴随有"开锅"现象。

1. 冷却液温度过高的危害

冷却液温度过高降低了充气效率,发动机功率下降;早燃和爆燃倾向加大,使零件承受冲击负荷;运动件的正常间隙被破坏,不能正常运动,受阻或卡死;金属材料的力学性能降低,零件易变形和损坏;润滑油高温会变稀,润滑作用下降。

2. 冷却液温度过高的原因

(1)冷却液不足或冷却液泄漏。此时检查一下发动机的散热器,是否有缺水或漏水等现象,如果水少加足冷却水即可,同时检查发动机上所有水管,有没有老化、裂纹、锈蚀、折叠等情况,水管破裂如图21-2所示。

(2)散热器故障。包括散热器芯堵塞,散热器外表脏堵,散热器水垢过多,散热器凹瘪严重;散热器将来自发动机水套的冷却水加以冷却,再把热量传到大气中去。散热器芯是散热器的主要部件,其堵塞会造成冷却液温度升高,要及时做好清理,散热器变形如图21-3所示。

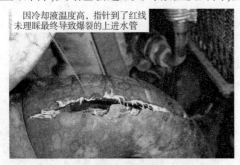
图21-2 水管破裂

图21-3 散热器严重变形

(3)风扇工作不良。

(4)水泵损坏。水泵的功用是强制冷却水在冷却系统中循环流动,水泵损坏应当立刻检查并更换。水泵轴前端用半圆键与驱动水泵的皮带轮连接,检查锁紧螺母是否紧固,水泵盖板用螺栓紧固,检查是否加垫或损坏,如图21-4所示水泵叶轮脱落。

(5)节温器失灵,节温器主阀门打不开或打开太迟。冷却液温度过高,节温器无法正常开启,水流不能进行循环,使冷却液温度继续升高,如果在冷却液温度约65℃前,察觉上水管温度较高,说明节温器有故障,应拆下节温器进行测试或更换,节温器损坏如图21-5所示。

图21-4 水泵叶轮脱落

图21-5 节温器损坏

(6)汽缸盖或汽缸体水套内积垢严重。水套直接连通散热器,如果有大量水垢,清除水垢的同时,要清洗冷却系统各部件。

(7)汽缸盖衬垫太薄或缸体、缸盖接合面磨削过多,使冷却水漏失。

(8)冷却液温度表或冷却液温度传感器失灵。

(9)点火时间或供油时间太晚,混合气太稀或太浓。

(10)燃烧室积炭严重,如图 21-6 所示,或者汽车超载、爬长坡、天气炎热或在高原地区行驶。

(三)冷却液泄漏

最常见的发动机温度过高的原因是发动机冷却系统缺少冷却液,使发动机热量不能被冷却液带走,冷却效率降低。冷却系统缺水的原因有两种:一是冷却液在正常消耗中没有及时给予补充;二是冷却系统有渗漏,导致冷却液流失。冷却液正常消耗量不大,只需定期检查液位即可,若发现冷却液缺少应及时补充。如果冷却系统密封不好,造成渗漏,则在行车中易造成缺水,导致发动机高温。冷却液渗漏可分为以下几种情况。

(1)散热器渗漏:如图 21-7 所示,检查时应注意散热管带是否有划伤、破损,水室是否有裂痕。

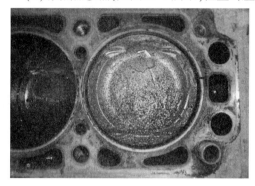

图 21-6 燃烧室积炭

图 21-7 冷却液泄漏痕迹

(2)管路系统渗漏:管路系统软管由于是橡胶材料制成,使用寿命相对较短,应定期检查胶管表面是否有老化变形、砂眼、裂痕等现象,发现后应及时更换胶管并检查所有软管,更换破裂、膨胀或有其他缺陷的软管。

(3)管路系统连接处渗漏:由于在行驶过程中,长期震动易导致各部位连接处出现松动,从而导致冷却液渗漏,应检查紧固件连接是否牢固。

(4)发动机本体密封不良:如水泵水封处磨损过度、湿式缸套因气蚀造成的小孔、缸体出现裂纹、缸套水封破损等,后三者不但能造成发动机高温,且因冷却水漏进油底壳,与润滑油混合,使润滑油变质,会导致烧瓦、抱轴等严重事故。如拔出量油尺,油面明显升高,且润滑油颜色发白,则说明冷却液漏进了曲轴箱,应找出漏油部位予以修复并更换新的机油。

(四)发动机水套生锈

发动机水套如图 21-8 所示,水遇到铁和空气中的氧就起化学作用而产生铁锈。汽缸水套

图 21-8 发动机水套

由合金铝和生铁铸成,水中有气泡存在,于是冷却系统中金属件会逐渐锈蚀,甚至不能使用。水套生锈的原因有冷却管道中有空气,发动机长时间冷却液温度偏高,冷却液中含有矿物盐和其他矿物质等。

二、冷却系统的检测方法

(一)冷却系统"困气"的解决方法

现代冷却系统存在的最大问题之一就是冷却系统中常常会困住空气。空气或其他气体能够通过水泵入口处、软管连接处或燃烧室等部位泄漏出来,进入到冷却系统内部。并且空气还能通过水泵轴上破损的密封圈进入到冷却系统。因为水泵入口在反方向力的作用下也能工作,这个反方向的力是因离心力而产生的,此时空气能够通过水泵轴上破损的密封圈被吸进冷却系统内。这个看不见的空气进口很难被查出,但是如果泄漏出现在冷却系统中其他地方的可能性都被排除了,系统还存在泄漏问题,那么就该把水泵拆下来,检查水泵轴上的密封圈是否导致了泄漏。

人们没有按照规范的程序排出和注入冷却液是导致冷却系统中存在有空气的最常见的原因。一般更换冷却液的过程是:打开放水管,让原来的冷却液流出去,然后再注入新的冷却液,起动发动机至充分暖机,节温器自动打开后,继续加入冷却液。然而事实上,更换冷却液并没有那么简单,许多发动机是要求特殊排气手段的,还有一些冷却系统设置有专用的排气阀。循环器使补充冷却液变得更加简单,在更换冷却液时减少了很多排气问题。然而,如果没有这种装置,可以查阅一下比较权威的汽车手册,绝大部分轿车的排气程序在汽车手册上都能找到。

(二)冷却液循环流动状况的检查方法

此方法是一种传统方法,也是最基本的方法,它对一般汽车冷却系统及现代汽车冷却系统的维修同样适用。在进行冷却系统维护工作时,首先检查系统所有组成部件是否出现损坏和发生泄漏。同时不能忽视水泵的驱动皮带,水泵产生的压力驱使冷却液在系统内循环。在散热器、软水管或发动机中一些不必要约束会阻碍冷却液的循环流动。检查其状况的基本方法是检查系统中是否存在冷点。

具体操作方法为:使发动机不停地运转到充分暖机,再到节温器打开时为止,然后使发动机熄火,把手放在散热器中心,然后从散热器的进水室移动到出水室,来感知冷点是否存在。用同样的方法检查所有的软水管。散热器和软水管上的温度应该是均匀分布的。如果某点的温度比其他地方的温度低,则意味着冷却系统中的冷却液被约束所限制或者被阻塞了。

这是个常用方法,而现在生产的许多车辆上,冷却系统的有些部件往往用手触摸不到。在这种情况下,更精确地检查温度分布不均匀的方法是用一个非接触式光学测温仪。测量时把激光点对准测试的区域,在测温仪显示器上读出该区域精确的温度值。

(三)冷却系统压力的检查方法

冷却系统中往往存在小的泄漏或内部泄漏现象,若使用一些简单的检查方法很可能发现不了,当这些泄漏处在一定的压力条件下时就会暴露出来。另一方面,压力测试方法也能用来检查系统保持压力的能力,其对冷却系统进行温度控制是非常重要的。压力测试设备包括一个带量表的小型空气泵、一小段软管和一些适配器。适配器能与各种各样的散热器的注水口径和端盖进行配合,如果散热盖密封不好,在此处就会出现压力泄漏,所以,在测试过程中一定不能忘记测试散热器盖的密封性。把散热器盖从散热器拆下来,然后将其连接到适配器上;同时令散热器盖保持湿润,这样有助于提高散热器盖和适配器之间的密封性;缓慢地运转空气泵直到量表上的读数不再增大为止,此量表上读出的压力就是散热器盖上安全阀的开启压力,重复2~3次,以检查结果的正确性。然后检查散热器是否存在泄漏。散热器分为纵流式和横流式,当发动机没有起动时,把压力设备连接好,然后连接空气泵,直到量表上读数达到指定压力为止。量表上读数应该至少保持2min以上。如果出现压力跌落现象,就应该启动空气泵,使系统保持一定的压力,以便检查散热器存在的泄漏,冷却系统压力测试如图21-9所示。

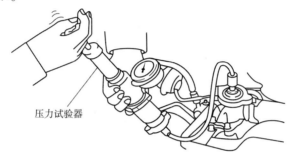

图21-9 压力测试

冷却系统存在的泄漏现象有时候是很难发现的。一个针孔大小的泄漏需要很高的压力才能使其自身暴露出来。如果使系统加压到100~250kPa进行检查,就可以确定大部分泄漏出现的位置。当发动机熄火后,在泄漏存在的地方就会积聚很多空气,这种漏洞很难被发现。当系统加压后,可以使用肥皂水溶液来检查可疑区域的泄漏点。

三、冷却系统组件的检测

(一) 散热器的检测

如果发动机在冷却液充足的情况下发生高温,就需要对散热器进行检查。

(1) 散热器芯表面被杂物堵塞。汽车由于长时间行驶,散热器芯表面容易被尘土、草叶、昆虫等塞满,造成散热不良。遇到此类情况,可在发动机熄火后,从散热器后面用压缩空气吹或用低压水流冲洗,以除去杂物,然后再用软毛刷清理芯部。

(2) 散热片变形粘连。由于机械损伤等原因,造成散热器翅片堆积或粘连在一起,使气流不能通畅穿过散热器芯,散热面积减少,造成散热不良。解决的方法是将散热器翅片拨至原位,恢复散热器翅片的平直形状。

(3) 散热器芯管堵塞。如图21-10所示,由于驾驶员长期向冷却系统加注非正规冷却液,如自来水、河水等,使冷却系统中产生腐蚀和沉淀,沉淀黏附于芯管内壁致使芯管不通畅或被堵塞。检查的方法是:发动机起动一段时间后,用手触摸芯管的上部与下部,注意其温差。正常情况下,上、下部有温差,但相差不大。若芯管上、下部温差明显(因下部无热水通动),则说

图21-10 散热器堵塞

明该芯管堵塞。此时更换散热器并更换冷却液,检查发动机是否有腐蚀及沉淀,如有则及时清洗。

(二) 散热风扇的检测

在现代轿车上大都使用电动风扇来控制冷却液温度。一般情况下,单速电动风扇在发动机冷却液温度93~95℃时运行;而双速电动风扇则在冷却液温度89~92℃时,以低速旋转;冷却液温度在97~103℃时则以高速旋转。如冷却液温度高时电动风扇仍未运转,则需要检查以下部分:

(1) 电动风扇保险丝是否烧坏;

(2) 电动风扇继电器是否工作正常;

(3) 冷却液温度传感器是否工作正常。

(三) 水泵的检测

1. 水泵常见损伤形式

水泵常见损伤形式有水泵壳体、卡环槽及叶轮破裂;带轮凸缘配合孔松动;水封变形、老化及损坏;泵轴和轴承磨损等。

2. 水泵检修方法

(1) 检查水泵的壳体是否有破裂渗漏、轴承孔是否有磨损,若有,一般应更换新件。

(2) 检查水泵壳体是否有翘曲变形,若翘曲变形不大,可在平板上修磨处理,若变形过大,一般应予以更新。

(3) 检查水泵叶轮是否破裂、磨损严重,若损坏,应换用新件。

(4) 检查水封座圈,若水封座圈外径磨损,水封老化、变形,水封弹簧弹力减弱或弹簧腐蚀,应更换水封总成。

(5) 检查水泵轴与轴承内径的配合间隙是否小于0.03mm,若超过规定应换用新件。

(6) 检查水泵轴弯曲度,若弯曲度超过0.5mm,应冷压校直。

(7) 检查水泵叶轮与端面间隙是否为1.0~1.8mm,否则,用垫片调整。

(8) 水泵叶轮与泵壳间隙一般为0.8~2.2mm。

(9) 水泵装配好后,用手转动一下,泵轴应无卡滞,叶轮与泵壳应无碰擦。然后检查水泵排水量,如有问题,应检查原因并排除。

(四) 节温器的检测

1. 节温器的随车检查

发动机刚起动时,冷却液温度表指示在70℃以下,观察膨胀水箱,水箱内冷却水应平静,用手摸水箱进水管处应是常温;若有水流动且冷却液温度微热,则表明节温器主阀门关闭不严,使冷却水过早大循环。

随着发动机运转,冷却液温度逐渐上升,当冷却液温度表指示在80℃以上,水箱进水管处应有水流动且水管较烫;若冷却液温度很低,进水管处无水流出或流水甚微,说明节温器主阀门无法打开。这是因为在正常情况下,冷却液温度低于70℃时,节温器膨胀筒处于收缩状态,主阀门关闭;当冷却液温度高于80℃时,膨胀筒膨胀,主阀门逐渐打开,水箱内水循环开始工作,如图21-11所示。

a)低温状况下　　　　　　　　　b)82℃状况下

图 21-11　节温器检查

2. 节温器的拆卸检查

将节温器放在一个充满水的容器内加热,用温度表监测温度。检查节温器的开启温度、全开温度,检查节温器全开时的升程,如图 21-12 所示。

例如桑塔纳 2000AJR 发动机冷却液温度为(87±2)℃时,节温器阀门必须开启;冷却液温度约 105℃时,应完全打开,阀门最小行程为 7mm。

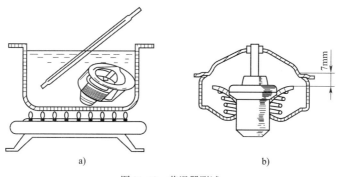

图 21-12　节温器测试

思考与练习

一、填空题

1. 发动机冷却系统常见故障有,冷却液温度过高、_____、冷却液泄漏、_____、冷却液消耗异常、_____、发动机工作温度过低等。

2. 冷却系统中提高冷却液沸点的是_____。

3. 冷却风扇的皮带松紧度过小,将会造成冷却系统温度过_____。当冷却风扇正确安装时,冷却风应该吹向_____。

4. 冷却液温度过高的原因可能是:冷却液不足或冷却液泄漏、_____、风扇工作不良、水泵损坏、_____、汽缸盖或汽缸体水套内积垢严重、冷却液温度表或冷却液温度传感器失灵、点火时间或供油时间太晚,混合气太稀或太浓。

5. 空气或其他气体能够通过水泵入口处、_____或燃烧室等部位泄漏出来,进入到冷却系统内部。并且空气还能通过水泵轴上破损的密封圈进入到冷却系统。

6. 水套生锈的原因可能是:冷却管路中有空气、发动机长期冷却液温度偏高、_____。

7. 水泵一般用螺栓固定在发动机前端面上,通过皮带与_____相连。水泵主要由水泵壳、_____、水泵轴、轴承、水封等组成。

8. 水泵的功用是对冷却水加压,促使冷却水在冷却系统中_____。车用发动机多采用_____水泵。

9. 桑塔纳2000AJR发动机冷却液温度为(87±2)℃时,节温器阀门必须开启;冷却液温度约105℃时,应完全打开,阀门最小行程为_____mm。

10. 检查水泵轴弯曲度,若弯曲度超过_____mm,应冷压校直。

二、选择题

1. 以下不属于冷却液温度过低的危害的是( )。
   A. 发动机功率下降　　　　　　B. 零件腐蚀严重
   C. 稀释润滑油　　　　　　　　D. 增加燃烧温度

2. 通常所说的冷却液温度过低是指发动机冷却液温度长时间低于( )。
   A. 65℃　　　　B. 75℃　　　　C. 85℃　　　　D. 95℃

3. 冷却液温度过高是指发动机冷却液温度长时间在( )以上。
   A. 80℃　　　　B. 90℃　　　　C. 100℃　　　D. 130℃

4. 正常的带横流式散热器的冷却系统工作时,散热器上部温度比下部温度( )。
   A. 高　　　　　B. 低　　　　　C. 相差不大　　D. 无法确定

5. 如果散热器堵塞,那么( )。
   A. 散热器温度不均　　　　　　B. 发动机冷却液温度高
   C. 散热器温度均匀　　　　　　D. 发动机温度低

6. 在( )情况下需要检查散热器状况。
   A. 发动机温度过低　　　　　　B. 发动机温度过高
   C. 爆震　　　　　　　　　　　D. 游车

7. 散热风扇的作用是( )。
   A. 冷却发动机　　B. 冷却冷却液　　C. 冷却变速器　　D. 冷却润滑油

三、简答题

1. 请你描述发动机冷却液温度长期过高的影响。

2. 请简述冷却系统压力检测法。

3. 请你简述水泵的检修方法。

4. 请你说明节温器的随车检查方法。

项目二十二　润滑系统的结构原理认知

学习目标

完成本项目学习后,你应能:
1. 正确说出润滑系统的作用和组成;
2. 正确描述润滑系统的润滑方式;
3. 正确描述润滑系统主要部件的功用;
4. 正确描述润滑系统的工作原理。

建议学时
4学时。

一、润滑系统的作用、组成和润滑方式

发动机运转时很多具有相对运动的零件表面都是在很小的间隙下做高速相对运动的,如活塞、活塞环与汽缸壁面,曲轴主轴颈与主轴承、曲柄销与连杆轴承、凸轮轴颈与凸轮轴轴承、配气机构各运动副及传动齿轮副等。相对运动的零件表面必然会产生摩擦,导致发动机的有效功率下降,零件工作表面的磨损增加。而且因摩擦产生的热会将零件工作表面烧损,致使发动机无法运转。因此,为保证发动机正常工作,延长使用寿命,必须对做相对运动的零件表面进行润滑,润滑系统的组成如图22-1所示。

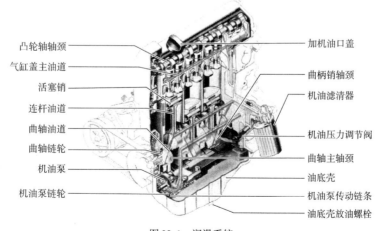

图22-1　润滑系统

(一)润滑系统的作用

润滑系统的主要目的是在发动机工作时连续不断地将数量足够而温度适当的洁净润滑

油输送到运动零件的摩擦表面,并在摩擦表面形成油膜,形成液体摩擦,起动后的发动机带动机油泵旋转,通过机油泵的压力,将机油不断地供给到各部件的摩擦表面上,以减少零件间的摩擦和磨损,使摩擦阻力减小,功率消耗降低,机件磨损减轻。流动的机油可以消除摩擦表面上的磨屑等杂物,冷却摩擦表面。此外,汽缸臂和活塞环上的油膜能够提高汽缸的密封性,以提高发动机工作的可靠性和耐久性。

归纳起来说,润滑系统有以下几个作用。

(1)润滑作用。减小零件表面摩擦阻力、磨损和发动机的功率消耗。

(2)清洗作用。机油在润滑系统内不断循环,清洗摩擦表面,带走磨屑和其他异物。

(3)冷却作用。机油在润滑系统内循环带走摩擦产生的热量,起冷却作用。

(4)密封作用。在运动零件之间形成油膜,提高其密封性,有利于防止漏气或漏油。

(5)防锈蚀作用。在零件表面形成油膜,对零件表面起保护作用,防止腐蚀生锈。

(6)液压作用。可用作液压油,如液压挺柱。

(7)减振缓冲作用。在运动零件表面形成油膜,吸收冲击并减小振动,起减震缓冲作用

(二)润滑系统的组成

润滑系统主要部件由油底壳、机油泵、机油滤清器、机油冷却器等组成。此外,还包括机油尺、限压阀、机油压力传感器、机油压力表、机油温度表、油道和机油入口盖等,如图22-2所示。

1.油道

(1)作用:将机油泵输送的压力润滑油输送到各零件的摩擦表面。

(2)分类:主油道、分油道。主油道一般指在汽缸体内侧,沿发动机纵向布置的油道。其余油道均为分油道,油道如图22-3所示。

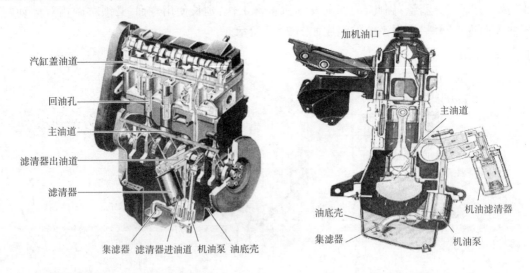

图22-2 润滑系统的组成　　　　　图22-3 油道

2.机油滤清器

(1)功用:机油滤清器(图22-4)的功用是滤除机油中的机械杂质、金属磨屑和机油氧化

物。这些杂质随机油进入润滑系统,将加剧零部件磨损,还可能堵塞油道或油管。

(2)分类:根据滤除杂质直径不同可分为集滤器、粗滤器、细滤器。

①集滤器。

如图 22-5 所示,集滤器一般与主油道串联,装在机油泵之前的吸油口端,多采用滤网式。其作用是防止较大的机械杂质进入机油泵。汽车发动机使用的集滤器目前分为浮式集滤器和固定式集滤器两种。浮式集滤器飘浮于机油表面,保证油泵吸入最上层较清洁的机油,但油面上的泡沫易被吸入,使机油压力降低,润滑欠可靠。固定式集滤器淹没在油面之下,吸入的机油清洁度较差,但可防止泡沫吸入,润滑可靠,结构简单。

图 22-4 机油滤清器

图 22-5 机油集滤器

②粗滤器。

粗滤器串联于机油泵与主油道之间,属于全流式滤清器,多用缝隙式滤清方法。目前在轿车上普遍采用,国产汽车发动机一般采用纸质或锯末作为粗滤器的滤芯,如图 22-6 所示。

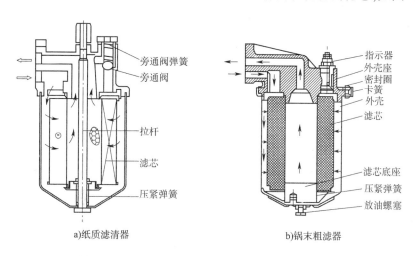

图 22-6 机油粗滤器

③机油细滤器。

机油细滤器用以清除细小的杂质,其对机油的流动阻力较大,多数做成分流式,与主油道并联,只有少量的机油通过它滤清后又回到油底壳。细滤器有过滤式和离心式两种,过滤式机油细滤器存在着滤清能力与通过能力的矛盾。为此多数发动机采用离心式细滤器,其利用离心力清除机油中杂质,机油细滤器如图22-7所示,图中A为压力限制阀。

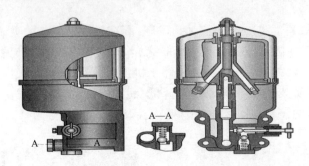

图22-7　机油细滤器

3. 机油冷却器

(1) 功用:热负荷较大的发动机,为使润滑油保持在最有利的范围内工作,保持润滑油具有一定的黏度,装置有机油散热器以便对润滑油进行强制性冷却。使机油保持在最有利的温度范围内工作,如图22-8所示。

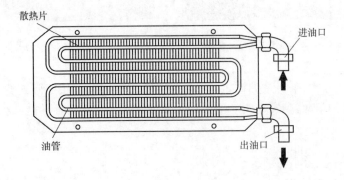

图22-8　机油冷却器

(2) 分类:机油散热器有风冷式和水冷式两种形式,如图22-9和图22-10所示。

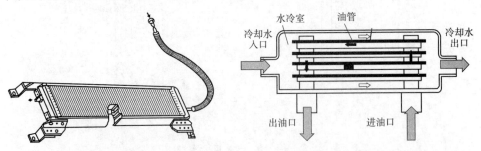

图22-9　风冷式机油散热器　　　图22-10　水冷式机油散热器

风冷式机油散热器一般安装在发动机冷却系统散热器的前面,利用冷却风扇的风力使机油冷却。水冷式机油散热器(机油冷却器)装在发动机冷却水路中,当油温较高时靠冷却液降温,而起动期间油温较低时,则从冷却液吸热迅速提高机油温度。

4. 限压阀

限压阀(图 22-11)可限制主油道中的油压。油压过高,机油就会过多地窜入燃烧室,使机油耗量增加,引起发动机工作不正常。同时也避免了油压过高,造成管路及滤清器破裂漏油。限压阀主要由球阀(或柱塞)、弹簧、调整螺栓等组成。

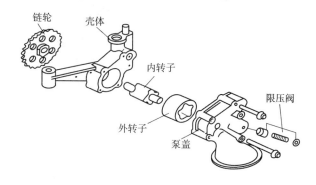

图 22-11 限压阀

5. 旁通阀

旁通阀与限压阀的结构基本相同(图 22-12),只是其安装位置、控制压力、溢流方向不同,通常旁通阀弹簧刚度要比限压阀弹簧刚度小得多。旁通阀的作用是当机油粗滤器堵塞时,油道中机油压力就会升高,超过规定值时,旁通阀即被推开,使机油不经过粗滤清器而直接流入主油道,以保证对发动机各部分的正常润滑。此时润滑是主要的,滤清是次要的,工作原理如图 22-13 所示。

图 22-12 旁通阀

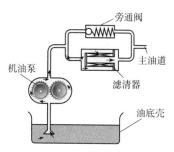

图 22-13 旁通阀工作原理

6. 机油泵

(1)安装位置:机油泵如图 22-14 所示,一般安装在曲轴箱内,由曲轴、凸轮轴或中间轴驱动。

(2)功用:将一定压力和油量的润滑油,通过油道压送到零部件的摩擦表面,并保证机油在润滑系统内不断循环。

(3)驱动方式:曲轴、凸轮轴、中间轴。

(4)分类:常见主要有齿轮式和转子式两种。齿轮泵又可分为内齿合式齿轮机油泵和外齿合式齿轮机油泵,如图 22-15a)和图 22-15b)所示。

图 22-14 机油泵

a) 外齿合式齿轮泵　　　　　　　　b) 内齿合式齿轮泵

图 22-15　外齿合式与内齿合式齿轮机油泵

① 齿轮式机油泵。

齿轮式机油泵的构造如图 22-16 所示。

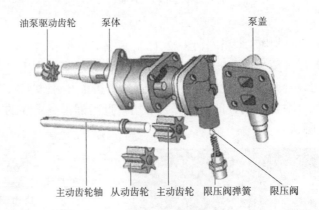

图 22-16　齿轮式机油泵

齿轮式机油泵工作原理：发动机工作驱动机油泵齿轮旋转，进油腔会吸油，压油腔会将油压送到润滑油道中，如图 22-17 所示。

吸油：机油泵进油腔齿轮的轮齿脱开啮合，其容积增大，产生真空吸力，机油便经进油口被吸入进油腔。

压油：机油泵齿轮的轮齿将机油带入到出油腔，出油腔齿轮的轮齿进入啮合，其容积减小，油压增大，机油便经出油口被压送到发动机油道中。

齿轮泵主要优点为结构简单、制造方便、价格低廉、体积小、质量轻、自吸性能好、对油污不敏感、工作可靠、便于维护，故应用广泛。

② 转子式机油泵。

转子式机油泵的构造如图 22-18 所示。转子式机油泵由壳体、内转子、外转子和泵盖等组成。内转子用键或销子固定在转子上，由曲轴齿轮直接或间接驱动，内转子和外转子中心的偏心距为 e，内转子带动外转子一起沿同一方向转动。内转子有 4 个凸齿，外转子有 5 个凹齿，这样内、外转子同向不同步的旋转。

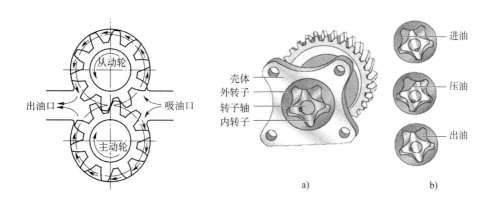

图 22-17 齿轮式机油泵工作原理　　图 22-18 转子式机油泵

转子式机油泵的工作原理:转子齿形齿廓设计得使转子转到任何角度时,内、外转子每个齿的齿形廓线上总能互相成点接触。这样内、外转子间形成4个工作腔,随着转子的转动,这4个工作腔的容积是不断变化的。在进油道的一侧空腔,由于转子脱开啮合,容积逐渐增大,产生真空,机油被吸入,转子继续旋转,机油被带到出油道的一侧,这时,转子正好进入啮合,使这一空腔容积减小,油压升高,机油从齿间挤出并经出油道压送出去。这样,随着转子的不断旋转,机油就不断地被吸入和压出。

7. 机油压力传感器、机油压力表

机油压力传感器和机油压力表的主要功用是检测并通过仪表显示机油压力。

8. 机油尺

检测机油油液位置,如图22-19所示,机油尺上有液面高低标记,油液应在该标记之间。

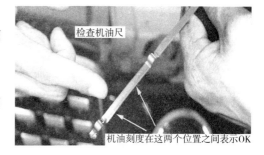

图 22-19 检测机油油液位置

(三)润滑系统的润滑方式

发动机润滑系统一般采用复合润滑,即包括压力润滑、飞溅润滑和润滑脂润滑三种方式,发动机各零件的润滑方式取决于该零件的工作环境、相对运动速度和承受机械负荷、热负荷的大小。

1. 压力润滑

压力润滑方式就是在汽缸体或汽缸盖上设置专门的润滑油道,利用机油泵使润滑油建立一定的压力,通过润滑油道向零件的润滑面输送润滑油,润滑油在进入主油道前,要先经过粗滤器过滤,润滑油道如图22-20所示。

主油道上有四条油路,第一条通到正时齿轮;第二条通到曲轴轴颈;由于曲轴轴颈与连杆轴颈的油道贯通,第三条通到凸轮轴轴颈,再通过汽缸体油道到达摇臂轴;第四条通到空气压缩机,有的发动机还有润滑油细滤器。

由此可见,发动机上相对速度高、机械负荷大的零件都采用压力润滑方式润滑,为了显示油路压力,在主油道上还安装了机油压力传感器或机油压力报警器开关。

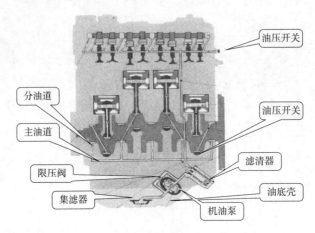

图 22-20　润滑油道

2. 飞溅润滑

飞溅润滑方式主要是利用发动机工作时某些运动零件（主要是曲轴和凸轮轴）旋转时搅起的油雾，或从连杆大头上专设的油孔喷出的油滴和油雾对摩擦表面进行润滑。这种润滑方式适合于暴露的零件表面（如汽缸壁、凸轮等）、相对运动速度较低的零件（如活塞销等）、机械负荷较轻的零件（如挺柱等）的润滑。

四冲程发动机采用压力润滑方式为主、飞溅润滑方式为辅的连续不断的压力循环润滑方式。也就是压力润滑与飞溅润滑相结合。

压力润滑和飞溅润滑特点及运用见表 22-1。

压力润滑和飞溅润滑特点及运用　　　　　　　　　　　表 22-1

润滑方式	特　　点	范　　围
压力润滑	形成的油膜承载能力高，具有缓冲及分散应力的作用	用于负荷大，相对运动速度高的工作表面。如：曲轴主轴颈与主轴承、曲柄销与连杆轴承、凸轮轴颈与凸轮轴轴承等
飞溅润滑	形成的油膜强度较低，润滑油容易氧化变质	用于外露、负荷小、相对运动速度小的工作表面。如：汽缸壁面、活塞销和配气机构的凸轮、挺柱、推杆等

3. 润滑脂润滑

对负荷较小的发动机辅助装置则只需要定期、定量加注润滑脂进行润滑。例如水泵及发电机轴承等。它不属于润滑系统的工作范畴。近年来在发动机上采用含有耐磨润滑材料（如尼龙、二硫化钼等）的轴承来代替加注润滑脂的轴承。

二、润滑系统的工作原理

当发动机工作时，机油泵经固定式集滤器从油底壳中吸取机油，这样可以防止较大的机械杂质进入到机油泵内。被机油泵压出的机油分成两路：大部分的机油，经机油粗滤器滤清稍大的机械杂质后流入纵向的主油道，执行润滑任务。另有一小部分机油（为10%~15%）经进油限压阀流入机油细滤器内滤清较细的机械杂质、胶质和氧化物等后流回油底壳。

现代汽车发动机润滑系统油路布置方案大致相似,当发动机工作时,机油从油底壳经集滤器被机油泵送入机油滤清器,此时,当油压高于400kPa时,机油经机油泵上的安全阀返回机油泵入口。全部机油经集滤器后进入主油道,滤清器上设有旁通阀,当滤清器堵塞时,机油不经过滤清器,由旁通阀直接进入主油道。机油经主油道后分5路进入分油道,分别润滑5个主轴承,然后机油流经曲轴上的斜油道,从主轴承流向连杆轴承来润滑连杆轴颈。主油道中的部分机油经第6条分油道供给中间轴的后轴承,中间轴的前轴承由机油滤清器出油口的一条油道供油润滑,主油道的另一条分油道直通凸轮轴轴承润滑油道,此油道也分为5个分油道,分别润滑5个凸轮轴轴承。在凸轮轴轴承润滑油道的后端,也就是整个润滑系统的末端,装有机油最低机油压力报警开关,当发动机起动后,机油压力较低,最低油压开关闭合报警,报警灯亮,当机油压力超过31kPa时,开关触点断开,报警灯灭。在机油滤清器上也装有机油压力开关,当发动机转速超过2150r/min,机油压力低于180kPa时,开关触点闭合,**报警灯闪亮**,同时蜂鸣器响。

下面以桑塔纳轿车为例(图22-21)介绍发动机的润滑油路。

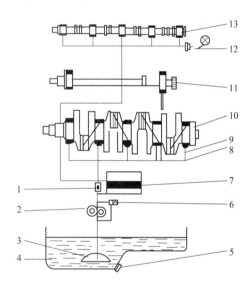

图22-21 桑塔纳车润滑系统

1-旁通阀;2-机油泵;3-粗集滤器;4-油底壳;5-放油塞;6-安全阀;7-机油滤清器;8-主油道;9-油道;10-曲轴;11-中间轴;12-压力开关;13-凸轮轴

发动机工作时,油底壳内的润滑油经粗滤油器滤掉大的机械杂质后,被机油泵压入机油**滤清器后分3路送出**。第1路经主油道后分为两支:一支送入曲轴主轴承分油道,润滑主轴承,经曲轴内油道滑润连杆大端轴承,再经连杆内油道润滑连杆小端轴承后回到油底壳;另一支则进入中间轴的轴承(AJR型发动机无中间轴)后回油底壳。第2路从主油道进入凸**轮轴的轴承**后再润滑气门机构,然后流回油底壳。第3路在主油道油压太高或流量太大的**情况下**,润滑油冲开安全阀,分流回油底壳。

机油滤清器上有旁通阀,平时关闭。当机油滤清器堵塞,进出口压力达到起动压力(0.18MPa)时,该阀打开,润滑油不经过滤直接进入主油道。

思考与练习

一、填空题

1. 发动机运转时很多具有相对运动的零件表面都是在很小的间隙下做高速相对运动的,如活塞、活塞环与_____,曲轴主轴颈与_____,曲柄销与连杆轴承,凸轮轴颈与_____,配气机构各运动副及传动齿轮副等。

2. 机油泵的作用是将机油不断地供给到各部件的_____上,以减少零件的摩擦和磨损,使摩擦阻力减小,功率消耗降低,机件磨损减轻。

3. 润滑系统的主要部件包括油底壳、_____、机油滤清器、_____等。此外,还包括机油尺、_____、机油压力传感器、_____、机油温度表、油道和机油入口盖等。

4. 机油滤清器的功用是滤除机油中的机械杂质、_____和机油氧化物。这些杂质随机油进入润滑系统,将加剧零部件磨损,还可能堵塞油道或油管。

5. 根据滤除杂质直径不同,机油滤清器可分为_____、粗滤器、细滤器。

6. 集滤器一般与主油道_____,装在机油泵之前的吸油口端,多采用滤网式。其作用是防止较大的机械杂质进入_____。

7. 热负荷较大的发动机,为使润滑油保持在最有利的范围内工作,保持润滑油具有一定的黏度,装置有_____以便对润滑油进行强制性冷却。使机油保持在最有利的温度范围内工作。

8. 发动机的活塞的润滑方式是_____。

9. 机油泵常见类型主要有齿轮式和_____两种。齿轮泵又可分为内齿合式齿轮机油泵和_____式齿轮机油泵。

10. 发动机润滑系统一般采用复合润滑,即包括_____、_____和_____三种方式,发动机各零件的润滑方式取决于该零件的工作环境、相对运动速度和承受机械负荷、热负荷的大小。

二、不定项选择题

1. 下列属于润滑系统的是(   )。
    A. 凸轮轴　　　B. 集滤器　　　C. 曲轴　　　D. 正时齿轮

2. 润滑系统的限压阀一般安装在(   )附近。
    A. 滤清器　　　B. 机油泵　　　C. 凸轮轴　　　D. 油底壳

3. 利用机油泵使润滑油建立一定的压力,通过润滑油道向零件的润滑面间输送润滑油,这种润滑方式是(   )。
    A. 压力润滑　　B. 飞溅润滑　　C. 润滑脂润滑　D. 无法确定

4. 发动机的连杆大头应该采用的润滑方式是(   )。
    A. 压力润滑　　B. 飞溅润滑　　C. 润滑脂润滑　D. 无法确定

5. 发动机润滑系统中,润滑油的主要流向是(   )。
    A. 机油集滤器→机油泵→粗滤器→细滤器→主油道→油底壳
    B. 机油集滤器→机油泵→粗滤器→主油道→油底壳

C. 机油集滤器→机油泵→细滤器→主油道→油底壳

D. 机油集滤器→粗滤器→机油泵→主油道→油底壳

6. 机油粗滤器上装有旁通阀,当滤芯堵塞时,旁通阀打开,(　　)。

　A. 使机油不经过滤芯,直接流回油底壳

　B. 使机油直接进入细滤器

　C. 使机油直接进入主油道

　D. 使机油流回机油泵

7. 正常工作的发动机,其机油泵的限压阀应该是(　　)。

　A. 经常处于关闭状态　　　　　B. 热机时开,冷机时关

　C. 经常处于溢流状态　　　　　D. 热机时关,冷机时开

三、简答题

1. 请简述润滑系统的功用。

2. 请简述旁通阀的作用。

3. 请简述润滑系统的基本组成有哪些?各有何功用?

4. 请说明发动机的润滑方式有几种?

项目二十三　润滑系统的检修

> **学习目标**
>
> 完成本项目学习后,你应能:
>   1. 正确描述润滑系统常见故障及原因;
>   2. 正确描述润滑系统机油泵的检修方法。
>
> **建议学时**
>   4学时。

一、润滑系统常见故障及原因

发动机润滑系统常见的故障有机油压力过高、机油压力过低、机油变质、发动机机油消耗过大等,发动机机油变质的后果如图23-1所示。

图23-1　发动机机油变质导致的润滑系统故障

(一)机油压力过高

1. 表现

发动机在正常温度和转速下,机油压力表读数高于规定值;发动机在运转中,机油压力表读数突然增高;机油压力表读数低,但高压机油冲裂机油压力传感器或机油滤清器盖等,发动机机油压力报警如图23-2所示。

图23-2　机油压力报警灯

2. 原因

机油压力过高的原因很多,最有可能的是机油黏度过大;限压阀调整不当或者失效;汽缸体的油道堵塞;机油粗滤器滤芯堵塞且旁通阀开启困难;机油压力表或其传感器工作不良;曲轴主轴承、连杆轴承或凸轮轴轴承的间隙过小等。

3.故障诊断和排除方法

发现机油压力过高,应立即熄火排除故障,否则,容易冲裂机油滤清器盖或机油传感器。首先检查机油黏度是否过大,限压阀是否调整不当(弹簧是否过硬);对于新装的发动机,应检查主轴承、连杆轴承或凸轮轴轴承是否间隙过小。若机油压力突然增高,而未见其他异常现象,应检查机油压力传感器及导线是否有搭铁故障,检查机油压力表、传感器是否完好。

(二)机油压力过低

1.表现

机油压力过低在实车上表现为发动机发动后,机油压力表读数迅速下降至0左右;发动机在正常温度和转速下,使用解码仪或者专用设备读取发动机机油压力表读数始终低于规定值,机油压力检测如图23-3所示。

2.原因

机油压力过低的原因可能有机油油量不足;机油黏度太低;限压阀弹簧过软或调整不当;机油滤清器旁通阀弹簧过软;机油泵齿轮等磨损,使供油压力过低;机油滤清器堵塞;曲轴主轴承、连杆轴承或凸轮轴轴承间隙过大;润滑系统内、外管路或管接头泄漏;机油压力表或传感器失效等。

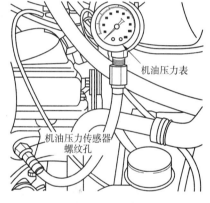

图23-3 机油压力检测

3.故障诊断和排除方法

观察机油压力表或警报指示灯,发现机油压力过低或为0时,拔出机油尺,检查油底壳内机油量及机油品质。若油量不足,应及时添加;若机油中含有水或燃油时,应通过拆检,查出渗漏部位;若机油黏度过小,应更换合适牌号的机油。若机油量充足,再检查机油压力传感器的导线是否松脱。若连接良好,在发动机运转时,拧松机油压力传感器或主油道螺塞,若机油从连接螺纹孔处喷出有力,则为机油压力表或其传感器、连接线路故障。

若机油喷出无力,则应立即熄火,检查集滤器、机油泵、限压阀、粗滤器滤芯是否堵塞且旁通阀是否无法打开,各进出油管、油道及油堵是否漏油。若以上检查均正常,则应检查曲轴轴承、连杆轴承或凸轮轴轴承的间隙是否过大,间隙增大会影响机油压力。

(三)机油变质

1.表现

机油变质的表现为机油颜色变黑,机油乳化或者含有水分;机油黏度下降并且伴有异味,不同机油状态如图23-4所示。

| 碳粒过多 | 油泥和铁屑过多 | 机油含水 | 正常机油 |
| 呈黑色 | 呈黑色 | 呈褐色 | |

图 23-4　不同机油状态

2. 原因

机油变质的原因可能是汽缸漏气,导致混合气或者燃烧过的气体进入到曲轴箱,与油底壳的机油接触;机油的使用的时间太长没有定期维护更换;曲轴箱通风不良;机油滤清器的效果差;发动机漏水等。这些原因是发动机机油变质最有可能的原因。

3. 故障诊断和排除方法

为防止机油变质,应定期更换机油和机油滤清器,注意发动机的使用情况,经常检查油量和油质,按照车辆的使用说明书选择合适的机油。

(四) 发动机机油消耗过大

1. 表现

在日常使用车辆过程中发现机油的消耗量逐渐增多,而且很多情况下伴随的是发动机排气管冒蓝烟。

2. 原因

发动机缸盖漏油如图 23-5 所示,机油消耗过大的原因除了机油有泄漏情况之外,还有由于活塞与汽缸间隙过大等原因造成机油流通到燃烧室参与了燃烧;活塞环方向装反;活塞环抱死,或其开口转到一起;活塞环磨损过甚,或其弹力不足;活塞环端隙、边隙或背隙过大;气门导杆油封损坏;进气门导杆磨损过甚等。

图 23-5　发动机缸盖漏油

3. 故障诊断和排除方法

首先检查发动机缸盖外部是否漏油,应特别注意曲轴前端和后端、凸轮轴后端油堵是否漏油。若发动机汽缸盖罩,气门室盖,油底壳衬垫和发动机前、后油封等多处有机油渗漏,应检查曲轴通风装置。清理曲轴管道,尤其是通风流量控制阀处的积炭和结胶。若通风受阻,就会引起曲轴箱内压力升高,出现机油渗漏现象。

若排气管明显冒蓝烟,则为烧机油造成的。当发动机大负荷、高速运转时,排气管大量冒蓝烟,同时机油加注口也向外冒蓝烟,则为活塞、活塞环与汽缸壁磨损过甚;活塞环的端隙、边隙或背隙过大;多个活塞环端隙口转到一起,扭曲环装反等原因使机油窜入燃烧室造成的。

若发动机大负荷运转时,排气管冒蓝烟,但机油加注口无烟,则为气门杆油封损坏,气门导杆磨损过甚(尤其是进气门),使机油被吸入燃烧室造成的。

若短时间冒蓝烟后停止,而油底壳的机油未见减少,则是湿式空气滤清器内的油面过高所致。

对采用气压制动的汽车,若从储气筒的放污螺塞处流出较多机油,则为空气压缩机的活塞、活塞环与汽缸壁磨损过甚造成的,如怀疑活塞环与汽缸壁间密封不严,可拆下汽缸盖,用摇转曲轴的方法使活塞上下运行,若缸壁上出现较多的油迹,擦干后再重复试验几次,若缸壁上仍不断出现油迹,表明缸壁与活塞间上窜机油,否则为其他方面原因。干式汽缸壁不平的处理方法:装入质量较好的汽缸套,按标准工艺重新磨缸。

二、机油泵的检修

(一)机油泵常见的故障

机油泵的寿命通常比发动机长,但有时也会出现问题,而且常常是由其他机件失效后引起的。机油泵比较常见的故障有以下几种。

(1)充气:指的是油泵使空气泡和机油一起在发动机中通过。机油充气以后,其润滑性能下降,从而会引起故障。机油充气后发生的一个现象是所有的液压气门挺杆均有噪声。

(2)铸件破裂。泵的铸件破裂,通常是由于泵安装不平而造成的。安装人员应阅读所购油泵附带的注意事项单,以掌握正确安装油泵必需的知识。

(3)中间轴损坏。异物的颗粒(气门杆密封上掉下的异物,轴承的碎块,气门挺杆的锁环以及塑料凸轮、链轮上掉下的部分)会通过滤网进入泵腔内。如果有大颗粒留在齿轮或者叶轮之间,泵就会被卡住。这时,中间轴就可能会扭曲而断。

(4)减压阀卡住。机油泵减压阀的配合公差是非常严格的。如果有异物进入到泵,就会使减压阀卡住。如果减压阀被卡住在开启位置,就会使油压很低或无油压。如果减压阀卡住在闭合位置,就常常会造成机油滤清器的损坏。

当汽车越野行驶时,吉普车的V6发动机上的减压阀常会被卡住在关闭的位置上。这是由于前轴罩中装有机油泵总成的铝正时箱盖鼓起或下凹所致,结果使机油滤清器毁坏。

(5)齿轮或叶轮磨损。磨粒(脏物、铸渣、加工留下的残渣和磨损粒子)会将叶轮或齿轮划伤。

(6)内部间隙过大。油泵间隙增大会造成油压下降。

(7)机油泵流量低。机油泵流量低会使油压低,供油不足,发动机出现异响,甚至造成研瓦和研轴等发生故障。造成机油泵流量低可能是限压阀开启压力点早或内外转子、转子与泵体,泵盖与转子间隙过大。有时内转子与轴连接不牢,轴转而内转子时转时不转也是造成机油泵流量低的原因。转子式机油泵如图23-6所示。

(8)机油泵限压阀开启晚或未开启。机油

图23-6 转子式机油泵

泵限压阀开启晚或未开启容易使油压高,这将使发动机功率受到损失,影响密封出现漏油现象。还会损坏机油滤器滤芯,使机油得不到过滤。造成限压阀开启晚或不能开启的主要原因是柱塞在孔内运动不灵活。柱塞与孔的间隙小,表面粗糙度低,或柱塞孔有锥度等都可能影响到限压阀开启,造成机油压力高。缸体油道堵塞,滤清器堵塞也会造成机油压力高。

(二)机油泵的检修

1. 齿轮式机油泵的检修

(1)外观检测:目测机油泵外壳和主、从动齿轮有无磨损、损伤、毛刺,有毛刺要清除,必要时成对更换,机油泵主、从动轮外观检查如图23-7所示。

(2)检查齿轮啮合间隙。如图23-8所示,将泵盖拆下,用塞尺在互成120°角的三个位置处测量机油泵主、从动齿轮的啮合间隙。若测得的间隙超过规定值,则应更换齿轮或机油泵总成。

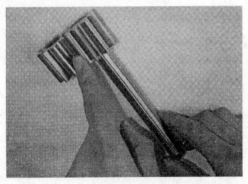

图23-7 机油泵主、从动齿轮外观检查

图23-8 检查机油泵齿轮的啮合间隙

(3)检查齿轮与泵盖轴向间隙。检查方法如图23-9所示,将泵盖拆下,在泵体上沿两齿轮中心连线方向放一直尺,然后用塞尺测量齿轮端面与直尺之间的间隙,若测得的间隙超过规定值,则应更换机油泵总成。

(4)检查齿轮与泵壳径向间隙。检查方法如图23-10所示,将泵盖拆下,选一能够正常啮合的轮齿,用塞尺测量齿顶与泵壳之间的间隙。然后转动齿轮,用相同方法测量其他齿轮与泵壳间的间隙,若测得的间隙超过规定值,则应更换齿轮或机油泵总成。

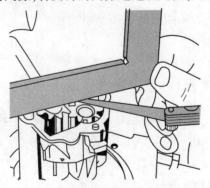

图23-9 测量检查齿轮与泵盖轴向间隙

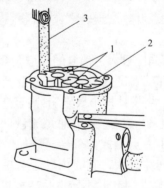

图23-10 测量齿轮与泵体径向间隙
1-齿轮;2-泵体;3-塞尺

(5)检查主动轴与轴孔配合间隙。如图 23-11 所示,分别测量机油泵主动轴直径、泵体上主动轴孔径,并计算其配合间隙。若测得的间隙超过允许极限值,则应进行修复或更换新件。

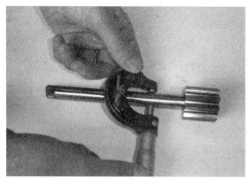

a)测量主动轴的直径

b)测量主动轴轴孔的直径

图 23-11　检查主动轴与轴孔配合间隙

(6)检查从动轴与衬套孔配合间隙。分别测量机油泵从动轴直径及其衬套孔径,并计算其配合间隙。若测得的间隙超过允许极限值,则应更换衬套。

(7)检查限压阀。如图 23-12 所示检查限压阀弹簧有无损伤、弹力是否减弱,必要时予以更换。检查限压阀配合是否良好、油道是否堵塞、滑动表面有无损伤,必要时更换限压阀。

2. 转子式机油泵的检修

(1)外观检测:目测机油泵外壳和转子表面缺损(图 23-13)、裂纹、磨损情况,必要时更换。

图 23-12　检测限压阀

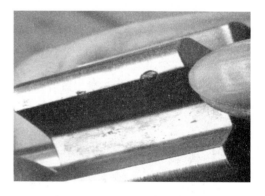

图 23-13　转子表面缺损

(2)检查内、外转子啮合间隙。检查方法如图 23-14 所示,拆下泵盖,用塞尺测量内、外转子的啮合间隙,若测得的间隙超过规定值,则应更换机油泵总成。

(3)检查转子与泵盖轴向间隙。检查方法如图 23-15 所示,将泵盖拆下,用直尺、塞尺或游标深度尺测量泵盖与转子之间的轴向间隙,若测得的间隙超过规定值,则应修复或更换机油泵总成。

图 23-14 检查内、外转子啮合间隙

图 23-15 检查转子与泵盖轴向间隙

图 23-16 检查外转子与泵壳配合间隙

(4)检查外转子与泵壳配合间隙。检查方法如图 23-16 所示,将泵盖拆下,用塞尺测量外转子与泵体之间间隙,若测得的间隙超过规定值,则应更换机油泵总成。

(5)检查转子轴与轴孔配合间隙上的轴孔内径,并计算其配合间隙,如图 23-17a)、图 23-17b)、图 23-18a)和图 23-18b)所示。若测得的间隙超过允许极限值,则应进行修复或更换新件。

a)测量转子前端轴径

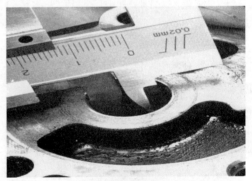

b)测量转子前端孔径

图 23-17 测量转子前端轴径与孔径

a)测量转子后端轴径

b)测量转子后端孔径

图 23-18 测量转子后端轴径与孔径

(6)检查限压阀。检查限压阀弹簧有无损伤、弹力是否减弱,必要时予以更换。

思考与练习

一、填空题

1.发动机润滑系统常见的故障有_____、机油压力过低、_____、发动机机油消耗过大等。

2.机油压力过高的表现是发动机在正常温度和转速下,机油压力表读数_____规定值;发动机在运转中,_____;机油压力表读数低,但高压机油冲裂机油压力传感器或机油滤清器盖等。

3.机油压力过低在实车上的表现为发动机发动后,机油压力表读数迅速下降至_____左右;发动机在正常温度和转速下,使用解码仪或者专用设备读取发动机机油压力表读数始终_____规定值。

4.发现机油压力过高,应立即熄火排除故障,否则容易冲裂_____或_____。

5.检查限压阀应检查限压阀弹簧有无损伤、_____,必要时予以更换。检查限压阀配合是否良好、_____、滑动表面有无损伤,必要时更换限压阀。

6.检查内、外转子啮合间隙时,要拆下_____,用塞尺测量内、外转子的啮合间隙,若测得的间隙超过规定值,则应更换机油泵总成。

7.转子泵的外观检测包括机油泵外壳和_____有无_____、裂纹、_____。

8.检查齿轮与泵壳径向间隙时,将泵盖拆下,选一对能够正常啮合的轮齿,用塞尺测量_____之间的间隙。

9.发动机运行过程中发现若机油压力突然增高,而未见其他异常现象,此时最应该检查_____及导线是否有搭铁故障,检查机油压力表、传感器是否完好。

10.若是机油参与燃烧室燃烧,那么尾气会呈现_____色。

二、不定项选择题

1.以下不属于机油压力过高的原因的是( )。
  A.机油黏度过小   B.限压阀调整不当或者失效
  C.汽缸体的油道堵塞   D.机油粗滤器滤芯堵塞且旁通阀开启困难

2.机油压力过低的原因最不可能的是( )。
  A.机油油量过多   B.机油黏度太低
  C.机油泵齿轮等磨损   D.机油滤清器堵塞

3.造成发动机机油变质的原因最不可能的是( )。
  A.汽缸漏气   B.太长没有定期维护更换
  C.曲轴箱通风不良   D.气门油封损坏

4.发动机机油压力过低,我们需要检查的问题不包括( )。
  A.油量   B.机油黏度   C.传感器   D.凸轮轴

5.如果发现机油变质,我们应该检查( )。
  A.气门油封   B.PCV阀   C.气门杆   D.油底壳

6.机油泵一般常用的有( )。

A. 齿轮泵　　　B. 转子泵　　　　C. 叶片泵　　　　D. 离心泵

三、简答题

1. 请你简述发动机机油压力过高的原因。

2. 请你简述发动机机油消耗过多的原因。

3. 请你简述齿轮式水泵的检修方法。

4. 请你简述转子水泵的检修方法。

项目二十四　燃料供给系统、起动系统和点火系统的认知

学习目标

完成本项目学习后,你应能:
1. 正确描述燃料供给系统的基本组成及作用;
2. 正确描述起动系统的基本组成及作用;
3. 正确描述点火系统的基本组成及作用。

建议学时

4学时。

一、燃料供给系统的基本组成及作用

汽油机燃料供给系统的作用是将汽油经过雾化和蒸发(汽化)并和空气按一定比例均匀混合成可燃混合气,再根据发动机各种不同工况的要求,向发动机汽缸内供给不同质(即不同浓度)和不同量的可燃混合气,以便在临近压缩终了时点火燃烧而放出热量,燃气膨胀做功,最后将汽缸内废气排至大气中,燃料供给系统如图24-1所示。

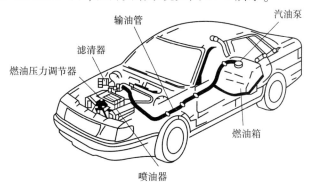

图24-1　供给系统在车上的布置

现代汽油发动机的燃料供给系统的主要组成部件有电动燃油泵、燃油滤清器、燃油压力调节器、喷油器、燃油箱及燃油管和燃油分配总管等。

(一)电动燃油泵

电动燃油泵常安装在油箱内,与滤网、燃油表、浮子等结合为整体。内置式燃油泵常为涡轮式,由电机、涡轮泵、止回阀、卸压阀等组成,如图24-2所示。燃油先经滤网过滤后由涡

轮泵出，顶开止回阀输入油管。

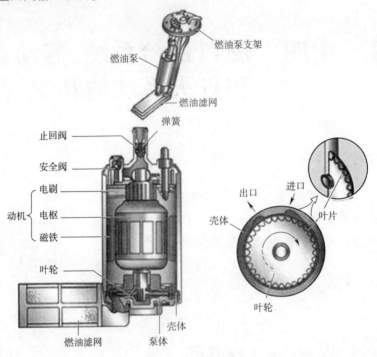

图 24-2 燃油泵

涡轮泵由叶片、叶轮外壳和泵盖组成，叶轮由电机带动，在离心力作用下，叶片紧贴泵壳，将油经窄小缝隙由进油室流至出油室从而得到加压。油泵通电时，电机带动叶轮转动，将油从进油口吸出，经止回阀压出。当油泵停止工作时，止回阀关闭，防止燃油倒流，保持管内残余压力，便于下次启动。当油泵输出油压达到 0.04MPa 左右时，泄压阀打开，高压燃油回到进油室，在泵和电机内部循环，防止管路出现阻塞时因油压过高而造成油管破裂或油泵损坏。燃油经电动机输出，可起到冷却电机的作用。

内装式燃油泵淹没在汽油中，靠不断流过燃油泵内部的燃油冷却，因此，禁止电动燃油泵在无油的情况下运转，否则容易烧坏汽油泵。内装式燃油泵还可以减小燃油泵的运转噪声。

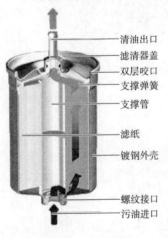

图 24-3 燃油滤清器

(二) 燃油滤清器

燃油滤清器如图 24-3 所示，燃油滤清器常安装在车辆地板下或发动机舱中，位于电动燃油泵后方的油路中。其作用是滤去燃油中的杂质和水分，防止燃油系统堵塞，减小机械磨损，确保发动机正常工作。此外，它还有消声器的作用。结构和滤清方向如图 24-3 所示。

车辆在长期使用过程中，滤芯容易堵塞而导致车辆性能下降，故燃油滤清器需要定期更换。燃油滤清器的更换，没有明确的维修间隔，只要出现堵塞就应立即更换。更换时应注意安装标记。

(三)燃油压力调节器

作用:使系统油压(即供油总管内油压)与进气歧管压力之差保持恒定,一般为 250 ~ 300kPa。这样,从喷油器喷出的燃油量便只取决于燃油的喷射时间,电子控制单元(Electronic Control Unit,以下简称 ECU)能通过控制喷油器的通电时间来控制喷油量,从而对喷油量和空燃比进行精确控制。

结构与原理:燃油压力调节器通常装在燃油分配管的一端,如图 24-4 所示。外壳由金属制成,以膜片分隔成两室,上部的弹簧室通过真空软管与进气歧管相连,下部的汽油室通过进油口、回油口分别接供油总管和油箱。

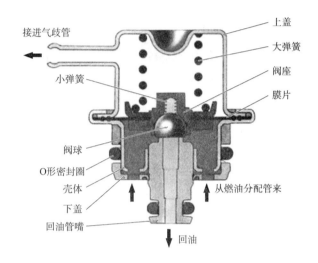

图 24-4 燃油压力调节器

燃油压力、进气歧管真空的吸力及弹簧弹力作用在膜片上,当三力平衡时,膜片保持不动,回油阀门关闭。当燃油压力超过预定值时,燃油将膜片上顶,克服弹簧弹力打开回油阀门,多余燃油流回油箱,从而使油室油压保持在预定值。当节气门开度变化导致进气管内真空变化时,膜片会上下移动以改变燃油压力,使燃油压力与进气歧管压力之差保持在 0.025MPa 左右,如图 24-5 所示。

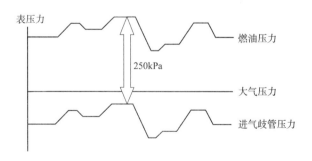

图 24-5 燃油压力调节功能

一般情况下,汽油泵的泵油量是喷油器总喷油量的 6 ~ 10 倍,因而燃油压力调节器的阀门大部分时间处于开启状态,这样通过燃油的不断循环来冷却喷油器,防止产生气阻。

(四)喷油器

喷油器常安装在进气管末端靠近进气门处,作用是接受来自 ECU 的控制信号,将雾化良好的燃油喷入进气管。喷油器主要由滤网、线束连接器、电磁线圈、复位弹簧、衔铁和针阀等组成,针阀与衔铁制成一体。按喷油口的结构不同,喷油器可分为轴针式和孔式两种,其结构如图 24-6 所示。当电磁线圈通电时,产生电磁吸力,将衔铁吸起并带动针阀离开阀座,同时复位弹簧被压缩,燃油经过针阀从轴针与喷口的环隙或喷孔中喷出。当电磁线圈断电时,电磁吸力消失,复位弹簧迅速使针阀关闭,喷油器停止喷油。喷油器通电时间越长,喷油量越多。

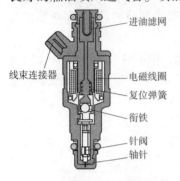

图 24-6 喷油器结构

(五)燃油箱及燃油管

油箱如图 24-7 所示,燃油箱常位于汽车后部,后置发动机则位于汽车前部。油箱必须装在车架旁边并且还要避免受到撞击。其作用是储存汽油,一般采用钢制,内部经防锈处理,为减轻质量,部分采用合成树脂制成。加油口盖内有压力释放阀和真空释放阀。加油口盖上设置有螺纹的延伸部分,在取下加油口盖时能使压力逐渐释放。

(六)燃油分配总管

燃油分配总管如图 24-8 所示,一般是由钢或铝制成的方形管或圆形管,用于安装喷油器、燃油压力调节器。其容积较大,可起到储油、蓄压和稳压的作用。

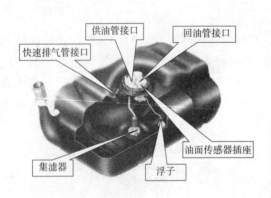

图 24-7 油箱

图 24-8 燃油分配总管

二、起动系统的基本组成及作用

要使发动机由静止状态过渡到工作状态,必须先用外力转动发动机曲轴,使活塞做往复运动,汽缸内的可燃混合气燃烧膨胀做功,推动活塞向下运动,使曲轴旋转,发动机才能自行运转,工作循环才能自动进行。因此,从曲轴在外力的作用下开始转动到发动机开始自动的急速运转的全过程,称为发动机的起动,完成发动机起动过程所需的装置,称为发动机的起动系统。起动系统的基本起动电路如图 24-9 所示。

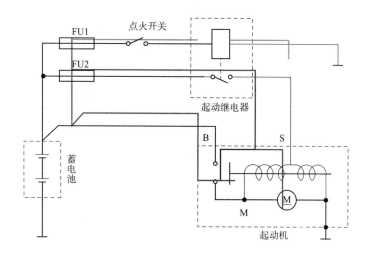

图 24-9 基本起动电路

起动系统的作用是供给发动机曲轴足够的起动转矩,以便使发动机的曲轴达到必需的起动转速,使发动机进入自行运转的状态,当发动机进入自行运转的状态后,便结束任务立即停止工作,起动系统如图 24-10 所示。

发动机的起动系统主要部件包括起动机、电磁开关、控制电路、起动机继电器、点火开关(起动开关)、蓄电池、起动机电路等。

(一)起动机

1. 作用

起动机如图 24-11 所示,由直流电动机产生动力,经传动机构带动发动机曲轴转动,从而实现发动机的起动。也就是利用起动机小齿轮与发动机齿轮啮合,以摇转发动机使其能起动。发动机起动后,小齿轮与飞轮必须立刻分离,以免起动机受损。

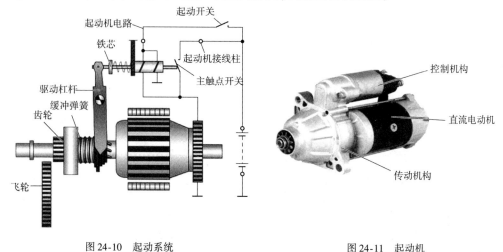

图 24-10 起动系统　　　　　　图 24-11 起动机

2. 组成

起动机主要由直流串励式电动机、离合机构和控制装置三个部分组成。直流串励式电动机的作用是产生转矩,传动机构的作用是在发动机起动时,使起动机驱动齿轮啮入飞轮齿环中,将起动机转矩通过飞轮传递给曲轴,而在发动机起动之后,使驱动齿轮打滑与飞轮齿环自动脱开。控制装置的作用是用来接通和切断起动机与蓄电池之间的电路。起动机的结构如图 24-12 所示。

图 24-12　起动机结构

(二) 电磁开关

电磁开关的作用是用来控制起动机,驱动齿轮与飞轮的结合和分离,以及接通和断开起动电路。

(三) 点火开关

点火开关如图 24-13 所示,汽车点火开关安装在转向柱上,通常有 4 个挡位。

三、点火系统的基本组成及作用

点火系统如图 24-14 所示,汽油机汽缸内压缩后的可燃混合气由点火系统产生的高压电火花点燃。点火系统的作用是将蓄电池或发电机提供的低压电变为高压电,按照发动机的工作顺序,适时、准确地将高压电分配给各缸的火花塞,使之跳火,点燃可燃混合气。

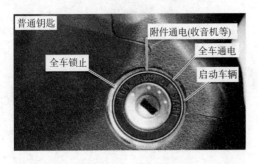

图 24-13　点火开关

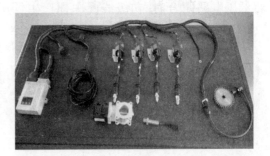

图 24-14　点火系统

点火系统通常由电源、点火线圈、分电器(包括断电器)和火花塞等组成。其中电源、断电器和点火线圈的初级线圈构成低压电路部分;点火线圈的次级线圈、分电器和火花塞构成高压电路部分,如图 24-15 所示。

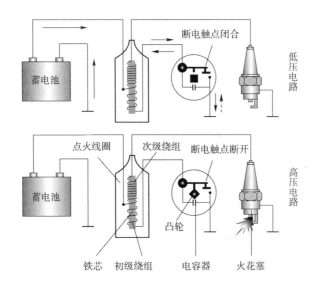

图 24-15　点火系统高低压电路

(一) 点火线圈

点火线圈的作用是将火花塞跳火所需的能量存储在线圈的磁场中,并将电源提供的低电压转变为足以在电极间产生击穿点火的高电压。开式点火线圈如图 24-16 所示,点火线圈由初、次级线圈和铁芯组成。初级线圈的导线粗而匝数少,次级线圈导线细而匝数多,相当于一个升压变压器。

(二) 断电器

断电器有机械式和晶体管式两种,机械式的应用较普遍。当发动机运转时,凸轮轴驱动分电器中凸轮旋转,控制断电器触点启闭。当断电器将低压电路闭合时,初级线圈中即产生低压电流,在点火线圈内形成磁场。当电流达到一定值时,断电器将低压电路断开,磁通消失,在次级线圈中感应出 10～24kV 的电动势,通过分电器依

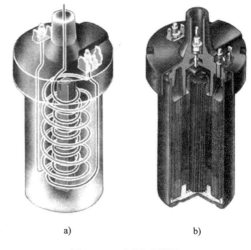

图 24-16　开式点火线圈

次传到相应汽缸的火花塞电极上,即产生电火花。当触点断开时,初级线圈会感应出自感电动势,使触点间产生电弧而引起烧蚀,并减缓磁通消失速度,降低次级线圈感应的电动势。为了消除自感电动势,与触点并联有一只 0.15～0.30μF 的电容器。

(三) 火花塞

火花塞的作用是使高压导线送来的脉冲高压电放电,击穿火花塞两电极间空气,产生电

火花以此引燃汽缸内的混合气体。主要类型有：准型火花塞、缘体突出型火花塞、电极型火花塞、座型火花塞、极型火花塞、面跳火型火花塞等，如图24-17所示。火花塞与点火系统和供油系统配合使发动机做功，共同决定着发动机的性能。

a) 标准型　　b) 绝缘突出型　　c) 细电极型　　d) 锥座型　　e) 多极型　　f) 沿面跳火型

图24-17　火花塞类型

(1) 准型火花塞：其绝缘体裙部略缩入壳体端面，侧电极在壳体端面以外，是使用最广泛的一种。

(2) 缘体突出型火花塞：绝缘体裙部较长，突出于壳体端面以外。其具有吸热量大、抗污能力好等优点，且能直接受到进气的冷却而降低温度，因而也不易引起炽热点火，故热适应范围宽。

(3) 电极型火花塞：其电极很细，特点是火花强烈，点火能力好，在严寒季节也能保证发动机迅速可靠地起动，热范围较宽，能满足多种用途。

(4) 座型火花塞：其壳体和旋入螺纹制成锥形，因此，不用垫圈即可保持良好密封，从而缩小了火花塞体积，对发动机的设计更为有利。

(5) 极型火花塞：侧电极一般为两个或两个以上，优点是点火可靠，间隙不需要经常调整，故在电极容易烧蚀和火花塞间隙不能经常调节的一些汽油机上常常采用。

(6) 面跳火型火花塞：即沿面间隙型，它是一种冷型火花塞，其中心电极与壳体端面之间的间隙是同心的。

思考与练习

一、填空题

1. 汽油机燃料供给系统的作用是将汽油经过_____和蒸发(汽化)并和空气按一定比例均匀混合成_____，再根据发动机各种不同工况的要求，向发动机汽缸内供给不同质(即不同浓度)和_____的可燃混合气。

2. 现代汽油发动机的燃料供给系统的主要组成部件有_____、燃油滤清器、燃油压力调节器、_____、_____和燃油分配总管等组成。

3. 当油泵停止工作时，止回阀_____，防止燃油_____，保持管内残余压力，便于下次起动。

4. 燃油滤清器常安装在车辆地板下或_____中，位于电动燃油泵后方的油路中。

5. 火花塞的作用是使高压导线送来的脉冲高压电放电，击穿火花塞两电极间_____，产生_____以此引燃汽缸内的混合气体。

6. 车辆在长期使用过程中,滤芯容易_____而导致车辆性能下降,故燃油滤清器需要定期更换。

7. 燃油压力调节器作用是使系统油压(即供油总管内油压)与_____压力之差保持恒定,一般为_____kPa。

8. 喷油器常安装在进气管末端靠近_____处,作用是接受来自ECU的控制信号,将雾化良好的燃油喷入_____。

9. 汽缸内的可燃混合气燃烧膨胀做功,推动_____向下运动,使曲轴旋转,发动机才能自行运转,工作循环才能自动进行。

10. 起动系统主要由直流串励式电动机、_____和控制装置三个部分组成。

11. 电磁开关的作用是控制起动机驱动齿轮与飞轮的_____,以及接通和断开起动电路。

12. 点火线圈的作用是将_____跳火所需的能量存储在线圈的磁场中,并将电源提供的低电压转变为足以在_____间产生击穿点火的高电压

二、不定项选择题

1. 以下选项属于内置式燃油泵的优点的是(   )。
   A. 噪声小　　　B. 维修方便　　　C. 冷却效果好　　　D. 泵油量大

2. 以下选项不属于燃油分配管的功能的是(   )。
   A. 储油　　　B. 蓄压　　　C. 稳压　　　D. 冷却

3. 其壳体和旋入螺纹制成锥形,因此,不用垫圈即可保持良好密封,从而缩小了火花塞体积,对发动机的设计更为有利,此种火花塞是(   )。
   A. 极型火花塞　　B. 面跳火型火花塞　C. 座型火花塞　　D. 准型火花塞

4. 发动机中,能够点燃混合气的部件是(   )。
   A. 燃油压力调节器　　　　　　　B. 火花塞
   C. 喷油嘴　　　　　　　　　　　D. 初级线圈

5. 使燃油在油路中能够循环流动的部件是(   )。
   A. 机油泵　　　B. 水泵　　　C. 助力油泵　　　D. 燃油泵

6. 如果进气系统的真空度小,那么喷油量将会(   )。
   A. 增大　　　B. 减小　　　C. 没有变化　　　D. 不确定

三、判断题

1. 燃油泵一般装在发动机舱内。　　　　　　　　　　　　　　　　　　(   )
2. 燃油供给系统的滤清器只有一个,并且一般安装在油箱外部。　　　　(   )
3. 禁止电动燃油泵在无油的情况下运转,因为这样容易烧坏燃油泵。　　(   )
4. 所有车型的燃油箱都位于发动机后部。　　　　　　　　　　　　　　(   )
5. 所有发动机都需要起动机才能正常起动。　　　　　　　　　　　　　(   )
6. 点火系统的能量来自蓄电池。　　　　　　　　　　　　　　　　　　(   )
7. 给火花塞提供高电压的是初级线圈。　　　　　　　　　　　　　　　(   )
8. 油箱中燃油越多,那么喷入发动机汽缸中的油量就越大。　　　　　　(   )
9. 蓄电池的电量不足时,起动机同样会产生足够的能量带动曲轴旋转。　(   )
10. 火花塞产生的电火花能量不足同样不能点燃混合气。　　　　　　　 (   )

四、简答题

1. 指出燃料供给系统的组成部件和作用。

2. 指出起动系统的基本组成部件和作用。

3. 指出点火系统的基本组成和作用。

参 考 文 献

[1] 夏建武.汽车发动机机械系统检修[M].昆明:云南人民出版社,2014.
[2] 于得江,孙兴海.汽车发动机构造与检修实训项目作业书[M].上海:同济大学出版社,2010.
[3] 刘彦成,姜勇.汽车发动机检修[M].北京:电子工业出版社,2011.
[4] 蔡兴旺.汽车构造与原理[M].北京:机械工业出版社,2004.
[5] 张子波.汽车故障诊断技术[M].北京:机械工业出版社,2006.